Paolo Rumiz

Via Appia

PAOLO RUMIZ
VIA APPIA

Auf der Suche nach einer verlorenen Straße

Aus dem Italienischen von Karin Fleischanderl

Mit Fotos von Riccardo Carnovalini, Antonio Politano, Paolo Rumiz, Alessandro Scillitani und Irene Zambon

TransferBibliothek
FolioVerlag

Die wiedergefundene Straße verlangt kein Logo,
sondern ein Siegel.
Ein Symbol wie die Muschel des Jakobsweges.
Zuerst hatten wir Bilder im Sinn: das Pflaster
und die römischen Pinien.
Dann sind wir auf das Alphabet gekommen.
Das mächtige doppelte A,
das die Nummer Eins der antiken Welt bezeichnet.
Zwei Linien, die aufeinander zulaufen wie eine Straße,
die zum Horizont führt.
Auf dem Pergament der Welt ist der Weg eine Kalligrafie,
und ein raffinierter Kalligraf namens Pietro Porro
hat sich zu uns gesellt.
Rund um das A hat er die fünf Buchstaben der Appia
wie Ähren angeordnet.
Das Siegel der Straße aus Stein.
Ein Symbol, das nicht den Anspruch erhebt, offiziell zu sein,
und das wir Italien zur Verfügung stellen.
Egal, wenn es an der Bürokratie scheitert.
am Italien der Protokolle.
Uns genügt es als Symbol unseres Gehens.

Sie gehen, du schreibst;
bleib auf dem schmalen Steg und schau nicht hinab,
in ihren Fußstapfen hinaufsteigend, im langsamen uralten
Rhythmus jener, die die Straßen erklommen; er gab
mit den Verspaaren seiner vielfachen Füße deiner Arbeit
die ersten Reime.

Derek Walcott, *Omeros*, Erstes Buch, Kap. XIII, III
Übersetzt von Konrad Klotz

Incipit

Wir haben sie mit Tangenten, Parkplätzen, Supermärkten zugepflastert, sie versteckt sich zwischen Feldern, Steinbrüchen, Stahlwerken, ist mit Toren versperrt, trägt zahlreiche unterschiedliche Namen, und manche gehen mit der Spitzhacke auf sie los, wie der IS auf die antiken Stätten.

Wir haben zugelassen, dass im römischen Teil vier Fünftel der Denkmäler in privater Hand sind.

Aber sie hat tapfer standgehalten.

Sie hat darauf bestanden, im Herzen des Mittelmeerraums eine Richtung vorzugeben.

Sie hat Signale ausgesandt.

Seit den Jahren der klassischen Bildungsreise sind Stadtplaner, Historiker, Archäologen, Fotografen, Schriftsteller, Journalisten, Beamte auf sie aufmerksam geworden.

Doch sie verlangte nach etwas Einfacherem und Bescheidenerem.

Sie wollte in Ruhe gelassen werden.

Sie wollte begangen werden, sie wollte, dass man auf ihr lebt.

Und so hat ein Forschungstrupp eines Tages ihren Ruf gehört und ist losgezogen, um sie zu begehen. Zu Fuß, vom Anfang bis zum Ende.

Ihre – unsere – Reise endete am 13. Juni 2015 – genau 2327 Jahre nach Baubeginn, nach 612 Kilometern, einem neunundzwanzigtägigen Marsch und ungefähr einer Million Schritten.

Wir haben die Trasse der Mutter aller Straßen in ihrem ganzen Verlauf nachgezeichnet, die in den Jahrhunderten zuvor demoliert, verwahrlost und vergessen worden ist.

Der Via Appia.

Ein großartiges, aber auch schreckliches Abenteuer, begleitet von Wundern wie Zerstörungen, bei dem wir uns immer wieder an der Gleichgültigkeit und dem Zynismus eines Landes stießen, das vor den Mächtigen buckelt, das aber auch zu überwältigender Gastfreundschaft fähig ist und dem Verfall nach Partisanenart Widerstand leistet.

Keine „patriotische" Reise also, könnte man vielleicht einwenden, denn wir haben das Hässliche nicht unter den Tisch fallen lassen und öffentlich schmutzige Wäsche gewaschen. In Wahrheit war die Reise jedoch eine Liebeserklärung an Italien und ein Weckruf an den besseren Teil seiner Bevölkerung.

Der von uns begangene Weg stellt nicht den Anspruch, in jedem Meter der ursprünglichen Straße zu entsprechen. Die Hohepriester der Wissenschaft werden bestimmt sagen, dass wir uns an dieser oder jener Stelle geirrt haben, und wahrscheinlich sind nicht einmal sie sich einig. Dem entgegne ich, dass wir wenigstens aktiv geworden sind, dass wir die Appia von den Spinnweben befreit haben, unter denen sie begraben war. Jetzt gibt es die große Straße wieder, sie ist sichtbar, wiederhergestellt.

Dieses Buch liefert zum ersten Mal die komplette Vermessung der Appia. Aus Bürgerpflicht, nicht nur aus Liebe zur Literatur.

Der Leser sollte wissen, dass wir diesen Weg nicht einmal, sondern viermal zurückgelegt haben. Das erste Mal zu Fuß, das zweite Mal im Auto in entgegengesetzter Richtung, das dritte Mal, um uns die neuralgischen Punkte noch einmal genau anzusehen, das vierte Mal beim Schreiben dieses Buches.

Paradoxerweise war die vierte Reise die schwierigste, die erste bei Weitem die einfachste. Wie so oft bei einer Reise ist die Zusammenfassung umso schwieriger, je weiter man ins Gelände vordringt.

Wenn man sich eine neue Straße erschließt und in Randgebiete vordringt, die Wanderer kaum je begehen, entsteht oft ein Durcheinander. Wir haben auf dem Weg auch Fehler gemacht, waren öfter als notwendig auf Asphalt unterwegs, haben intelligente Fußwege unterschätzt; in stark befahrenen Gegenden haben wir akzeptiert, im Auto transportiert zu werden, auch wenn es nicht unausweichlich war. All das ist Teil unserer Erzählung, die nichts verschweigen oder beschönigen will.

Jetzt wünschen wir uns nur noch, dass ein Heer von Reisenden den Ariadnefaden ergreift, den wir auf der Karte des Stiefels ausgelegt haben.

Egal, wenn es keine Italiener sind. Wir zählen auf die Ausländer.

Und wir rechnen damit, dass es schnell passiert, damit der Faden nicht abreißt, keine Geier sich seiner bemächtigen und den Denkmalschutz einer falsch verstandenen „Aufwertung" opfern.

Dem Autor dieser Zeilen ist alles recht, er möchte nur kein nützlicher Idiot der Ausbeuter sein.

Als Bürger haben wir alle die Pflicht, dieses auf skandalöse Weise vernachlässigte Gut der Res Publica zurückzugeben; nach dreiundzwanzig Jahrhunderten ist es noch immer imstande, den Süden Italiens mit dem Rest des Landes zu verbinden und dem Land in Erinnerung zu rufen, welche Rolle es im Mittelmeerraum spielt. Die Appia ist auch eine Marke, ein „Brand" mit internationalem Prestige. Ein Portal zu einem Weg voller verborgener Wunder, viel älter als der Jakobsweg und gewiss abwechslungsreicher.

Der Kampf um diese Straße ist nur ein Kapitel im endlosen Krieg zwischen Sesshaften und Nomaden, und der Leser wird leicht erraten, welchem Stamm wir angehören. Dieser Krieg kann nur gewonnen werden, wenn letztere „mit freiem Fuß", wie Horaz sagt, stark und freudig ausschreiten.

Die erste Straße Roms

Das erste Mal sahen wir sie bei Meile 22, direkt hinter einer im Schilf versteckten Furt. Dann geschah es immer öfter. Hinter einem Steinbruch, einem Dornbusch oder einem Weizenfeld war der verschwundene Weg plötzlich wieder da, bildete eine Achse mit der Straße, die wir in einem Wirrwarr von Wegen, Asphalt und Schilf gerade verloren hatten, und vor allem geschah es, wenn gut zwanzig Satelliten über uns die Verlängerung auf dem GPS-Schirm bestätigten. In diesem Augenblick wurde die verschwundene Straße auf magische Weise auf der Karte wiedergeboren, und Spuren, die wir auf den ersten Blick für unbedeutend gehalten hatten, bekamen plötzlich einen Sinn. Aber vor allem wurde auch in uns etwas zurechtgerückt, und eine wunderbare Euphorie erfasste die Wandergruppe.

Guter Gott, wir gingen nicht nur über die Appia Antica. Wir waren dabei, sie wiederzuentdecken! Sie tauchte auf, rief uns unter den Schuhsohlen. Sogar das Wort „Kulturerbe“ schien aus unbekannten Tiefen aufzutauchen. Das war nicht das Familiensilber, das man an Feiertagen auf den Tisch stellt. Das war keine käufliche Ware, kein Prestigeprojekt für einen Sponsor und auch keine Ausrede, noch mehr zuzubetonieren. Sondern die Erde der Väter, unser aller Wurzeln. Genau das suchten wir. Und zwar mit den Füßen, die für uns keine Extremitäten sind – was für ein schreckliches Wort –, sondern hochsensible Sinnesorgane. Sie waren unser Seismograf, unser Metalldetektor, unsere Wünschelrute. Unser Aufbegehren gegen den Gedächtnisverlust einer ganzen Nation hatte ein Zeichen, ein universales und starkes Symbol gefunden: die erste Straße Roms, die vergessene Mutter der Straßen Europas.

Nachdem wir einige Tage unterwegs gewesen waren, mussten uns das römische Pflaster und die antiken Gehsteige, *crepidines* genannt, keine Beweise mehr liefen. Wir brauchten keine archäologischen Funde. Es genügte die sich machtvoll aufdrängende Richtung. Die Straße, über die wir erzählen wollten, war beileibe nicht nur eine Abfolge von Denkmälern, ein Gewirr von Einträgen im Notizheft; sie war die Idee, der Archetyp aller Straßen, die Linie schlechthin. Wichtig war der rote Faden der Höhenlinien, der geografischen Länge und Breite; er deckte sich mit der Straße, die den Apennin wie ein Schwert durchschnitt – wenn wir davon abkamen, wurden wir augenblicklich nervös. Er war die Spur, die unsere Sohlen errieten, indem wir alle fünfundsiebzig Zentimeter, mit dem Schritt der Legionäre, die Füße aufsetzten. Wir waren wie besessen.

„Die Appia ist eine starke Droge", sagte ein Reisegefährte nach dem Abenteuer, mit geröteten Augen, weil er mehrere Tage damit zugebracht hatte, den Weg, den wir am Boden zurückgelegt hatten, auf Google Street View noch einmal aus der Vogelperspektive zu rekonstruieren. Auch ich kann sie mir nicht mehr aus dem Kopf schlagen. Die riesigen Windräder, die uns zu köpfen drohten wie die Windmühlen in Cervantes' La Mancha, die Klagelaute der sechstausend unglücklichen Gefährten des Spartakus, die auf der windgepeitschten Straße gekreuzigt wurden, oder das graue brodelnde Tal des Todes namens Mefite. Und dann der Vollmond, dessen grünliches Licht auf den letzten Schnee in den Rinnen der Monti Alburni fällt, die durchscheinende Calore-Furt, die wir mit bis zu den Schenkeln aufgerollten Hosenbeinen durchquerten, Taranteln und Stachelschweine, der Triller der Schwalben in Venosa, die Gespräche der Samniten in den Schluchten zwischen dem wütenden Ofanto und dem stürmischen Volturno.

Die Landschaft hielt eine Überraschung nach der anderen bereit, bot dem Blick plötzliche Perspektivenwechsel, die auf dem Jakobsweg nach Santiago di Compostela undenkbar wären.

Um die Antike heraufzubeschwören, kann man auf die ersten Meilen, die von Bildungsreisenden mit Superlativen überschüttet worden sind, gut und gern verzichten. Das Offensichtliche haben wir links liegen lassen: die Priscilla-Katakomben, das Nymphäum der Egeria und das Grabmal der Caecilia Metella. Es genügt, bei den vergessenen Wundern der Albanerberge zu beginnen, bei den Meilensteinen in der Pontinischen Ebene. Dem Pflaster zwischen Fondi und Itri, über das man noch immer in aller Ruhe schreiten kann, ohne von Lkws gestört zu werden. Dem Cisternone di Formia, einem Wasserspeicher ähnlich Ali Babas Höhle, den man von der Straße her betritt und dessen Tür bloß mit einem Riegel verschlossen ist. Dem Teatro Augusteo, ebenfalls in Formia, das sich in einem bewohnten mittelalterlichen Gebäude versteckt, zwischen zum Trocknen aufgehängter Wäsche und dem Duft nach Ragù. Den Ruinen von Minturnae, ein paar Schritte vom Meer entfernt; die Abwasserkanäle allein zeugen von der großartigen Kultur des Römischen Reiches.

Wir werden Jahre brauchen, um zu verarbeiten, was wir gesehen haben: die *Campania Felix*, das glückliche Kampanien, ein äußerst fruchtbares Land, wo die Römische Republik ihre Genügsamkeit aufgab und Villen und Badebassins errichtete, wo gefressen und gesoffen wurde und die Dekadenz des Römerreichs begann. Santa Maria Capua Vetere, das antike Capua, dessen üppige Frauen Hannibals Soldaten köderten. In dieser Stadt sprechen die Steine, beziehungsweise sie schreien, für alle, die ihnen zuhören können, sie schreien in der blutigen Arena der Tiere und Gladiatoren oder in der furchterregenden Höhle des Mithräums. Wie in einem Film sehe ich die Archäologin Giuliana Tocco auf der Festung Montesarchio vor mir, die uns einen Keller wie den von Blaubart öffnet, mit von den LED-Lampen schwach beleuchteten griechischen Vasen. Im British Museum würden sich die Italiener stundenlang anstellen und Eintritt bezahlen, um solche Wunder zu bestaunen, hier sind es gerade mal ein paar Eingeweihte. Und dann der Trajansbogen in Benevent, glücklicherweise war er gerade eingerüstet und wir konnten ihn besteigen: Im heftigen Wind standen wir da oben, Auge in Auge mit den steinernen Legionären und

Priestern. Und gleich daneben der Isistempel voller ägyptischer Schätze aus der Zeit der Römer.

Welche antike Straße in Europa hätte uns so reich beschenken können?

Sind die Italiener reif für die Via Appia? Das fragten wir uns bereits am Abend vor dem Aufbruch, bei einem Umtrunk im Hause Cederna, als in Rom ein Wolkenbruch niederging. Wir gedachten des Vaters der Hausherrin, des berühmten Publizisten und Denkmalschützers Antonio Cederna, Schutzpatron der Straße, dessen Vorstellungen der Mafia ein Dorn im Auge sind. Als wir bei heftigem Regen von der Porta San Sebastiano aufbrachen, offenbarte sich augenblicklich das Italien der Schlitzohren: Luxuswohnungen auf antiken Ruinen, Locations für vulgäre Partys, ein illegaler Autoverschrotter, ein Restaurant mit einem Saal für Hochzeiten. Augenblicklich verstanden wir, was für einen einsamen Stellungskrieg die Archäologen des römischen Denkmalamts wohl führen, die vom Staat oft völlig alleingelassen werden; wir spürten am eigenen Leib die Überheblichkeit der Reichen und die Faust der Banden im Nacken Roms. Und das war nur der Auftakt zu einer Reise, die uns zuerst quer durch die Albanerberge führte, und dann – weil die Straßenschilder kaputt waren, mussten wir immer wieder über Zäune klettern – bis zu der schnurgeraden Straße nach Terracina, die die antike Straße über fünfzig Kilometer zur Rennbahn und zu einer Rinne zwischen zwei Pinienreihen degradiert hat.

Vom ersten Tag an mischten sich in den Zauber auch Ärger und Empörung. Beim Anblick der Villa der Quintilier bei Meile 3 konnten wir gar nicht glauben, dass die wunderbaren rötlichen, einsamen Ruinen unter einem schwarzen Himmel die Überreste einer Orgie der Zerstörung waren, die Jahrhunderte gedauert hatte und an der neben Päpsten und römischen Adeligen auch Minister, Sänger, berühmte Regisseure, Baulöwen und andere Verächter der Antike teilgenommen hatten. Wir wollten uns nicht mit dem Gedanken abfinden, dass keineswegs nur die Barbaren, sondern die

Italiener selbst das Land geplündert hatten, und dass der Höhepunkt dieser Plünderung nicht im Mittelalter, nicht in der dunklen Zeit der Partikularismen und der Pestepidemien, stattgefunden hatte, sondern in den Sechzigerjahren des 20. Jahrhunderts, als alle Hemmschwellen des guten Geschmacks und des Respekts vor der Vergangenheit gefallen waren. Es ist bitter, feststellen zu müssen, dass der Faschismus die antiken Denkmäler besser geschützt hat, als es das zeitgenössische Italien tut.

Ab der ersten Meile mussten wir uns die Schönheit hart erkämpfen. Mit wenigen Ausnahmen war unsere Reise genau das: ein Kampf. Von den Albanerbergen bis Formia, Mondragone, Santa Maria Capua Vetere und weiter war sie eine Konfrontation. An all diesen Orten hatten die Einheimischen so gut wie vergessen, dass sie an der „Königin der Straßen" wohnten, und die „Appia-Antica-Komitees" schützten oft nicht die Straße, sondern sich selbst vor der Straße, umgingen Denkmalschutz und Auflagen, um Asphaltstraßen und Parkplätze zu errichten. Das antike Rom ist hier in jedem Garten, in jedem Keller und Souterrain präsent, doch der Archäologe wird – ebenso wie der Staat und die Gesetze – mehr gefürchtet als die Pest, weil er den Markt der öffentlichen Bauaufträge stören könnte. Die rentieren sich bekanntlich mehr als der Denkmalschutz.

Hinter Benevent verschwand die Straße, und in den Bergen wurde sie nahezu zu einem abstrakten Gedanken, zu einer euklidischen Linie. Auf dem Land haben die Weizenfelder und die Bodenreform jegliche Spur der Zeit getilgt, seit Jahrhunderten ist das Wort „Wiederverwendung" das erste Gebot des Bauwesens. Ich habe lässig zur Schau gestellte römische Pflastersteine im englischen Rasen eines Gartens entdeckt, in Mauern eingelassene Kapitelle, mittelalterliche Fundstücke, die als Grenzsteine zwischen zwei Anwesen dienten, Villen mit üppig ausgestatteten, illegalen Privatmuseen, die für Feste und Hochzeiten geöffnet wurden. Dann ging die Landschaft langsam in windgepeitschtes Grasland über, und die archäologischen Funde verschwanden, tauchten immer länger unter und immer seltener auf, wie der Buckel eines Wals zwischen den Wellen des Ozeans.

Die Linie, die Linie. Wir mussten sie den Reisenden zurückgeben. Immer, wenn wir uns zwischen den Brombeerstauden verirrten oder vor dem Tor einer illegal errichteten Villa standen, wurde die Absicht zur Besessenheit. Es wäre ein Verbrechen gewesen, die Via Appia in diesem Zustand zurückzulassen, nicht zuletzt, weil es keiner großen Mühen bedurfte, sie wieder zu aktivieren: ein guter Rasenmäher, ein paar Stege, eine durchgehende Beschilderung und Koordination durch die Regierung, die die neunzig betroffenen Kommunen miteinander verband, mehr war nicht nötig. Auf diese Weise könnte man Unmengen von Touristen anlocken, die vernarrt in unsere Geschichte sind. Den Rest, die Renovierung von Bahn- und Straßenwärterhäuschen, Videoüberwachung, Kartografierung, Restaurierung von Grenzsteinen und Denkmälern, Restaurierung der Pflasterung, könnte man auch später erledigen. Vor allem ging es darum, schnell einen Weg zu schaffen. Schnell, bevor sich jemand in übler Absicht unserer Idee bemächtigte und sie zweckentfremdete.

Konnten wir den europäischen Pilgern einen so schwierigen Weg zumuten? Ja, durchaus. Immer, wenn das Gefühl der Ausbeutung und der Abwesenheit des Staates am stärksten war, erlebten wir die angenehmsten Überraschungen. Auf dem Hügelgrab von Casal Rotondo, bei Meile 5, stand zwar frech ein modernes Haus, doch gleich dahinter befand sich das wunderbare Freilichtmuseum Capo di Bove; der Staat hatte das Gelände mit der römischen Villa darauf konfisziert, obwohl schon ein Parkplatz geplant war. In Tarent stinkt es nicht nur höllisch nach Ilva-Stahl, sondern es gibt dort auch eine Uferpromenade an einem karibisch klaren Meer und das schönste Archäologische Museum ganz Italiens. Ein paar Schritte von den illegalen Betonbauten in Scauri entfernt befindet sich die tosende Riviera di Ulisse und die prächtige Villa von Mamurra, Cäsars Chefbaumeister. Das Schöne und das Gute behaupteten sich.

Aber da war noch etwas anderes. Je mehr die Straße sich in das Rückgrat Italiens, den Apennin, bohrte, desto seltener wurden die archäologischen Fundstücke, desto mehr wurde sie zu einem zarten Ariadnefaden und desto mehr menschliche Wärme wurde spürbar: Begegnungen häuften sich, die eigens dafür gemacht schienen, unsere Vorurteile über den Mezzogiorno zu widerlegen. Da wir zu Fuß unterwegs waren, trafen wir nur eine bestimmte Art von Menschen und damit den besten Teil des Landes. Dass wir aus dem Norden hier in franziskanischer Bescheidenheit unterwegs waren, um zu verstehen, zu sehen und zuzuhören, nicht um zu urteilen, erwischte die Einheimischen in flagranti und ließ ihnen keine Ausreden für Passivität und Skepsis. Unsere Anwesenheit entfachte einen vergessenen Stolz. Wir zwangen sie, das Gute und das Schöne zur Kenntnis zu nehmen und zuzugeben, dass es eine Ressource war.

Wenn es weit und breit keine Bushaltstelle gab, blieb der Fahrer trotzdem stehen, um die Leute einsteigen zu lassen. Wenn die Bäckerei geschlossen war, klopften wir beim Nachbar an. Die Gespräche wurden mit jeder Meile dichter, sie entschädigten uns dafür, dass wir nur noch langsam vorankamen. Auf diese Weise entstand das, was mein Freund Marco Ciriello, den ich in Capua Vetere kennenlernte, als „Welfare des Südens" bezeichnet: zum Beispiel die Versammlung der Alten auf der Piazza von Maddaloni, die, als wir vorbeigingen, zu einem wahren Aeropag wurde und uns mit guten Ratschlägen überschüttete. Oder das Auto, das in San Giorgio Jonico, am frühen Nachmittag, mitten in einem Kreisverkehr stehenblieb: Der Fahrer reichte uns eine Flasche Wasser, als wären wir Rennfahrer bei der Tour de France.

Gewiss war das die irdischste und zugleich visionärste Reise, die ich je unternommen habe. Während das Gewicht des Rucksacks mich zu Boden drückte, flog der Kopf wie ein Adler in den Wolken und die Küche des Südens schuf appetitliche Kurzschlüsse mit der Geschichte. Gebratene Auberginen und Friedrich von Hohenstaufen. Aglianico-Wein und hebräische Gesänge in Oria. Artischocken „auf jüdische Art", mit Horaz' Satiren gewürzt. Eingelegte

Zwiebeln der Traubenhyazinthe und der Apostel Petrus auf dem Weg nach Rom. Denn wie uns Calvino gelehrt hat, geht eine Reise auch durch den Magen. Und wer unterwegs nicht seine Essgewohnheiten ändert, hat nichts kapiert.

Worte reichen nicht aus, um wiederzugeben, dass wir von Rom abwärts das Gefühl einer riesigen, diffusen Lebensenergie hatten; die römische Sprache und Kultur verblassen, Roms Einfluss nimmt mit jeder Meile ab und Sprache und Kultur weisen immer mehr zentrifugale – hebräische, langobardische, staufische oder sogar sarazenische – Einflüsse auf und werden so zur Magna Grecia oder zu Byzanz. Wie soll man die Tarantella der Kuhglocken in Itri in Worte fassen, während die Herde beim Almauftrieb die Straße überquert? Oder die Anordnung der Olivenbäume in Mesagne beschreiben, die neben uns, makedonischen Phalangen gleich, vorzurücken schienen wie der Wald von Dunsinan in *Macbeth*, oder den durchdringenden Triller der Schwalben im steinigen Altamura?

In einem durchscheinenden und glühenden Licht marschierten wir Richtung Tag-und-Nachtgleiche, und in den afrikanischen Gebieten Apuliens wurde die Königin der Straßen zu einer Fata Morgana, zu Traum und Mythologie und Durst, sie verlor sich zwischen Olivenhainen, Mohnfeldern und wildem Knoblauch. Sie ließ uns jedoch nicht los, folgte uns wie ein Geist aus dem Süden und stürzte sich schließlich in den heißen Rachen des Drachens, den Hochofen der Ilva in Tarent, ging daraus jedoch unbeschadet hervor und setzte sich Richtung Osten fort.

Geblendet vom Sonnenlicht irrten wir Richtung Absatz des Stiefels. Im Radio hörten wir die Nachrichten über die Heere der Syrer und Afghanen, die in Richtung des reichen Nordwesteuropa marschierten, und wir, die wir schwitzend sechshundert Kilometer in die entgegengesetzte Richtung zurücklegten, verspürten immer mehr „Sympathie" für die Emigranten, die vor dem Totalitarismus des Einzigen Gottes flohen, und gleichzeitig begriffen wir, dass wir insgeheim ausgerechnet ihre Welten suchten, die Europa von sich weist: Griechenland, Nordafrika, den Nahen Osten. Die Welten, die Rom unterworfen, mit Gesetzen und Legionen befriedet hatte. Auf der Landzunge eines Europa, das drauf und dran ist, seine Seele zu verlieren, traten wir mit jedem Schritt auf die Ruinen eines wunderbaren, doch verletzten Gleichgewichts, eines verlorenen Koinon.

Der Epilog war afrikanisch, auf den letzten Meilen gekennzeichnet von einem Gesang Verdurstender, bis wir schließlich die Adria erreichten, mit der Sonne im Zenit und einem Licht, das so weiß war wie in Syrte. In Brindisi hatte es siebenunddreißig Grad im Schatten, zu Füßen der angeblich letzten Säule auf der Appia sprangen wir bekleidet ins Wasser. Die Melancholie des Abschieds, Ein-Monats-Bärte, ausgeräumte Rucksäcke, das Warten auf den Abend, während die Schwalben über uns kreisten und wir trunken waren vom Negramaro-Wein und dem Duft des wilden Oregano.

Wenn man zu einer Reise aufbricht, hat man keinen trifftigen Grund und keine genaue Vorstellung. Man bricht auf, weil man Lust dazu hat. Man bricht auf, weil es Frühling oder Herbst ist, weil es Zeit ist, die Wanderung anzutreten und einem die Flügel jucken wie einem Zugvogel. Man bricht auf, weil der Blutdruck oder das Kreuzweh einem sagen, dass man genug hat vom Alltagsleben, weil ein alter Traum in der Schublade liegt oder weil bei einem Abendessen mit Freunden zufällig eine Erinnerung auftaucht, jemand eine Geschichte erzählt, ein Lämpchen angeht.

Ich erinnere mich gut, wie es im Fall der Appia war. Nach jahrzehntelangem Reisen wollte ich noch über eine große Fußreise erzählen. Ich musste es bald machen, bevor mich die Arthritis völlig lahmlegte, und die Appia stand auf der Liste. Ich hatte immer wieder die fünfte Satire des ersten Buches von Horaz gelesen, in der er über seine erste Reise von Rom nach Brindisi berichtet, die er zum Teil zu Fuß, zum Teil auf dem Schiff und ein kleines Stück in der Kutsche zurücklegte. Im Gymnasium hatten wir sie nicht durchgenommen, weil er darin ohne Umschweife von der missglückten

Annäherung an eine Kellnerin erzählt, mit anschließender Enttäuschung und nächtlichem Samenerguss.

Natürlich war die fünfte Satire aus diesem Grund bei den Gymnasiasten sehr beliebt, und da darin auch noch von vielen anderen Dingen die Rede ist, von Speisen, Düften und Landschaft, verliebte ich mich in sie. Schon damals wollte ich unbedingt sehen, was sich entlang der Linie verändert hatte, die diagonal durch jenen Teil Italiens verläuft, der fern der großen Verkehrsströme liegt. Und dann fiel die Sache in Vergessenheit, wie so vieles, wenn man erwachsen wird. Schließlich kehrte die freibeuterische Idee mit einer Heftigkeit zurück, die infolge des Verdrängens und der für alte Menschen typischen Ungeduld riesengroß wurde.

Da ich das Glück habe, aus Arbeitsgründen und nicht nur zum Zeitvertreib zu reisen, also im Wesentlichen für mein Vergnügen bezahlt werde – solange ich darüber schreibe –, habe ich meiner Redaktion vorgeschlagen, mit dem Rucksack die verfluchte Statale 1 entlangzugehen. Ich habe denkwürdige Reisen mit dem Fahrrad, im Boot, im Zug, im Postbus, sogar mit einem Oldtimer gemacht, doch noch nie hatte ich vorgeschlagen, eine Reise auf Schusters Rappen zu unternehmen. Bei der Zeitung sagten sie sofort zu. Vielleicht dachten sie, durchaus zu Recht: Was gibt es Journalistischeres als die Straße? Oder wie ein Meister des Handwerks sagte: Wenn es keine Neuigkeiten gibt, dreh eine Runde und schreib auf, was du siehst.

Doch kaum hatte ich die Zusage, beschlichen mich Zweifel. Es war eine Schnapsidee gewesen, diese Straße vorzuschlagen, ohne etwas über ihren Verlauf zu wissen. Ich hatte nicht die geringste Idee, ob man sie noch sah oder nicht, ob sich überwindliche Hindernisse auf ihr befanden oder ob sie von Lastwagen verwüstet worden war. Und da ich in keinem Buch Informationen fand, beging ich den Fehler, mich bei Straßenexperten umzuhören. Sie zerstörten mich buchstäblich am Boden.

Mach einen Lokalaugenschein mit einer Drohne, wagten sie mir vorzuschlagen. Es gibt die Straße nicht mehr, sie verliert sich in Weizenfeldern und an Stadträndern, die Italiener haben sie sich einverleibt, warnten mich die anderen. Jemand ging sogar so weit und riet mir, besser ein E-Bike zu benutzen. Drohnen? E-Bikes? Ich bekam eine Krise. War es möglich, dass ausgerechnet die Königin aller Straßen – wie die Römer sie nannten – nicht begehbar sein sollte? Warum sollte ich dort, wo Legionen marschiert waren, modernes Teufelszeug verwenden? Wie sollte ich die antike Welt heraufbeschwören, wenn ich nicht jede Meile auf römische Art und Weise mit tausend Doppelschritten maß?

Und dann sagten natürlich alle das, was auf der Hand lag: Geh nach Santiago. Geh über die Claudia Augusta, die von den Deutschen perfekt renoviert worden ist. Und so weiter und so fort: Es gibt den Frankenweg, den Cammino di Francesco nach Assisi, die Ligurische Grenzkammstraße. Aber geh ja nicht über die Appia, sagten sie, das ist reiner Wahnsinn. Du wirst streunenden Hunden begegnen, Camorra und Gomorra, dem großen Durst, dem nicht mehr existierenden Staat. Auch die Marketingexperten, die ohnehin nichts riskieren, demoralisierten mich: Süditalien verkauft sich nicht, so lautete ihr Refrain. Ich verbrachte schlaflose Nächte. Niemand kam mir zu Hilfe, nicht einmal die heiligen archäologischen Schriften. Sie kümmerten sich nicht um die Gegenwart und beschrieben die Straße stückchenweise, ohne sie als Ganzes vorzustellen. Nur Lorenzo Quilici hatte eine zusammenhängende Karte erstellt, sie war mein einziger Anhaltspunkt.

Auf dem Höhepunkt der Verzweiflung löste sich der Knoten und ich sagte mir: Pfeif drauf. Der Gedanke kam mir, nicht zufällig, beim Gehen. Vielleicht war die Unwegsamkeit ein Vorteil. Beziehungsweise *der* Vorteil. Immerhin hieß das, dass niemand mehr auf der Appia unterwegs war und ich sie mit einer gewissen Wahrscheinlichkeit als Erster begehen würde, auch wenn ich das kaum glauben konnte. Das war der Wendepunkt. Es war ein Luxus, nach Jahrzehnten des Verfalls als Erster über die erste Straße Europas zu gehen. Was Besseres konnte mir gar nicht passieren. Versuch es, sagte ich zu mir, eine Erzählung entsteht immer aufgrund von Hindernissen. Alex – der bewährte Filmemacher, mit dem ich schon viele Reisen unternommen habe – war einverstanden. Es gibt kein besseres Drehbuch als eine Straße, meinte er.

Aber da war noch was: der Wunsch, das Klischee zu widerlegen, demzufolge Gehen und Pilgern dasselbe sind. Ich wollte eine Straße wiederentdecken, die nicht nur religiösen Charakter hatte, sondern von Akrobaten und Wanderpriestern, ruhelosen Heimatlosen, Geschichtenerzählern und Illegalen, Juden in der Diaspora und Flüchtlingen genutzt worden war. Und als wir eine Mannschaft zusammenstellten, nannten wir uns schlicht „Wanderer" – eine zwar weniger edle Kategorie, die aber durchaus ihren eigenen Stolz hat und sich auf die Fahnen heften konnte, diese völlig areligiöse und ganz und gar italienische Straße wiederzuentdecken. Keine Mode, keine Marketingidee oder Erfindung einer Marketingagentur, sondern eine eindeutige und einsame, in den Stein gehauene Straße aus Blut und Schweiß, auf der Legionäre und Lkw-Fahrer unterwegs waren und sind, Apostel und Huren, Gefangene und Schafhirten, Verbrecher auf dem Weg zur Kreuzigung und Kaufleute. Eine Linie, die Besitz von uns ergriff.

Vor dem Aufbruch war mir nur eines klar: Die Diagonale quer durch Italien war ein schwieriges Unterfangen, allein würde ich es nie schaffen. Ich brauchte einen Führer, der die Linie erriet, der jede Spur und jede Höhenlinie des Labyrinths deuten konnte. Und da ich den Führer bereits kannte – er hieß Riccardo Carnovalini und war ein sturer Ligurer mit einem Radar unter den Füßen, ein Dompteur von Dornenbüschen und reißenden Bächen, vielleicht der beste Wanderführer Italiens –, rief ich ihn eines Tages an, trug ihm feierlich mein Anliegen vor, und er sagte sofort zu, denn bei der Appia, mit dem A wie ein hohes C, verführt einen schon allein der Name. Als ich ihm die Hindernisse auf dem Weg aufzählte, sagte er etwas sehr Überzeugendes: „Genau das ist das Schöne. Wir werden sie überwinden."

Eine Woche später traf ich ihn gemeinsam mit Alex zu einer „Machbarkeitsstudie" in der Lobby eines Hotels am Bahnhof von

Bologna. Er überzeugte uns augenblicklich. Mit einem Lächeln, in dem sich Kraft, Schüchternheit, Stolz und Bescheidenheit mischten, sagte er: „Ich habe die Reise schon gemacht" und zog ein teuflisches Gerät aus dem Beutel, das aussah wie eine Gegensprechanlage: sein GPS. Er erklärte, er habe eine Woche lang einen Haufen Daten eingegeben: antike Karten, den von dem Archäologen Lorenzo Quilici rekonstruierten Weg, die Karten im Maßstab 1:25 000 des IGM, des Istituto Geografico Militare („Die wunderbare 25v-Serie", sagte er, „aus den Fünfzigerjahren"), das aktuelle Straßennetz, die Satellitenbilder des Umweltministeriums, die Geodaten, die von Abenteurern auf OpenStreetMap veröffentlicht werden. Er machte den Bildschirm an. „Da ist die ganze Straße", sagte er und zeigte eine rote Linie, die Straßen, Gleise, Stromleitungen kreuzte und Städte durchquerte und unbeirrbar in ostsüdöstlicher Richtung verlief.

Das war sie, die Diagonale des Ostens, die vor vierundzwanzig Jahrhunderten angelegt worden war, eine schnurgerade Linie, die sich nicht um Höhenunterschiede kümmerte, die Römer hatten stur eine gerade Linie gezogen. Sie entsprang dem Traum oder auch dem Wahn eines „Blinden" namens Appius Claudius Caecus, der die Straße 312 v. Chr. angelegt und das erste Stück von Rom nach Capua hatte bauen lassen. Insgesamt 360 Meilen Kies und mächtige Pflastersteine auf festem Untergrund, beziehungsweise 533 Kilometer; aufgrund der vielen Hindernisse, die man in den Jahren des Baubooms errichtet hatte – Autobahnkreuze, Schottergruben, Baracken, Tangenten, umzäunte Privatgründe –, waren es für uns arme Zeitgenossen allerdings 612 Kilometer. Mit alldem und auch mit den einzelnen Etappen auf der Grundlage der verfügbaren Übernachtungsmöglichkeiten hatte sich Riccardo beschäftigt, unter anderen hatte er rekonstruiert, wo sich römische Quartiere (*mansiones* und *stationes*) befanden.

Geschafft. Wir würden die Reise zu viert unternehmen, zu Fuß wie syrische Flüchtlinge. Vier Verrückte auf freiem Fuß, ohne Begleitfahrzeug. Zu unserer Gruppe gehörte auch Irene, halb Veneterin und halb Österreicherin, eine schweigsame und hartnäckige Architektin mit einer großen Leidenschaft für die Natur, in ihrer Gegenwart würde selbst die streitsüchtigste Gruppe in Harmonie leben. In Bologna wurden die neunundsechzig Karten, die Alex im Istituto Geografico Militare di Firenze gekauft hatte, einzeln aufgeschlagen, erkundet, beschnuppert, nummeriert und wieder zusammengefaltet. Sie waren sechzig Jahre alt und enthielten eine Menge Daten, Hinweise und Ortsnamen, die uns auf der Reise nützlich sein konnten. Im Vergleich dazu waren die zeitgenössischen Karten ein Zeugnis der Banalisierung des Territoriums und der Entfremdung der Italiener gegenüber ihrem Land.

Wir feierten mit einem Aperitif, dann erhielten wir eine überraschende Nachricht: In der Via Ugo Bassi, ausgerechnet hier in Bologna, hatte man ein Stück der antiken Via Emilia entdeckt. Wir liefen sofort hin, um es zu besichtigen. Auf dem noch schmutzigen Pflaster, zwischen Greifbaggern, stand ein Grüppchen Politiker und Beamte und ließ sich fotografieren. Wir dachten, das Foto sei dazu bestimmt, eine Wiederentdeckung zu verewigen. Aber nein, man wollte die gerade wieder entdeckte Straße bloß leichteren Herzens wieder zuschütten. Niemand regte sich darüber auf. Bologna hatte nur eine Sorge, die Antike könne den Asphalt behindern. Entdecken und schnell wieder zuschütten: Das war der Imperativ. Die ganze Nation war einer Gedächtnisstörung anheimgefallen.

Das Schöne ist, dass wir nicht einmal nach beendeter Reise wirklich wussten, was wir gemacht hatten. Erst Wochen nachdem wir zum Abschluss in Brindisi ins Meer gesprungen waren, erst als wir am Ende des Sommers, als die Reisetagebücher bereits erschienen waren und der Film vorgeführt worden war, zum „Tatort" zurückkehrten, machte sich das Gefühl breit, ein Abenteuer erlebt zu haben. Plötzlich bekam ich Lust, etwas zu tun, was ich noch nie zuvor getan hatte: die Straße in umgekehrter Richtung noch einmal zurückzulegen, allerdings nicht zu Fuß, und zu überprüfen, wie sich unsere Wanderung auf die Menschen in Mittel- und Süditalien ausgewirkt hatte. Für gewöhnlich schreibt man eine Geschichte auch, um sie loszuwerden, sie ins Regal zu stellen und nicht mehr daran zu denken. Diesmal reichte die Genugtuung des Veröffentlichens nicht. Ich wollte sehen, ob wir eine Spur in der *civitas* hinterlassen hatten.

Außerdem hatte ich es satt, Reisen zu unternehmen, die zwar meinen Lesern Freude machten, aber nichts veränderten. Diesmal wollte ich sichergehen, dass man nicht „Ich hatte ja keine Ahnung" sagen konnte, und vor allem, dass die Behörden zur Kenntnis nahmen, dass es nicht nur das mit Riesensummen subventionierte Kolosseum gibt.

Und so brach im September auf unsere Initiative hin noch mal eine Reisegruppe von Brindisi auf, diesmal zu den peripheren Städten Mittel- und Süditaliens, wo viele hitzige öffentliche Diskussionen stattfanden. Eine Art Marsch auf Rom. Fünftausend Menschen antworteten auf den Aufruf, das war eine absolute Überraschung, und die „informellen" Diskussionen bewiesen uns, dass wir etwas Wichtiges zustande gebracht hatten. Verrückte, ungeduldige Menschen tauchten auf dem Apennin auf und sagten: Zeigt uns den Verlauf des Weges und wir legen los. Wir warten nicht auf Rom, die Appia gehört uns, wir verwalten sie. Die Straße, die die vergessenen Länder des Südens zweiteilt, könnte wieder das werden, was sie einmal gewesen war: das Herz der Halbinsel, die Lebensader, die Italien zum *„Mare nostrum"* führt, das heute mehr denn je verlangt, angehört und überwacht zu werden. Musik in unseren Ohren.

Auf dem Hinweg waren wir derart beschäftigt gewesen, dass wir an vieles überhaupt nicht gedacht hatten. Auf dem Rückweg verstanden wir vieles besser. Zum Beispiel, dass die Appia der einzige Weg in Europa ist, der in beide Richtungen funktioniert. Der Weg nach Santiago ist eine Einbahnstraße, doch die römische Straße erzählt zwei großartige parallele Geschichten, eine für Konfessionslose und eine andere für die, die auf der Suche nach dem Heiligen sind. Die Straße nach Brindisi gehört den Legionen, die nach

Rom gehört Peter und Paul, dem Christentum auf dem Weg in den Westen. Zwei unterschiedliche und komplementäre Weltsichten, weshalb zwei unterschiedliche Typen von Reisenden einander auf der Appia begegnen.

Aber die Königin der Straßen, sagten uns die Leute, sei auch ein wunderbares einigendes Symbol, und wir Norditaliener hätten es den Menschen aus dem Süden geschenkt, ohne uns dessen bewusst zu sein, wir hatten ihnen etwas geschenkt, das es möglich machte, den Sinn der Halbinsel jenseits von Partikularinteressen zu sehen, jenseits der Sehnsucht nach den Bourbonen und dem Bauchweh der Bewohner der Poebene. Die alte Straße wiederzubeleben bedeutete auch, die Präsenz des Staates in einem desolaten Gebiet zu stärken und der Mafia, die mit gewissen Teilen der Politik zusammenarbeitet, den Boden unter den Füßen wegzuziehen. In diesem mit Wundern durchsetzten Katastrophengebiet musste man ein starkes Signal setzen, das besagte, dass es Gegenwind gab.

Dies und vieles andere erfuhren wir auf der unglaublichen Reise in entgegengesetzter Richtung. Die Appia war eine Achse, die die italienische Geschichte auch jenseits der Römerzeit beschrieb, sie erzählte von den Völkern des Meeres, die hier an Land gegangen waren, Griechen, Sarazenen und Juden. Sie erzählte Geschichten von Staufern und Langobarden. Sie erinnerte an die Resistenza und daran, dass die Faschisten Sandro Pertini in die Verbannung geschickt hatten, und an die Kämpfe entlang der Gustavlinie, sie erzählte von der Unterdrückung durch die Bourbonen, von den Feldzügen Garibaldis und der Zerstörung durch den Bauboom in den Sechzigerjahren (damals wurden die Mauern der Bourbonenfestung in Gaeta gesprengt, um eine Uferpromenade anzulegen!) Aber die Straße war auch ein wunderbarer Zugang zu den Wundern der Antike. Wer sich zur Römerzeit auf der Appia bewegte, wollte sich zeigen. Daher die außergewöhnliche Dichte an Mausoleen, Theatern, Villen, Verteidigungsbauten, Quartieren, Gasthäusern. Unsere Straße war ein riesiges Freiluftmuseum. Sie war das Portal dazu.

„Man rettet das Land, indem man darüber erzählt.“ Das sagte eine junge Frau zu uns, eine leidenschaftliche Archäologin bei einer rappelvollen Veranstaltung im Park einer Villa in Marcianise, während draußen beim Patronatsfest die Böller explodierten. Sie hatte recht. Wenn es niemanden gibt, der mit der Antike umgehen kann, fragen die Leute sogar angesichts großartiger Ausgrabungen: „Wozu sind die paar alten Steine gut?“ Ich habe begriffen, dass es im Süden ein Heer von kompetenten Archäologen gibt, die ihr Anliegen kommunizieren können, und wenn der Staat auch nur tausend einstellen würde, um den Denkmalschutz zu überwachen und den Besuchern über die antiken Denkmäler zu erzählen, würde er seine Bilanz wesentlich verbessern. Ich habe festgestellt, dass auf dem Land fast noch mehr Archäologen arbeiten als Bauern, und dass es ein Verbrechen ist, die Verwaltung der Altertümer zu zentralisieren. Wenn man die großen Museen zulasten der kleinen bevorzugt, ruiniert man die Provinz, den ohnehin schwachen Denkmalschutz, und auch das Bewusstsein für die antiken Schätze.

Wir stellten auch fest, dass die Königin der Straßen der Inbegriff von Kürze ist. Die Appia war immer die vernünftigste, bequemste und direkteste Verbindung zwischen zwei Orten. So hatten wir auf dem Hinweg achtzehn Kilometer zwischen Melfi und Venosa gemessen, während die kurvige Asphaltstraße, über die wir auf dem Rückweg fuhren, rund dreißig Kilometer länger war. Die Appia ist ein Denkmal der Schlichtheit, eine Verbindung, die uns die Landschaft so klar vor Augen führte wie Theaterkulissen und auf der wir immer wussten, wo wir uns befanden. Die zeitgenössischen Straßen hingegen führten uns in die Irre, wir verirrten uns in einem Labyrinth von Autobahnkreuzen, sinnlosen Kreisverkehren und Unterführungen.

Es gab auch eine Analogie zur Via Emilia, die ebenfalls Limes (Grenze) war und nicht nur Handelsverbindung und Trampelpfad für die Kolonisatoren. Beide sind derselben Idee entsprungen, doch nach zweitausend Jahren sind Appia und Emilia in einem ganz anderen Zustand. Letztere ist deutlich erkennbar, vom Flugzeug aus sieht man die gerade Linie am Fuße der Berge sogar nachts, man sieht die Schlange der Lkws, die wie ein Laser die Sternennebel der *castra* durchbohren: Forum Popolii, Bononia, Placentia. Mit Ausnahme der von Pinien gesäumten Asphaltstrecken sieht man die Appia nicht einmal tagsüber, so sehr tarnt sie sich. Doch das ist nur ein scheinbarer Nachteil. An der großen Straße des Nordens kann man nicht leben, sie wird von Lastwagen erstickt und ist nicht begehbar. Die Emilia Romagna ist nicht einmal mehr imstande, den antiken Charakter ihrer zweitausend Jahre alten Hauptstraße zu „lesen", obwohl sie die einzige Region ist, die nach einer Straße benannt wurde.

Das Land nördlich des Apennins hat offensichtlich den Kontakt zu seinem Gründungsmythos verloren, doch die Appia wird von einem Teil der Bevölkerung noch als Epos verstanden. Im Gegensatz zur Emilia kann die Appia den Fußgängern zurückgegeben werden, sie könnte ein revolutionäres Modell sanften Tourismus' werden.

Als wir nach vielen öffentlichen Auftritten nach Rom zurückkehrten und feststellten, dass im Park der Italienischen Geografischen Gesellschaft fünfhundert Menschen auf uns warteten, war uns klar, dass wir nicht nur eine Route gefunden hatten, sondern ein lebendiges Symbol und ein nachahmungswürdiges Modell in der Hand hielten.

Letztendlich hat sich auch der römische Dickhäuter in Bewegung gesetzt. Fünftausend Personen haben zehntausend Füße, und der Schritt von zehntausend Füßen hat den Kulturminister mobilisiert. Im Gedenkjahr 2016 wurde die Idee eines italienischen Jakobsweges auch für die Politik interessant. Die Behörden der jeweiligen Regionen (Latium, Kampanien, Basilikata und Apulien) wurden aufgefordert, Denkmalschutzaktivitäten zu koordinieren; Treffen mit Archäologen, Vertretern der UNESCO und lokalen Vereinen fanden statt, um die Instandsetzung der Straße in Angriff zu nehmen. Schließlich wurde der *Anas* das Zugeständnis abgerungen, die aufgelassenen Bahnwärter- und Straßenhäuschen zu Herbergen entlang des Weges umzufunktionieren. Zum ersten Mal seit fünfzig Jahren tat sich wieder etwas auf der Appia. Doch damit gingen auch Risiken einher. Etwa, dass man vor lauter Umfunktionierung den Denkmalschutz vergaß. Oder dass sich angesichts der Kurzlebigkeit der Politik alles in Ankündigungen erschöpfte und die, die auf Veränderung hofften, wieder enttäuscht wurden.

„Ihr habt ja keine Ahnung, was ihr ausgelöst habt", sagte Gianmatteo, ein Archäologe und Lobbyist aus Formia zu uns. „Eine Bewegung ist entstanden; jetzt wisst ihr, dass hier jener Teil Italiens zu Hause ist, der Widerstand leistet. Verkündet in Rom, dass die Schwierigkeit nicht darin besteht, Geld aufzutreiben, sondern die Räume zu nutzen, sie den Reisenden zugänglich zu machen. Die Schwierigkeit besteht darin, den Süden aus der Rolle der Unterwürfigkeit zu befreien, aus den Krallen der Bürokratie, aus dem ewigen Gefühl, eine Kolonie zu sein, aus der Ignoranz gegenüber dem kulturellen Reichtum der jeweiligen Orte. Es ist allzu leicht, in spektakuläre Events zu investieren, und dann den Rest des antiken römischen Kulturerbes der Gleichgültigkeit und den Spekulanten zu überlassen. Es ist ein Kulturkampf: Die Appia kann den Menschen Zugehörigkeit vermitteln."

STEIN

Von Rom nach Capua Vetere

Alle Straßen beginnen in Rom

Hinter dem Sprichwort „Alle Wege führen nach Rom" steckt ein irritierender Dünkel, ein arroganter Stolz auf die eigene privilegierte Lage und vor allem viel Faulheit. Als würde man sagen: Ich gehe nicht auf Italien zu, sondern Italien muss sich mit dem Hut in der Hand zu mir bequemen. Der Glaube, man sei der Nabel der Welt, hat wenig mit dem antiken Rom zu tun. Es ist an der Zeit, das antike Sprichwort umzukehren und allenfalls zu verkünden: „Alle Wege beginnen in Rom." Das wird unser Motto sein, nicht zuletzt aufgrund der Überzeugung, dass man die Geschichte Italiens in umgekehrter Richtung lesen müsste, um die Erbsünden der Einigung zu tilgen.

Ja, alle Straßen beginnen hier und wir sind bereit, die Nummer Eins in Angriff zu nehmen. Beginnt die Zählung der Meilen, die jeweils von riesigen Säulen markiert wurden, bei diesem außergewöhnlichen Nullpunkt oder nicht? Die Karte der Konsulenstraßen ist ein aus Lymphbahnen bestehendes Spinnennetz, und das bedeutet, dass das perfekteste Straßensystem der Welt ausgedacht wurde, um schnell an die Peripherie zu gelangen. Doch mithilfe von Frankenweg, Cammino di San Francesco, der Straße des hl. Paulus und des hl. Peter haben uns die Päpste jahrhundertelang vorgemacht, dass das Gegenteil der Fall ist. Die Kuppel von St. Peter hat wie ein großer Magnet den „föderalen" Blick der Antike auf sich gezogen und vergessen lassen. Ausgerechnet die Parlamentarier, die zwischen Piazza Navona und Via del Corso herumschwirren, haben Rom als Erste vergessen. „Wir Römer", hat ein Freund zu mir gesagt, „müssten in Bezug auf unsere Vorfahren einen schrecklichen Minderwertigkeitskomplex haben. Doch wir pfeifen auf die Antike, und vielleicht ist es auch besser so, denn sie wäre eine unerträgliche Last."

Stazione Tiburtina

Wir fahren mit der U-Bahn in Rebibbia ab, es ist acht Uhr morgens. Der Waggon voller Pendler bleibt ohne offensichtlichen Grund im Tunnel stehen. Proteste, Murren. Nach zehn Minuten teilt eine zerknirschte Stimme mit, dass wir nicht weiterfahren können, weil der U-Bahn-Zug vor uns in Tiburtina eine Panne hat und die Passagiere, die aufgefordert wurden, auszusteigen und einen anderen Zug zu nehmen, sich aus Protest weigern und so das gesamte U-Bahn- Netz lahmlegen. Totale Anarchie. In der Kapitale steht der Auftakt der Reise im Zeichen des Kollapses, der Aufbruch ähnelt einer Flucht. Misthaufen mitten in der denkmalgeschützten Zone. Möwen, so groß wie Schweine, kreisen darüber und fressen. Deutsche Touristen, vom allgemeinen Laissez-faire angesteckt, lassen Papier auf den Boden fallen, freuen sich, der Disziplin zu entkommen. Rom herrschte einmal über die Welt, jetzt herrscht es nicht einmal mehr über sich selbst.

2013 hat der Leiter des römischen Denkmalschutzes der Königin der Straßen den Weg vom Kapitol zum Forum geöffnet, doch bald darauf wurde der Weg von der Feuerwehr wieder abgesperrt, weil die Polizei „die Straße nicht überwachen konnte". Nicht einmal hier, im symbolischen Schwerpunkt einer Nation, war man dazu imstande. Mir wird klar, dass unsere Reise eine Wiederaneignung der verlorenen Räume sein muss, ein Manifest, das der Camorra, der Feindseligkeit der Autofahrer und der Gleichgültigkeit der Politiker die Stirn bietet und fordert, dass die Straßen Italiens wieder begehbar werden. Diese Reise bedeutet, sich das Land wieder anzueignen. Wir werden zurückkommen und es laut sagen, mit der ganzen Appia in den Schuhen. Wir hoffen, dass das Gedenkjahr uns dabei hilft und der bessere Teil Italiens endlich erwacht.

Auf dem Esquilin

Am Abend, wenigstens am Abend, wird die Stadt wieder Caput Mundi und die Steine beginnen zu sprechen. Es ist ein reines Vergnügen, mit einem Menschen wie dem Mittelschullehrer Settimio Cecconi, einem waschechten Römer, spazieren zu gehen. Ach, es sollte Hunderte, Tausende wie ihn geben! Man glaubt, eine andere Stadt zu sehen. Settimio, der uns bis in die Albanerberge begleiten wird, ist eine Zeitmaschine, er ist imstande, eine selektive Vision der Welt zu entwickeln. Seine Erzählungen sind wie eine Brille, die das Neue ausblendet und nur das Antike zeigt. Wenn man sie aufsetzt und ihm zuhört, sieht man eine Stadt, aus der langsam die Autos verschwinden und die sich mit Kaufleuten, Zenturionen, Matronen, Sklaven, Priestern, den einfachen Leuten bevölkert. Man muss Rom nachts besichtigen, sobald die Touristen in die Pizzerien verschwinden.

In seinem Geheimzimmer auf dem Esquilin lässt mich Settimio in dem von Andrea Carandini herausgegebenen Atlas des antiken Rom schmökern, einem wunderbaren, erst kürzlich erschienenen Werk, das meine Wahrnehmung der Antike augenblicklich erweitert. Ein wahres Wunder ist jedoch die archäologische Karte von Rodolfo Lanciani: sechsundvierzig Tafeln mit allen archäologischen Funden der Kapitale bis zum Ende des 19. Jahrhunderts, im Maßstab 1:1000. Um neue Boulevards nach napoleonischem Vorbild anzulegen, zerstörten die Piemontesen die Stadt, ließen mit Ausnahme von Amphitheatern und Triumphbögen nichts übrig, und Lanciani versuchte den Schaden zu begrenzen, indem er seinem Land zuliebe das Inventar dieser Wunder aufnahm.

Umsonst. Er wurde von den zeitgenössischen Baumeistern ignoriert. Und auch die Akademie, die auf den Outsider neidisch war, boykottierte auf jede erdenkliche Weise die Veröffentlichung seiner inzwischen auf Englisch erschienenen Bücher. Die Karte hatte überhaupt keine direkten Auswirkungen. „Sie blieb ein akademisches Dokument", schrieb Italo Insolera, „für die, die direkt mit archäologischen Studien befasst waren. Eine gelehrte Abhandlung." Im geeinten Italien war allen, die sich mit der Antike und der Umwelt befassten, dasselbe Schicksal beschieden. Ich frage mich, wie unsere Karten der Via Appia enden werden, sofern wir überhaupt welche anlegen.

Sturm am Testaccio

In einer plötzlich pechschwarzen Nacht treffen sich die Verschwörer im Hause des 1996 verstorbenen Denkmalschützers Antonio Cederna im Testaccio-Viertel. Giulio und sein Bruder Giuseppe erwarten sie. Es donnert und schüttet, ein Wolkenbruch geht auf die Ewige Stadt nieder, wir hatten die Schuhe ausgezogen, um in die Pfützen steigen zu können. Auf dem großen Küchentisch, neben einem Topf Gemüsesuppe, einer Flasche Aglianico, neben Pecorino und Salami, liegen Fotos, auf denen der bedeutende Wissenschaftler zu sehen ist. Antonio bei einem Vortrag, Antonio bei einer Konferenz, Antonio, der auf einem tausendjährigen Stein sitzt und die Straße betrachtet. In einem Licht, das so schwach wie das einer Kerze ist, versuchen wir, seinen Geist heraufzubeschwören, während durch das Fenster der Duft der nassen Glyzinien dringt. Das ist kein Abendessen, sondern eine spiritistische Sitzung.

„Die Via Appia", sagt uns der Große Geist, „war auf ihrer ganzen Länge ein einziges Denkmal, das man mit religiöser Inbrunst bewachen und beschützen musste, samt ihrer Geschichte und ihren Legenden, samt ihren Ruinen und ihren Bäumen, dem Land ringsherum und der Landschaft, dem Ausblick, der Einsamkeit, der Stille, dem Licht, dem Morgengrauen und den Sonnenuntergängen … Man musste sie mit religiösem Eifer bewachen und bewahren, denn jahrhundertelang haben Künstler aus der ganzen Welt sie geliebt, haben über sie erzählt, sie gemalt und besungen und sie so zu einer fantastischen Realität, zu etwas Spirituellem gemacht, sie haben ein Kunstwerk zu einem Kunstwerk gemacht: Die Via Appia war unberührbar wie die Akropolis in Athen." Sie *war* unberührbar. Bis ins letzte Jahrhundert.

Vor einigen Jahren hat Giuseppe mir einen Pullover seines Vaters geschenkt, einen Pullover aus schöner haselnussbrauner Wolle. Ich übernachtete bei ihm zu Hause, und um drei Uhr morgens stellten wir fest, dass wir beide nicht schlafen konnten und gedankenverloren herumirrten. Wir stellten Teewasser auf, erzählten einander Geschichten aus unserem Leben und versuchten Gründe für unsere Unruhe zu finden. Dann weihte ich ihn in die Magie der Elfsilbler ein, und er dankte mir gerührt, indem er mir den Pullover schenkte. Ich verewigte das Geschenk mit einem feierlichen und banalen, elfsilbigen Vers: *Questo è il maglione di Antonio Cederna*. Seit diesem Augenblick habe ich den großen Alten verinnerlicht. Immer, wenn ich an der Wolle schnuppere, die er getragen hat, und wenn ich schreibe, schlüpfe ich in seine Haut.

„Mein Vater", sagt Giuseppe, „war kein Don Quijote und auch kein Einzelgänger, wie er oft dargestellt wird. Im Gegenteil: Er war besessen von den Menschen, die sich mit seinen Worten identifizierten. Er war nicht einmal ein Nostalgiker, denn er schaute allenfalls in die Zukunft, er machte sich Sorgen um die Verschandelung der Umwelt und des Kulturerbes." Alessandra, Giuseppes Lebensgefährtin: „Die Behörden rühmen ihn, doch das ist nur ein Lippenbekenntnis. Aber die Gangster der Appia, wie er sie nannte, haben ihm nie verziehen. Und das sind lauter wichtige Leute." Ich ahne, dieses Thema ist eine Nummer zu groß für mich.

Schwarze Wolken über dem Pflaster

Es donnert über der Kuppel des Petersdoms, über die Albanerberge ziehen schwarze Wolken, und wir marschieren mit dem Rucksack auf dem Rücken los. Verdammt, warum sind wir nicht am Ostermontag bei leichtem Westwind, inmitten von picknickenden Ausflüglern und ohne Lkw-Verkehr aufgebrochen? Aber nein, wir sind an einem x-beliebigen Dienstag, bei Monsun und dichtem Verkehr unterwegs, und um uns von den SUVs nicht vollspritzen zu lassen, stellen wir uns bei der kleinen Kirche unter, die *Domine Quo Vadis* heißt. Schon beim ersten Kilometer sind wir Gefangene. FATA VIAM INVENIANT, das Schicksal findet den Weg, steht auf dem Giebel eines bekannten römischen Hauses. Aber hier gibt es keinen Platz für das Schicksal, außer unserem Weg. Wir weichen nicht von ihm ab, er sperrt uns im Guten wie im Schlechten ein.

Trotz des Sauwetters gehen wir weiter. Settimio wartet an der Kreuzung hinter Porta San Sebastiano auf uns. Er kennt jeden einzelnen Stein auf dem Weg. In der Antike wetteiferte man darum, wer das schönste Grabmal besaß. „Die Appia war ständig von Reichen und von armen Leuten, von Künstlern und von Huren bevölkert, das war ein Segen, aber auch ein Fluch.“ Ich erfahre, dass die englischen und amerikanischen Truppen ihren Einmarsch in Rom auf der Appia inszenierten und mit den Ketten der Sherman-Panzer über das zweitausendjährige Pflaster bretterten. Auch Karl V., der Rom schlimmer geplündert hat als die Hunnen, feierte hier seinen Triumph. Die Römer begrüßten die Landsknechte als Befreier, obwohl sie gerade brutal vergewaltigt worden waren. Man beißt nicht die Hand, die einen füttert.

Wieder Autos, die sich von uns belästigt fühlen. Auf den Pflastersteinen fließt das Wasser eindeutig besser ab als auf Asphalt. Aber wir schaffen es nicht, den Wasserfontänen auszuweichen, also biegen wir nach links ins Caffarellatal ein. Augenblicklich herrscht Stille, der Verkehr beschränkt sich auf Elstern, Kohlmeisen, Fasane, Rotkehlchen. Einen Kilometer außerhalb der römischen Vorstadt befinden wir uns mitten auf dem Land. Wir genießen das Wunder des grünen Keils, der an der Großen Straße erhalten geblieben ist. Dank des erbitterten Widerstands von Cederna und einer aufgeklärten Minderheit befindet sich heute neben der Appia eine grüne Lunge, Wälder und Wiesen reichen bis ins römische Zentrum und halten den Beton auf Abstand. Keine andere europäische Hauptstadt besitzt eine derart ländliche Peripherie. Entlang der Pinien könnten wir bis zur Porta San Sebastiano und dann am Circus Maximus entlang bis zum Tiber ins römische Zentrum zurückgehen.

Eine Schafherde mit Schäferhunden, ein Hirte so unbeweglich wie eine Statue, Schwärme grüner Sittiche und kreischende Eichelhäher im Regen. Riccardo zeigt uns, wie wir den Schirm am Rucksack befestigen können, um die Hände frei zu haben, und mit diesem Gerät auf dem Kopf sehen wir aus wie in Richtung Maxentiusvilla marschierende Pilze. Settimio erzählt ohne Unterlass, er evoziert seltsame Bilder. Neben einem Kenotaph mit dem Namen Annia Regilla zeigt er uns Herodes Atticus, der seine Bediensteten anweist, im ganzen Mittelmeerraum Epitaphe zur Erinnerung an seine Frau Annia aufzustellen. Böse Zungen behaupteten, er selbst habe sie von einem Sklaven umbringen lassen. Aber die Grabsprüche sind so rührend, dass sich Giacomo Leopardi Jahrhunderte danach in sie – vielleicht auch in Annia – verliebte und sie übersetzte.

Jetzt gießt es wie aus Kübeln. Wir schieben einen Metallzaun beiseite und brechen in ein umzäuntes Gelände ein, um uns in einem Demetertempel, der später dem hl. Urbano geweiht wurde, unterzustellen. Doch er ist verriegelt, man müsste im Vikariatsbüro im Vatikan, das die Erlaubnis erteilt, den Schlüssel verlangen. Zu spät. Vom Dach schießt das Wasser, es gibt keinen anderen Unterstand. Wir müssen im Schlamm weitergehen. Gleich darauf sehen wir ein Restaurant, in dem Hochzeiten gefeiert werden, es steht auf römischen Ruinen. Ebenfalls geschlossen, allerdings ist es als Eigentum der Camorra konfisziert worden. Ähnliches werden wir nun öfter erleben. Die Appia ist zu 85 Prozent ganz legal von Menschen besetzt, die einem erklären, dass Besitz Freiheit ist. Beziehungsweise für Denkmalschutz sorgt. Und wir laufen wie nasse streunende Hunde herum, stehen vor verschlossenen Toren und schnüffeln am Boden.

Rom bestand aus seinen Straßen

Am Anfang war die Idee, die Idee gebar die Linie, und die Linie wurde zur Straße. Die Straße verband Rom mit der verbündeten Stadt Capua Vetere, Legionen und Kaufleute marschierten über sie; dann wurde sie bis Benevent verlängert, um die kämpferischen Samniten im Auge zu behalten. Aber das reichte nicht, denn die Linie wollte den Apennin überwinden und ans Meer, bis zum Hafen von Brindisi, vorstoßen, und dazu musste sie die wüstenartigen Gebiete Apuliens durchqueren. In der Zwischenzeit waren andere, ähnliche Straßen entstanden: Cassia, Popilia, Flaminia, Emilia, Valeria, und noch weitere, die über die Alpen und das Mittelmeer führten. Ende des 2. Jahrhunderts n. Chr. umfasste das Straßennetz dreiundfünfzigtausend Meilen, es reichte von den hyperboreischen Ländern Schottlands bis zu den glühenden Grenzen Persiens, von den spanischen Atlantikküsten bis zum Teutoburgerwald in Deutschland, von den libyschen Wüsten bis zum schneebedeckten Kaukasus.

Aber die Appia war und blieb die Nummer eins, die fantastische italische Straße, die nach Appius Claudius Caecus benannt war. Die Straße des römischen Imperialismus', der Weg in den Orient. Wenn man nach Griechenland oder Syrien fahren wollte, war Brindisi der sicherste Hafen, nicht Ostia. Auf diese Weise vermied man stürmische Umsegelungen. Brindisi erreichte man *(Cato docet)* mit dem Pferd in fünf Tagen, die Reise war sicher, auf der Strecke gab es Poststationen, Tavernen, Garnisonen. In Dürres im heutigen Albanien entstand später die Via Egnatia, die heute noch begehbare Appia des Ostens. In Velia in Griechenland kann man über intakte Pflastersteine gehen, die besser instand gehalten sind als die italienischen, man kann auf den Spuren von Pausanias oder James Frazers wandeln, der sie sechzehnhundert Jahre später beschritt.

Wir gehen wieder über die wichtigste Straße, und Settimio erzählt. Rom bestand aus seinen Straßen, und als Rom verfiel, verfielen auch seine Straßen. Die tief gelegenen Teile versumpften, wurden nicht mehr instand gehalten, Banditen und Mauteintreiber machten die Reise unsicher, und im Mittelalter war der Mensch wieder in den Revieren des Wolfes und des Wildschweins unterwegs, in Wäldern und auf Hängen, auf sich schlängelnden Pilgerwegen und Viehtriften, und vertraute seine Seele dem Schutz eines Einzigen Gottes an. Auch die Appia verfiel und wurde von Feldwegen ersetzt, als Steinbruch missbraucht. Die mächtigen Meilensteine wurden dem Erdboden gleichgemacht, die Pflastersteine abtransportiert, die Gräber und Mausoleen geplündert.

Die adeligen Familien Colonna, Torlonia, Caetania und andere bedeutende Unterstützer des Papstes – „Damals waren die Adeligen gewalttätige und ungebildete Bauern", sagt unser Führer – postierten sich hier, um Maut zu verlangen, und errichteten ihre Wachttürme mit römischen Steinen. Die grandiosen Baudenkmäler der Straße und die robusten Brücken flößten bis in die Neuzeit Furcht ein und erregten Staunen, doch schließlich verschwand auch dieser abergläubische Respekt, und es ereignete sich die endgültige Plünderung: Tempel, Grabmäler und Festungen wurden der *Res Publica* gestohlen und zu Kulissen von Privatvillen degradiert.

Die große Plünderung

Kein Wachmann, kein Verbot. Die öffentliche Appia ist der Willkür aller ausgesetzt. Stattdessen an den Gartentoren Hunderte Videokameras, Butler, die die Eilpost entgegennehmen, philippinische Hausmädchen, die uns mitleidig ansehen, Straßenkehrer, die untätig herumstehen, seitdem jemand versucht hat, die Beziehung zwischen Mafia und Hauptstadt zu stören. Und wir marschieren mit umgehängtem Rucksack, begleitet von Spritzwasserfontänen, Flüchen und dem Dröhnen der Reifen auf dem zweitausendjährigen Pflaster oder dem kaputten Asphalt darüber.

Rita Paris, die Chefarchäologin des Denkmalamts in Rom, hat uns kurz vor der Abreise in ihrem Büro im dritten Stockwerk des Palazzo Massimo gerührt ihren Segen erteilt, sie hat uns erklärt, dass die Appia bis Anfang des 20. Jahrhunderts mit Gittern versperrt und unzugänglich war. „Damals fuhren pro Tag fünfzig bis sechzig Kutschen darüber. Dann hat der Ausverkauf begonnen. Die illegale Benutzung, die Ausnahmeregelungen, die Straferlasse. Selbst heute noch ist es sehr schwierig, die wenigen Reste zu verteidigen. Wenn ihr zu diesem Abenteuer aufbrecht, müsst ihr uns bei diesem Kampf helfen."

Mit jedem Meter werden die Spuren der staatlichen Präsenz spärlicher. Vier Fünftel der Monumente auf der Appia Antica sind in privater Hand. Um sie zu sehen, muss man an einer Tür klingeln, die Bewohner oder eine päpstliche Kommission um Erlaubnis bitten oder sich mit einem Clan wie den Casamonica, den Herren der Peripherie, gut stellen. Auf Nummer 290 gibt es eine Villa, in deren Eingang Pflastersteine von der Straße inkorporiert sind; in diesem Augenblick begreife ich, dass das Thema unseres Reiseberichts eine kolossale, maßlose Plünderung sein wird.

Die Liste der Denkmäler, die man nicht oder nur aufgrund einer freundlichen Genehmigung besichtigen kann, ist länger als die Liste der frei zugänglichen Denkmäler. Hier nur ein paar: das Grab des Geta bei Meile eins, auf dem ein modernes Anwesen steht; die Katakomben des Pretestato bei Meile drei; die jüdischen Katakomben von Vigna Randanini in der Via Pignatelli; das Sepolcro degli Equinozi bei Meile drei; das Grab des hl. Urbanus bei Meile fünf; das Mausoleum Casal Rotondo bei Meile sechs. usw. Am liebsten würde man die Geschichte in umgekehrter Richtung schreiben, die Übergriffe verherrlichen und die Denkmäler als

Hindernisse anklagen. Aber ja doch, wen kümmert Cederna, hoch leben die Gangster der Appia!

Horaz ist schuld

Trotz alledem viele Wunder. *Deus inest!,* würde Ovid ausrufen: An diesen Orten wohnt das Heilige. Hier könnte man tagelang verweilen. Wir sind noch in Rom, in der Ferne hört man das Dröhnen der in Ciampino startenden Flugzeuge, aber inmitten von Nymphäen und heiligen Quellen entdecken wir eine Oase mit Meerespinien, Kaki- und Apfelbäumen, Ulmen, Weißdorn, Röhricht voller Amseln, Mohn, blühenden Brennnesseln und „sokratischem" Schierling. Eine große Lunge; in der schönen Jahreszeit kommen die Römer am Wochenende mit dem Rad zum Picknicken her, ohne Abfälle zu hinterlassen. Ein Zeichen, dass es ein Rom gibt, das stolz auf seine Zugehörigkeit ist und diesen Ort noch als sein Eigentum begreift.

Hier steht die prächtige Villa der Quintilier, rötliche Steine vor dem Gewitterhimmel, sie hat eine schreckliche Geschichte: Kaiser Commodus, der degenerierte Sohn von Mark Aurel, ließ die Besitzer, zwei Brüder, hinrichten, um sich ihre luxuriöse Behausung anzueignen. Hier könnte man ewig verweilen. Das große Halbrund des Winter-Tricliniums, die Gärten mit den Arkaden und die Thermen mit den einsamen Säulen des Frigidariums, das Antiquarium mit der Niobe-Statue aus pentelischem Marmor, usw. usw. Wir sind schon gesättigt von Schönheit. Das Grab der Priscilla, der Tempel der Caecilia Metella, die endlose Reihe der Grabdenkmäler. Wir haben neunundzwanzig Etappen bis Brindisi geplant, aber wenn wir bei allen Denkmälern innehalten, werden nicht einmal fünfzig reichen.

Das Etappenende in Albano Laziale ist noch weit weg, wir wollen Strecke machen, nicht von Denkmälern erzählen. Die Stopps bei Ausgrabungen und die immer wieder auftretenden Wolkenbrüche bringen auch die Erzählung zum Stocken. Wie soll man von einer sechshundert Kilometer langen Straße erzählen, wenn das Schönste schon am ersten Tag passiert? Was soll man Außergewöhnliches über Orte erzählen, die von allen auf der Welt am meisten angeklickt werden? Nicht auszudenken, wenn ich alles Länge mal Breite beschreiben müsste, ich will ja keinen Baedeker schreiben. Vielleicht kann ich mir aus der Patsche helfen, indem ich es mache wie Horaz. Als er auf der Appia nach Brindisi wanderte und darüber in der fünften Satire des ersten Buches berichtete, ließ er die Landschaft links liegen und beschränkte sich darauf, über Tavernen und unerfreuliche Nächte, Gebrechen und gewaltige Trinkgelage zu schreiben, über Falerner-Wein, Stechmücken und wiedergefundene Gefährten. „Als ich Roma, die große, verlassen, empfing in bescheidener / Wirtung mich Aricia samt Heliodorus, dem Meister / Griechischer Sprache und Rede …" Ich kenne diesen Anfang auswendig, und es ist Horaz' Verdienst, dass ich mich für diese Straße entschieden habe. Ich höre, wie er mir ins Ohr flüstert: „Alter, vergiss die Steine … die Straße ist der Stoff, über den du erzählen willst." Und so sei es: wir werden die Linie suchen, und die Linie wird uns zu den Völkern führen, die Rom beherrschten und die sich selbst treu geblieben sind. Vielleicht wird Italien sich nur aufgrund der vielfältigen Götter retten, die es bewohnen.

Picknick zwischen Gräbern

Imbiss im Museum Capo di Bove, wo der Cederna-Nachlass ausgestellt ist, Brötchen mit pikanter Salami. „Was Gutes", das am Abend davor in einer Salumeria im Testaccio zubereitet wurde. Mit der Flasche Shiraz, die Irene überraschenderweise aus dem Rucksack zieht, feiern wir einen großartigen Beginn. Es hat zu regnen aufgehört, und die Brüder Cederna sind aus dem Nichts aufgetaucht, sie wollen ein paar Kilometer gemeinsam mit uns zurücklegen. Wir sind sieben, „sette" wie Settimio, wie die sieben Zwerge hinter den sieben Bergen, sieben wie Antonios Briefe und die sieben Ecken der Aurelianischen Stadtmauern. Zu siebt, wie die Zahlen der Kabbala, genießen wir einen Ort, der der Öffentlichkeit zurückgegeben worden ist, nachdem er fast auf skandalöse Weise vergewaltigt worden wäre. Auf einem Gelände mit außergewöhnlich schönen Thermalbädern sollte ein Parkplatz errichtet werden. Mittlerweile wurde das Terrain konfisziert, das Denkmalamt hat es in einer Blitzaktion gekauft.

Jetzt sind der antike Marmor und die Untaten augenscheinlich, Regentropfen funkeln im Sonnenlicht auf den Mosaiken. Giulio Cederna: „Bevor wir ein Loblied auf die Architektur singen, müssen wir verstehen, wie hoch entwickelt die römische Baukunst war: der Estrich, das *opus spicatum,* der Beton der Antike, das *opus reticulatum*, die zwei Fuß langen Ziegel. Lauter außergewöhnlich dauerhafte Materialien." Sie sind alle noch da, gut erhalten trotz des Regens, des Windes und der Übergriffe der Menschen. Und es ist wunderbar, hier ein Picknick zu machen und Dinge zu erfahren, die wir in der Schule nicht gelernt haben. Rom war vor allem Ingenieurskunst, Logistik, Architektur. Straßen, Brücken, Aquädukte, Poststationen. Nicht zufällig kommt „Pontifex", Papst, von *pontis*, Brücke, und „Architekt" von *arcus*, Bogen. Beiden ist die Fähigkeit eigen, Material zu formen.

Ein paar Notizen von Anna Pasqualini von der Universität Roma Due tragen dazu bei, hinter die Schönheit zu blicken und den tieferen Sinn der Grabinschriften zu verstehen, die bei genauerem Hinsehen sehr modern sind: „Fremder, ich habe wenig zu sagen: bleib stehen und lies. Das ist das nicht schöne Grab einer Frau, die schön war. Ihre Eltern gaben ihr den Namen Claudia. Sie liebte ihren Ehemann von ganzem Herzen. Sie brachte zwei Kinder zur Welt: Das eine ließ sie auf der Erde zurück, das andere begrub sie. Ihre Rede war liebenswert und ihr Gebaren anständig, sie bewachte das Haus und spann Wolle. Ich bin fertig, geh ruhig weiter." Auf einem Grab zwischen Via Appia und Via Latina liest man die Klage eines Mannes, dessen Frau umgebracht wurde, weil man ihr ein goldenes Armband stehlen wollte: „An alle, die diese Inschrift lesen", schreibt der Witwer, „ihr jungen Männer, die ihr eure Gattin liebt, hütet euch davor, ihre Arme mit Gold zu schmücken. Auch wenn sie euch die schönen Arme um den Hals legt und euch anfleht, ihr Geschenke zu machen, die ihren Verdiensten entsprechen, macht sie mit Kleidern glücklich, aber hütet euch vor Juwelen: Sie ziehen nur Diebe und Betrüger an. Ein goldener Armreif hat meine Frau getötet und mir, ihrem Gatten, das Herz gebrochen. Diese Wunde werde ich immer mit mir tragen."

„Edgar Lee Masters hat nichts Neues erfunden", stellt Irene fest, fasziniert von diesem *Spoon River* der Vergangenheit, ohne Hoffnung auf ein Jenseits.

Blitze unter dem Vulkan

Nach der Ringstraße, dem *Raccordo anulare,* wird die Via Appia zu einem schlammigen Weg inmitten von Gebüsch und offenbart ihren geologischen Untergrund: ein Lavastrom, der vom Vulkan Albalonga abwärts nach Rom floss. Es regnet jetzt wieder stark, und der Heide in mir betet die Beinamen Jupiters, des Gottes der Unwetter, wie einen Rosenkranz: *Jupiter caelestis, Jupiter serenus, Jupiter lucetius, Jupiter pluvialis,* und außerdem *tempestas, fulgur, fulgurator, fulmen, fulminator, tonans, tonitrator.* Doch Litaneien und Prozessionen sind nicht genug: Der Himmel über dem Apennin erfordert andere Götter. Tatsächlich passiert etwas. Der Regen wirkt belebend. Wir weichen den Pfützen nicht länger aus. Wir springen sogar lustvoll hinein wie Kinder. Wir befinden uns am Fuße der Albanerberge.

Hin und wieder tauchen Pflastersteine auf, hier und dort eine Prostituierte unter einem Schirm an einer Straßenkreuzung: nichts im Vergleich zu den mythologischen Figuren aus Fellinis Filmen, die fast bis zur Jahrtausendwende in den Denkmälern ihre Dienste angeboten haben. In der Via dell'Aeroscalo, in einer Höhle aus

Lavagestein, droht uns ein Riese, der auf Kunden wartet, wir sind in sein Terrain eingedrungen. Er brüllt und hebt die Faust drohend gegen Alex' Kamera. Ein verzweifelter Zyklop, ein Pasolini-Komparse, ein Überlebender von Sodom und Gomorra, der zwischen den erloschenen, von Wolken verschluckten Vulkanen herumirrt. Nach den großartigen ersten Meilen versinkt die erste Straße der Menschheit im Morast. Kaum zu glauben, dass es vor dreißig Jahren noch schlimmer war: Die Autobahn kreuzte den Weg, und man musste akrobatisch über die Leitplanke springen. Jetzt gibt es eine Überführung, zumindest die Linie ist gerettet.

Es endet in einer Katastrophe. Die Cederna-Brüder verlassen uns, Settimio springt in den ersten Zug nach Rom Termini und Alex kracht mit dem Schädel gegen die Kante einer Eisenbahn-Fußgängerunterführung. Blut, Pflaster, und noch immer Donner, Blitze, strömender Regen, die Straße wird zum reißenden Fluss. Doch wir lachen, wen kümmert es, dass Bovillae gleich um die Ecke liegt, die Heimat der Julier, wo der Leichnam von Augustus, der in Nola bei Neapel verstorben war, ein letztes Mal aufgebahrt wurde, bevor er in Rom feierlich verbrannt wurde. Die Geschichte ist verschwunden, wir versinken in der Gegenwart. Rund um uns Chaos: Pendler auf dem Heimweg, Hupen, Stau, langsam wird es dunkel, die Metropole streckt ihre Fangarme nach uns aus. Wir befinden uns in Santa Maria di Mola, wo die Appia Antica in die Appia Nuova mündet.

Nur noch fünf Kilometer bis zum antiken Albalonga, und wir sind schon klatschnasse Karikaturen. Die Cotral („Transportgesellschaft Latium") ist unsere Rettung, hoch lebe die Cotral, die Bushaltestelle befindet sich in einer Entfernung von dreihundert Metern. Die Wanderer kapitulieren. Bei der Haltestelle beginne ich ein Gespräch, das sehr erhellend bezüglich der Mentalität an der römischen Peripherie ist. Ich frage einen untersetzten Typen, der einen Schirm und einen Strauß Blumen in der Hand hält: Entschuldigung, wo können wir hier Fahrkarten kaufen?

„Vergesst die Karten, hier steigen keine Kontrolleure ein."

Aha.

„Die Sch…fremden zahlen auch nicht. Warum solltet ihr zahlen?"

Um mit gutem Beispiel voranzugehen.

„Man hat ihnen Wohnung und Arbeit gegeben, und sie sind nie zufrieden. Ich bin ein Erdbebenopfer aus den Abruzzen, ich weiß, wovon ich rede."

Aber nein! Das ist eine urbane Legende.

„Was heißt hier Legende! Das stimmt alles. Salvini ist der Einzige, der uns retten kann, die Regierung besteht ja nur aus Arschlöchern!"

Zwischen zwei Wasserfontänen kommt etwas, aber es ist kein Bus. Es ist ein U-Boot voller Pendler und Wasserdampf. Wir klettern mühsam durch die Hintertür und finden Stehplätze, wir halten uns an den Griffen zwischen den beiden Sitzreihen fest, aufgrund der beschlagenen Fenster haben wir keine Ahnung, wo wir aussteigen sollen. Ein Maghrebiner errät unsere Gedanken: „Ich sage euch, wo ihr aussteigen müsst." Er hat natürlich eine Fahrkarte, wir nicht.

Als wir in Albano Laziale ankommen, sind wir klatschnass, und als der Rezeptionist in unserem Hotel erfährt, dass wir nach Brindisi unterwegs sind, flüstert er mitleidig: „Wer hat euch das bloß angetan?" Dann zwingt er uns nahezu, uns an den Tisch zu setzen, auf dem Linguine mit Tomatensauce, Kapern und Oliven stehen, der Kohlenhydrathunger steht uns offenbar ins Gesicht geschrieben. Er erkundigt sich, welche Strecke am nächsten Tag vor uns liegt, und murmelt: „Ich arbeite seit Jahren hier, aber hier ist noch nie jemand zu Fuß vorbeigekommen. Aber vielleicht habt ihr recht. Hinter dem Anwesen dort liegt tatsächlich eine alte Straße …" Wir, die Sklaven der Straße, haben ihn neugierig gemacht. Wenn er könnte, würde er uns bis Terracina begleiten.

Wie zur Bestätigung des Wolkenbruchs versinken die Zimmer am Abend im Chaos. Es regnet Socken, Unterhosen, Handtücher. Nachdem wir umsonst versucht haben, die Schuhe mit zusammengeknülltem Zeitungspapier zu trocknen, fällt Alex angezogen aufs Bett, mitten unter ausgebreitete Unterwäsche, Kabel und Video-Zubehör, die Nase nur einen Millimeter vom PC entfernt, der in der Nacht die Bilder des Tages auf die Festplatte speichert. Noch nie in seinem Leben ist er so weit zu Fuß gegangen, und schon nach wenigen Sekunden schnarcht er wie Polyphem in der Höhle. Schrecklich. Und Riccardo, der mit ihm das Zimmer teilt, lernt, mit einem Wesen zusammenzuleben, das sich offensichtlich vom Schlaf der anderen nährt.

Legio Secunda Parthica

Am Morgen darauf, *Deo gratias*, strahlender Sonnenschein und perfekte Sicht bis zum Petersdom, dem Gianicolo, dem Altare della Patria. Es ist der letzte Blick auf Rom, danach werden wir hinter den Albanerbergen verschwinden. Wir verabschieden uns von Rom, nun werden wir wie die Legionäre, die zu Feldzügen in die unruhigen Gebiete am Mittelmeer und in Asien aufbrachen, auf Terra incognita vordringen. Die Linie verläuft auf halber Höhe des Hanges im vollen Gegenlicht, sie klammert sich an die vulkanischen Hänge der Albanerberge und trägt den Namen Corso Matteotti. Das ist die erste von unendlich vielen Verkleidungen. Es ist unbegreiflich, warum die Via Appia nicht von Anfang bis zum Ende einen einheitlichen Namen trägt. Wahrscheinlich ist das der Beweis, dass die Bewohner Latiums sie nicht als einigendes Symbol ihrer Zugehörigkeit begreifen. Hier beginnt das Italien der Glockentürme, mit zum Trocknen aufgehängter Wäsche, dem Duft von Tomatensugo, Mohnfeldern und Weinbergen mit Blick auf den Krater des Nemi-Sees.

Die mittelalterliche Stadt Albano Laziale sitzt auf dreißig Jahrhunderten Geschichte. Ganz oben die *castra*, die Lager der II. Legion, Parthica genannt, mit einem Amphitheater und noch immer funktionierenden unterirdischen Wasserspeichern. Darunter, gleich neben der Kirche und anderen Gebäuden aus späteren Zeiten, die Thermen, die Caracalla bauen ließ, um die Legionäre bei Laune zu halten. Den im Museum ausgestellten Funden nach zu schließen, waren das wohl reizbare Typen, die man unterhalten musste: Bleitäfelchen, die als Eintrittskarten ins Theater dienten, verzierte Teller, Amphoren für Wein, Olivenöl und verschiedene Saucen. Auf vielen Häuserziegeln die Abkürzung LIIP, eben *Legio Secunda Parthica*. Je weiter wir uns von Rom und den Touristenhorden entfernen, desto besser verstehe ich die antiken Inschriften.

Auch die Sprache ist anders. Und die Gesichter. Apenninisch, bäuerlich. Ein Vorgeschmack auf die Monti Lepini, Monti Ausoni und Monti Aurunci, die die Namen unterworfener und vergessener Völker tragen. Am Boden großartige Kanaldeckel aus Ton, mit dem Stadtwappen – einer Sau – darauf, „der ewigen Feindin der Wölfin". In Albalonga erzählt man noch immer vom Duell der römischen Horatier gegen die Curiatier aus Alba Longa. Und zwar mit Details, die für Rom wenig schmeichelhaft sind. Etwa, dass der römische Sieger, der einzige Überlebende des Duells, seiner Schwester, der Frau eines feindlichen Curiatiers, die Kehle durchgeschnitten hat; ihre einzige Schuld bestand darin, den Toten betrauert zu haben. In den Schulbüchern wird das für gewöhnlich nicht erwähnt. „Mit denen haben wir noch ein Hühnchen zu rupfen", feixt eine Alte mit scheinbar freundlichem Äußeren. „Alba ist besser als Rom." Ein Minenfeld.

In der Bar fragt man uns, wohin wir mit den Rucksäcken unterwegs seien. Als sie es erfahren, kommen sie gleich auf den Punkt: „Ach, die Appia Antica. Offenbar will die Autobahngesellschaft sie sich unter den Nagel reißen." Und zwar nur den rentablen römischen Teil. „Sie werden eine Möglichkeit finden, sie zu Geld zu machen, Herr Doktor. In Italien zahlt man sechsmal so viel Maut wie in Österreich." Ich frage mich, was in zweitausenddreihundert Jahren aus den Autobahnen geworden sein wird. Ein eintägiger Fußmarsch hat gereicht und die Distanz zur Welt der Mobilität ist ontologisch geworden, nicht in Kilometern zu messen.

Das Auto erscheint uns schon als Blasphemie. Und Alex – hundertzehn Kilo plus Rucksack und Kamera – hat nach fünfundzwanzig Kilometern Fußweg die Entscheidung seines Lebens getroffen. Er will auf sein Begleitfahrzeug verzichten. Er will sich nichts entgehen lassen. Jetzt hat auch er den Dämon in den Schuhen.

Wilder Hopfen

Die Tangente zu unserer Rechten führt bergab – wieder hat die Appia einen neuen Namen, heißt jetzt Via della Stella – und schon duftet es nach offenem Land. Mäuerchen aus Lavagestein, Kartoffelfelder, Schrottplätze, ein Hund, der hinter einem Tor heiser und mitleiderregend bellt, ein römischer Torbogen namens Basto del Diavolo. Aber da ist auch ein Feigenbaum mit den ersten Blättern: für die Römer war das ein gutes Omen für den Aufbruch. Reisen sind immer voller Symbole. Brücken, Hänge, Schwellen sind keine Dinge, sondern Symbole. Wir gehen durch Weinberge, an Borretsch- und Wacholderhecken, Duftender Platterbse und Glaskraut entlang, wir sind so damit beschäftigt, in diesem hügeligen Land erloschener Vulkane die Linie nicht zu verlieren, dass wir fast nicht bemerken, dass wir unterhalb von Ariccia über ein riesiges Viadukt gehen.

Es ist nichts Geringeres als die erste Rampe der Antike. Ein monumentales, zweihundertdreißig Meter hohes, neunzehn Jahrhunderte altes Bauwerk. Die Appia überspannt hier zum ersten Mal die Ebene und führt hinauf nach Genzano. Wir gehen über die steilste Stelle, und der Rhythmus unserer Schritte verändert sich: kein eleganter Hexameter mehr, und auch kein leichtfüßiger Elfsilbler. Jetzt marschieren wir im bedrohlichen Rhythmus des Anapäst, einszweidrei, einszweidrei. Einszweidrei, wie die Trommeln der Legionen vor den Kämpfen Mann gegen Mann.

Ringsherum eine Landschaft mit vergessenen Wundern. Die Via Sacra zum Beispiel, eine Straße aus vorrömischer Zeit mit perfekt erhaltenen Pflastersteinen. Auf einem mystischen, einsamen, im Gegensatz zur Appia abgelegenen und vor den Übergriffen der modernen Barbaren geschützten Weg führt sie nach Montecavo hinauf. Doch der Gipfel und damit auch der Standort des italischen Tempels von Jupiter Latiaris, einem Vorfahren des Jupiter Optimus Maximus am Kapitol, wird von einem Wald von Relaisstationen verschandelt. Mit einem Schlag sind Mythologie und Geschichte zunichte gemacht: Der Ort Montecavo wurde von Ascanius – dem Sohn des Äeneas und Gründer von Albalonga – auserwählt, um hier einmal im Jahr einen weißen Stier zu opfern und ein Festmahl für die verbündeten Völker Latiums abzuhalten.

„Die Wunden, die uns aufgrund des allgemeinen Hangs zum Hässlichen zugefügt werden, haben etwas Grausames.“ So der Schauspieler Vittorio Gassman in einem wütenden Leserbrief, den er in seinen letzten Lebensjahren an eine Tageszeitung schrieb. Inzwischen haben wir begriffen, dass es auf unserer klassischen Bildungsreise in dieser Tonart weitergehen wird, dass wir zwischen Wut und Staunen schwanken werden, dass sie uns abwechselnd einen Stich ins Herz und einen Faustschlag in den Magen versetzen wird. Doch wie immer wird uns das Italien der guten Begegnungen trösten: etwa die Begegnung mit dem Typen, der oben am Gipfel wilden Hopfen sammelt, uns das Büschel zeigt und schreit: „Ach, sind die gut. Es geht nichts über frittierte Hopfenblüten.“ Und dann hinzufügt: „Schöne Wanderung, ihr Glücklichen!“

Nach einer Weile stellen wir fest, dass die erste Hürde auf der zweitausendjährigen Straße nicht ein Erdrutsch, eine eingestürzte Mauer oder ein über die Ufer getretener Fluss ist, sondern die Bar *Fly* in Genzano. Alles ist schrecklich banal. Die unfehlbare Linie, die den Grande Raccordo Anulare überlebt hat, den Verkehr auf der Statale 7, die Schutthalden, das Dröhnen der startenden Flugzeuge in Ciampino und den Morast am Fuße der Albanerberge, die sogar die ständigen Namenswechsel (Corso Matteotti, Via della

Stella, Via Alcide De Gasperi, Via Remigio Belardi und viele, die noch folgen werden) aushält, kapituliert vor einer Kellnerin an einer Theke, die uns fragt, was wir trinken möchten.

„Einen Tomatensaft, bitte!"

Hinter der Bar ein Wohnblock. Dahinter, dreihundert Meter entfernt, die doppelte Pinienreihe – ein unmissverständlicher Hinweis auf den Verlauf der Straße. Wir müssen nach links abbiegen und den Weg hinaufgehen, der mitten ins Dorf führt. Augenblicklich haben wir das unangenehme Gefühl, uns verirrt zu haben: Was machen wir hier? Was hat die Piazza Salvatore mit dem Bild der Maria Santissimia zu tun, das von Papst Pius VII. geweiht wurde, „damit den Seelen im Fegefeuer ein Ablass von dreihundert Tagen gewährt wird"? Und was bedeutet die beunruhigende Kreuzung hinter der Allee, zwischen der Appia Antica und einer angeblichen Appia Vecchia, als ob die Appia Nuova die Sache nicht schon kompliziert genug machen würde?

Wie ein Balkantanz

Kaum haben wir das Dorf verlassen, löst sich der Knoten: dreihundert Meter unversehrtes und einsames Straßenpflaster unter einer Kaskade von Glyzinien. Die Straße trotzt den Übergriffen, sie taucht auf, sobald man sie wieder atmen lässt. Hinter Genzano befindet sich ein kleines Mäuerchen, auf dem wir rasten können, und wir genießen den Imbiss in einer leichten Brise, während die Schwalben um uns herumwirbeln; bei Hausbrot, Pecorino und einer Flasche Primitivo di Manduria diskutieren wir über Horaz. Wir sind uns unserer Mission freudig bewusst. Die Stücke fügen sich zusammen, bilden eine Linie, offenbaren aufgrund zarter Zeichen die Spur, die sie eint.

Ich kalligrafiere meine Straße.
Jeder Schritt ist der Stich einer Naht.

Ein geschäftiges Kommen und Gehen von Bienen, die Glyzinien duften intensiv. Mit geschlossenen Augen spüre ich den elfsilbigen Rhythmus unseres Gehens. Er offenbart, dass es sich um eine geduldige Arbeit handelt, um die Arbeit eines Chirurgen oder Schreibers. Das Gegenteil des *wandering*, des ziellosen Herumirrens der englischen Romantiker. Sie hatten den Kopf zwischen den Wolken, wir haften auf dem Boden. Doch nach wenigen hundert Metern wird der Weg wieder unregelmäßig, die Fäden verwirren sich wieder und der Rhythmus bricht ab wie bei einem Balkantanz. Alle hundert Meter müssen wir stehenbleiben, um das Gelände zu beschnuppern, zu filmen, uns Notizen zu machen, die Karten zu konsultieren, im GPS Bestätigung zu suchen.

Zwischen Genzano und Cisterna ist die gerade Linie nur auf Luftbildern oder alten IGM-Karten aus der Zeit nach der italienischen Einigung erkennbar. Auf diesen Karten – die wunderbar genau und reich an Ortsnamen sind – existiert die Appia noch als Saumpfad, Karren- oder Fußweg, und die Orte, die an ihr liegen, heißen Ponte di Mele, Casale San Mauro, Casa Troiani. Aber wie ist es im Gelände? Die Archäologen weisen zwar auf einzelne Strecken mit alten, noch begehbaren Pflastersteinen hin, doch gibt es auch noch die Linie, die sie verbindet? Wir sind ratlos.

Von Gebäuden verstellt, hinter Toren und Anwesen versteckt, von Grasland überwuchert, beweist die Linie die Nicht-Existenz des Staates und das Wiedererstarken der Partikularinteressen, gegen die Rom jahrhundertelang gekämpft hat. In diesem Labyrinth beginnt Riccardos elektronisches Spielzeug, das mit mindestens zwanzig Satelliten verbunden ist, zu tanzen. Das GPS warnt ihn, sobald er vom Weg abkommt. „Aber aufgepasst, nicht es befiehlt", behauptet er stolz, „ich habe ihm vor der Abreise gesagt, wohin wir gehen wollen." Das bedeutet, dass unsere Reise nicht ferngesteuert ist, sondern eine Suche, bei der letztendlich wir, beziehungsweise unsere Füße entscheiden. „Wenn man die Füße frei lässt, verstehen sie alles. Die Energie fließt vom Boden zum Kopf, nicht umgekehrt."

Und das Gehen hinunter von den Albanerbergen wird uns leicht, in der Ferne funkelt das Tyrrhenische Meer und auf der anderen Seite weiden Schafherden. Die Landschaft verändert sich unablässig. Im Augenblick ist der Boden fett und schwarz wie eine Sachertorte. Erste Kaktusfeigen, erste Todesanzeigen mit Jesus und Padre Pio darauf, beunruhigend gleichwertig. Die ersten langen Schlangen kreuzen die Straße. Vor allem die ersten streunenden Hunde, die – in Ermangelung von Gesetzen – die jeweiligen Anwesen bewachen.

Wir stellen fest, dass sie eine ganz besondere Strategie haben. Das Rudel taucht nicht gleich auf, sondern schickt die schwächsten voraus, die sich in der Hierarchie ganz unten befinden und für gewöhnlich bellen, ohne zu beißen. Eine Art akustisches Abschreckungsmittel. Wenn es funktioniert und die Eindringlinge die Flucht ergreifen, passiert nichts weiter. Wenn es jedoch nicht funktioniert, taucht das Alpha-Männchen oder -Weibchen mit seinen knurrenden Prätorianern auf. In diesem Augenblick muss man Entschlossenheit unter Beweis stellen. Für gewöhnlich reicht es, sie entschieden und ohne Angst anzusehen und einen Stein aufzuheben, schon verschwinden sie.

„Im Süden Roms gibt es mindestens eine Million davon“, warnt uns Riccardo, der in Italien mindestens dreißigtausend Kilometer zu Fuß zurückgelegt und weltweit Erfahrung mit Hunden gesammelt hat. „Gebt acht auf die Hunde in Cisterna“, hat man lachend zu uns gesagt, als wir Genzano verlassen haben, zur Bestätigung des Irrglaubens, dass die Hunde der anderen immer bösartiger sind. Als ich mit dem Fahrrad über den Balkan gefahren bin, haben die Kroaten zu mir gesagt: „Nimm dich vor den serbischen Hunden in Acht“, und die Serben warnten mich vor den bulgarischen Hunden, sie übertrugen ihre nationalistischen Feindseligkeiten in den Bereich der Zoologie. Aber die Menschen waren in der Regel immer schlimmer als die Vierbeiner.

Ich habe selten Probleme mit streunenden Hunden gehabt, außer auf dem Fahrrad. Für gewöhnlich sind sie umso hungriger, durstiger, verzweifelter, einsamer und somit scheuer, je weiter man in den Süden kommt. Seit Albano Laziale hören wir sie ohne Unterlass hinter den Toren bellen, in allen Tonarten. Rau, hysterisch, lustlos, heulend, teuflisch, depressiv, neurotisch und hyperkinetisch. Beim Soundtrack unserer Reise ertönt im Hintergrund immer Hundegebell. Die feigen Hunde sind immer auf die Wanderer zornig, immer ausschließlich auf Menschen, die gehen, und nicht auf die Autos, die arrogant vorbeisausen. Wer in Italien geht, weicht von der Norm ab. Sogar die ambulanten Händler beäugen die Fußgänger argwöhnisch. Eines Tages war Riccardo mit dem Rucksack in der Emilia Romagna am Strand unterwegs, an dem es von Badegästen wimmelte, und ein junger Senegalese mit einem Bauchladen kam auf ihn zu, legte ihm die Hand auf die Schulter und fragte: „Was verkaufst du?“ Er antwortete: „Nichts.“ Worauf ihm der Afrikaner tief in die Augen schaute und sagte: „Das glaube ich nicht. Du lügst mich an.“

Als wir vor einem Tor stehenbleiben (Nr. 97 auf einer Straße, die endlich Appia Antica heißt), um wieder einmal auf die Karte zu blicken, fragt eine ängstliche Frauenstimme mehrmals in der Gegensprechanlage „Wer ist da?“, obwohl wir gar nicht geklingelt haben. Die Menschen glauben sofort, sie hätten es mit einem Dieb, einem illegalen Einwanderer oder einem Bettler zu tun, und die Haustiere passen sich an und verkünden den Einheimischen, dass Gefahr im Verzug ist. Doch als ob die Hunde nicht genügten, greifen uns diesmal auch wilde Gänse in Schlachtformation an, und wie man weiß, lassen die nicht mit sich spaßen. Wie die auf dem Kapitol machen sie einen derartigen Lärm, dass eine Polizeistreife kommt und fragt, wer wir sind.

Ein Gebiet in ständiger Alarmbereitschaft, verriegelt, verängstigt, mit Videokameras und unzähligen Verbotsschildern geschützt. Das Italien der Glockentürme ist nervös, es kann nichts mit einer Welt anfangen, die sich in den letzten zwanzig Jahren mit fremdländischen Gesichtern bevölkert hat. „Wer ist da?“ Ob in Südtirol oder in Sizilien, wenn mich jemand kommen sieht, lese ich immer diese primitive Frage in den Augen der Menschen. Bis in die Sechzigerjahre bewarfen sich die Bewohner benachbarter Dörfer mit Steinen und verfeindete Banden von Jugendlichen verprügelten einander. Heute hat man uns beigebracht, Chinesen, Tadschiken, Äthiopier und Inder zu akzeptieren, doch wir haben noch immer die Mentalität der Sechzigerjahre. Und die in den Sechzigerjahren hatten noch immer die Mentalität der Steinzeitmenschen.

Sonnenuntergang mit schwarzen Wolken

Wieder taucht glänzendes schwarzes Pflaster aus Lavagestein auf wie die Panzer von Schildkröten. Die Autos brettern gnadenlos darüber, sie schaukeln auf dem Pflaster, und im Blick des Fahrers liegt immer dieselbe Frage: „Wann machen sie endlich diese Scheißsteine weg?" Gleich darauf geht die Straße in einen Feldweg über, irgendwann ist sie mit einer Kette versperrt. Ganz hinten drei Jungs mit einer Schubkarre und einem Schäferhund. Ich steige über die Kette und gehe zu ihnen hin, um zu verhandeln. Die drei schauen mich entgeistert an, ohne den Mund zu öffnen und ohne den Hund zurückzurufen. Ich erkläre ihnen, wir wollten auf der Straße weitergehen. Einzige Antwort: „Da ist aber ein Graben." Gemeint ist: Das sind eure Angelegenheiten. Und wir gehen argwöhnisch durch eine römische Wasserrinne nach unten, unter riesigen Eichen waten wir durch einen Wald von Schilf.

Nach der Furt finden wir die Linie wieder. Sie hat auf uns gewartet, wie konnten wir daran zweifeln! Auch das Pflaster mit seinen Schildkrötenpanzern taucht wieder auf. Ich frage einen Alten mit einem Spazierstock: „Wissen die Menschen eigentlich, dass das die Via Appia ist?" Er: „Fast niemand." Als ob er sagen wollte: „Wenn die Menschen die Straße vergessen, verschwindet sie." Ein Stein macht noch keine Straße, sie entsteht erst durch das wiederholte Begangenwerden. Die Erinnerung ist an das Gehen gebunden, denn nur wer geht, kann die Zeichen entziffern, die das Leben zurücklässt wie der Kleine Däumling die Kieselsteine.

Nachdem die Via Appia in Cisterna in die Statale 7 gemündet ist, verwandelt sich das antike Pflaster wieder in eine schnurgerade Asphaltstraße, also in Krieg. Bis Cisterna: das Dröhnen von Lastwagen, schmale Gehsteige, gnadenlose Leitplanken und Rottweiler an den Toren. Die Strecke hier heißt Appia Nord, wie eine x-beliebige Tangente. Sogar in Albanien werden die Reste der römischen Antike besser gepflegt, das hier ist nicht nur bestialisch, es ist dumm. Die Via Appia ist Roms großes Versprechen auf Zukunft. Nicht das Kolosseum und nicht die Domus Aurea, sondern die erste Straße des Kontinents, von der sich herausstellen wird, dass sie begangen werden kann.

Wir gehen weiter, wir atmen tief den grasigen Geruch der riesigen, flachen und von Wasseradern durchzogenen Pontinischen Ebene ein, an deren Beginn Cisterna liegt. Sonnenuntergang mit leichten, rosafarbenen, ziehenden Wölkchen. Auf der Hauptstraße der kleinen Stadt wimmelt es von Männern, die vor den Bars oder rund um die Bänke des öffentlichen Parks Grüppchen bilden.

Ihre Gesichter und ihre Dialekte lassen vermuten, dass es Immigranten sind. Menschen aus dem Veneto, den Abruzzen, Sizilien, aus Indien, Pakistan. Fehlt nur noch die Musik eines Pianolas aus einem Saloon, dann kämen wir uns vor wie auf einer von Cowboys und Pistolenhelden bevölkerten Straße im Wilden Westen.

Nichts erinnert mehr an die antike Funktion; der große Wasserspeicher aus Neros Zeiten verbirgt sich im Keller des Palazzo Caetani. Rom ist sehr weit weg.

„Entschuldigung, gibt es Cisterna schon lange?“

„Ja, sehr lange. Mindestens seit den Vierzigerjahren.“

Aber in der Nacht, wenigstens in der Nacht, erstehen seine Geheimnisse aufs Neue. Zikaden, Rauschen, das Rufen der Vögel, das Murmeln einer Quelle. Mitte des 19. Jahrhunderts schrieb der Deutsche Ferdinand Gregorovius über dieses feuchte Land: „Nun geht es zwei Stunden lang durch den Buschwald fort, welcher die Pontinischen Sümpfe bis gegen Terracina begleitet, meerentlang die Küste bedeckt, und bevölkert wird vom Eber, vom Stachelschwein, vom Büffel und Stier … In den Monaten Mai und Juni ist das Land ein einziges Blumenmeer." Auch wir bewegen uns über einen Teppich von Frühlingsblumen. In einer derart klaren Nacht ist der ursprüngliche Zauber des Ortes noch spürbar, obwohl die Faschisten die Sümpfe trockengelegt und urbar gemacht haben.

Wir sind satt und zufrieden. Eine brünette Kellnerin mit strahlendem Lächeln hat uns Bier und riesige Pizzen serviert – mir eine außergewöhnliche mit rohen, geriebenen Zucchini – und jetzt wird das Lokal vom Getratsche einer Runde von Matronen beherrscht, den Töchtern von Mussolinis Urbarmachung, sie sind klein und autoritär, waschechte Italienerinnen. Draußen auf der Terrasse weidet die Nacht ihre Sterne auf einer ununterbrochenen Linie von schwarzen Bergen, und am Fuße der Berge, an der Grenze zur Ebene, verläuft eine zweite Linie, auf der sich zahlreiche Quellen befinden, etwa Giardino di Ninfa, eine Oase unterhalb der Berge – ein berühmter Wasserpark wie Tivoli, Bagnaia, Bomarzo und Frascati –, es wäre eine Schande, sie nicht zu besichtigen.

Hier gehen die vulkanischen Hänge der Albanerberge zu Ende. Jetzt folgen die Monti Lepini mit den vorrömischen Festungen am Rande steiler Abhänge; die waldreichen Monti Ausoni, die Italien den ursprünglichen Namen verliehen haben; und die mondartigen, höhlenreichen Monti Aurunci mit der spektakulären Narzissen- und Orchideenblüte steil über dem Meer und dem Fluss Garigliano. Was ist aus den Völkern geworden, die einst hier wohnten, der

Vorhut auf den Bergen des Wolfes und des Buntspechts, den Picenern, den Hirpinern und anderen, die zum Stamm der Samniten gehörten? Was ist in Italien vom Geist der Osker, der Önotrier und Japyger erhalten geblieben?

Rom hat sie besiegt, ihre Städte mitunter dem Erdboden gleichgemacht. Aber jetzt pulsiert ihre Legende in der Nacht, in der Reihe der kleinen Sternennebel am Rand der schwarzen Linie. Sie sind noch da, in Lagern verschanzt wie Cheyenne-Indianer, in Canyons versteckt, während die Ebene mit den murmelnden Quellen heute von anderen Herrschern und anderen Sklaven ausgebeutet wird. Die vorrömischen Mauern von Segni, die großartigen Ruinen von Norba und die Akropolis von Sezze, das der Legende nach von Herkules gegründet wurde, der die Laistrygonen tötete, erzählen eine andere Geschichte als die schnurgerade Linie, der wir folgen.

Die alten italischen Wege waren Labyrinthe der Freiheit, einvernehmlich entstanden aus den Beziehungen zwischen den Völkern. Doch es waren nur von der Gewohnheit geschaffene Wege, Verbindungslinien, bescheidene Abkürzungen, Querungen, Wege auf halber Höhe der Hänge, Viehtriften, die vom Menschen benutzt wurden. In dieser Sternennacht spüre ich jedoch, dass die gerade Linie der Römer in dieses Geflecht einbricht und es aus dem Gleichgewicht bringt. Ich verspüre einen inneren Zwiespalt. Zwei Herzen schlagen in meiner Brust: Ich bin Anhänger des Imperiums und Wilderer zugleich.

Hannibal entging der Verfolgung durch die Legionen, indem er sich fünfzehn Jahre lang auf diesen Wegen herumtrieb. Er versteckte sich in Apulien und tauchte im Latium wieder auf. Er verschanzte sich in den Bergen Kalabriens und drang dann auf kleineren Straßen in die *Campania Felix* vor, oft mit Völkern als Verbündete, die von Rom unterworfen worden waren. Rom ist es nie gelungen, ihn von der Halbinsel zu verjagen, es traute sich nicht, die großen Straßen zu verlassen und sich im komplexen Auf und Ab der Insel zu verlieren. Rom war nicht imstande, die großen, unwegsamen Räume zu durchqueren. Es konnte sie nur zähmen.

Wir gehen geradeaus

Unerschrocken. Unbeugsam. Erschreckend. Totalitär. Wie sonst soll man diese Linie beschreiben, die zuerst die Albanerberge durchschneidet, ohne sich um Höhenlinien zu kümmern, und dann die Pontinische Ebene durchquert, ohne auch nur einen Millimeter abzuweichen, und so die längste geradlinige Straße Italiens bildet? Vielleicht als Symbol des Römerreichs. Vielleicht nur als Notwendigkeit: die Römer waren pragmatisch und mussten eine kurze Verbindung zwischen Rom und Terracina herstellen, aus. Vielleicht lag es auch nur daran, dass ein Blinder, eben der Zensor Appius Claudius Caecus, die Oberaufsicht hatte.

„Anxur", hat er wahrscheinlich gesagt und mit der Hand eine kerzengerade Linie durch die Luft gezogen. Anxur war Terracina, und es wurde Anxur. Und da auch der Gehorsam blind ist, gehorchte ein Heer von Architekten und Landvermessern dem schrecklichen Alten, ohne ein Wort zu sagen, ohne Rücksicht auf Höhenlinien und ohne Mitleid für die Bewohner. Die römischen Straßen folgten oft der Linie bereits existierender Straßen. Nicht in diesem Fall, hier wurde eine Straße durch ein Niemandsland von Wäldern und Sümpfen gezogen, man wollte sich ja von den Straßen der Italiker fernhalten, auf denen es von Hinterhalten wimmelte.

Unter den Faschisten war die Linie dann das Symbol der wiederentdeckten römischen Welt und die Verbindung zur Via Emilia, der legendären geradlinigen Straße im Norden, wo Mussolini herkam. Doch die Via Appia war vor allem die zweitausendjährige Straße, von der ausgehend man im rechten Winkel ein neues geradliniges Straßennetz anlegen konnte, das der Trockenlegung diente. Auf diese Weise wurde die Malaria besiegt, die Bauern bekamen Arbeit, doch die Pontinische Ebene, die bis dahin ein Land von Hirten, Büffelkäse und wildem Schilf gewesen war, wurde einer strengen Geometrie unterworfen. Das Zeitalter der Tangenten, Lastwägen und Rottweiler an den Toren besorgte dann den Rest.

Vor uns liegt die berühmte fünfzig Kilometer lange, schnurgerade Strecke, die längste in ganz Europa. Bei ihrem Anblick drehen die Autofahrer durch, sie rasen in den Tod. Aber noch mehr Unheil hat die faschistische Landreform zu beiden Seiten der Linie angerichtet.

Aufgrund rechtwinkeliger Kreuzungen mitten im Niemandsland gibt es hier weltweit die meisten Autounfälle. Entlang der Straße liegen Wracks wie verrostete Sowjetpanzer zwischen Kabul und Jalalabad in Afghanistan. Auf dem Parkplatz der Autowerkstatt Falso – ein sprechender Name für einen Pannendienst, der auch Gebrauchtwagenhandel ist – sehen wir ein schwarzes Auto, dessen Motor in den Fahrgastraum gedrückt worden ist, und andere Phänomene des automobilistischen Wilden Westens.

Der Fußgänger ist noch ärmer dran. Er ist nur noch Abschaum, Dreck auf dem Gehsteig. Die Via Appia Nuova wurde zur Gänze auf der Unterlage der alten Via Appia verlegt, sie war eine ideale Basis im Sumpf der Pontinischen Ebene. Heute ist sie ein Denkmal für eine Straße, die ihrer eigenen rationalen Grundidee zum Opfer gefallen ist. Nach der Vernachlässigung im Mittelalter versuchte Papst Pius VI. im 18. Jahrhundert Böschungen, Meilensteine und Pflaster zu renovieren, und auch „die Brücken, die von unseren besten Ingenieuren gebaut wurden, um die Gewässer zu überqueren" und sie dem Verkehr zurückzugeben. Leider wurde das antike Bauwerk zum Teil zerstört, um dem Neuen Platz zu machen, und von neuen Teilen überdeckt.

Entweder wir bewältigen diese unbarmherzige Rennbahn, die kein gnädiges Auf und Ab kennt, oder wir kapitulieren und nehmen den parallelen Frankenweg des Südens über die Monti Lepini. Die Via Appia wird wenigstens von Bäumen gesäumt, sie verläuft zwischen Pinienreihen, die von Papstgetreuen gepflanzt wurden, sie bieten dem Wanderer wunderbaren Schatten. Zu Zeiten von Appius Claudius waren sie nicht vorgesehen, denn die Legionen mussten freie Bahn und Fernsicht haben, um etwaige Hinterhalte zu erspähen. Dank dieser Pinien könnte der Wanderer im Schatten auf einem schmalen, von einem feinen Nadelteppich bedeckten Pannenstreifen gehen.

Herumirrende Halbstarke

Doch der Verkehr ist so gnadenlos, dass wir letzten Endes doch den Bus nehmen. Eine schmerzvolle, wenn auch nur zwanzig Kilometer lange Abweichung vom Weg bis Borgo Fáiti, dem antiken Forum Appii, von dort aus werden wir Terracina in einem eintägigen Fußmarsch erreichen.

Am Schalter sieht man uns argwöhnisch an.

„Was macht ihr auf der Appia? Da wohnt doch niemand."

Dagegen lässt sich nichts einwenden. Die Appia ist nur eine Straße durch Niemandsland. Die Bauernhöfe, Städte und Anwesen befinden sich weit im Landesinneren. Um nach Borgo Fáiti zu gelangen, müssen wir einen Umweg nach Latina machen und dort auf den Anschlussbus warten. Zu Fuß wäre man schneller. Aber es gibt keine andere Möglichkeit, die Rennbahn zu umgehen.

Wir fahren los, aber es ist schrecklich, die Linie zu verlassen. Das GPS gibt sofort den Geist auf und die Gruppe fühlt sich verloren und entwurzelt, während der Bus uns in die Irre führt, in faschistischen Ortsnamen schwelgt – Montello, Podgora, Bainsizza, Borgo Piave, Via Enrico Toti –, der Erste Weltkrieg verfolgt uns auch hier, zwischen endlosen Feldern und tiefhängenden Regenwolken. In Latina ist Mussolini allgegenwärtig: Quadratische Bauten in der staubigen Luft, die Atmosphäre erinnert vage an eine texanische Grenzstadt. Wir warten eineinhalb Stunden auf den Bus nach Borgo Fáiti. Unter den Dächern der Busstation irren Halbstarke herum, die Schlagzeilen der Zeitungen im Kiosk lauten: PISTOLEN FÜR DIE POLIZISTEN, der Mafia-Clan der Casalesi spielt sich auf und zieht die Via Appia nach Rom hinauf.

Die Tavernen des hl. Paulus

Zwischen Olivenhainen, summenden Entwässerungsanlagen, endlosen Artischockenfeldern, einem Tor mit wild kläffenden Mastini napoletani dahinter, Kiwiplantagen mit Sikhs als Erntehelfern fahren wir los. Der Bus schaukelt durch eine obsessiv rechtwinkelige Landschaft, die nach Arbeit und Schweiß stinkt. Hier schuftet man sich zu Tode, das wussten die Einwanderer aus dem Veneto zur Zeit des Faschismus und das wissen die Ausländer heute, die als illegale Erntehelfer rekrutiert werden.

Doch der Bus fährt an Borgo Tre Taverne vorbei. Das fällt uns erst auf, als es zu spät ist. Vom Weg abzukommen ist immer ein Fehler, und dies hier ist ein kapitaler Fehler. Für diejenigen, die zu Fuß von Rom aufbrachen, war Tres Tabernae die erste *mansio,* hier begegnete der hl. Paulus, der in Pozzuoli an Land gegangen war, den ersten Christen, die von Rom kamen. Eine Legende? Nein, historisch belegte Fakten. In der Apostelgeschichte heißt es: „Und so kamen wir nach Rom. Von dort waren uns die Brüder, die von uns gehört hatten, bis Forum Appii und Tres Tabernae entgegengereist. Als Paulus sie sah, dankte er Gott und fasste Mut." An der Stelle, wo diese denkwürdige Begegnung stattgefunden hat, ist eine kleine Stadt entstanden; im Boden gibt es immer noch antike Fundstücke.

Die von überall sichtbare doppelte Pinienreihe im Hintergrund ist ein Indiz für die von Appius Claudius gebaute Straße. Es lässt sich nicht verleugnen, dass die christliche Ursprungslegende auf dieser geraden Linie stattgefunden hat. Auch der hl. Petrus ist auf ihr gegangen, und in den Katakomben von San Sebastiano an der Appia haben die beiden Märtyrer ihre erste Grabstelle gefunden. Die Christen aus Rom und die Pilger aus dem Osten haben sich dann auf der Via Appia einen erbitterten Kampf um die Reliquien geliefert. Aber aus dieser Richtung kamen auch andere geheimnisvolle Religionen. Die strenge, in Alba Longa stationierte Legio Parthica registrierte ein anarchisches Treiben vom Gläubigen, die fast immer aus dem Osten kamen.

Unvermeidliche Frage: Warum hat ausgerechnet das Christentum gesiegt? Was hatte es dem Mithraskult voraus? Warum gelang es diesem kleinen ketzerischen Kult, einem Ableger des Judentums, innerhalb weniger Jahre, sich durchzusetzen und nicht nur arme Leute, sondern auch viele Mächtige in Rom zu überzeugen? Es ist faszinierend, sich diese Frage zu stellen, während wir der Linie folgen. Nicht nur faszinierend, obligatorisch. Die Appia ist in der Geschichte des Christentums so zentral, dass man sich unweigerlich fragt, warum sie noch nicht zum Pilgerweg gemacht worden ist. Doch vielleicht liegt die Antwort auf der Hand. Vor Papst Franziskus war die Vorstellung des Glaubens als etwas Herumirrendes dem Vatikan so fremd, dass sogar diese wunderbare Nahtstelle zwischen dem Glauben des Ostens und des Westens in Vergessenheit geraten ist.

Auf Tuchfühlung mit den Lastwagen

In Borgo Fáiti steht ein gutes Hotel an der Straße, es ist der einzige Rastplatz, der den Alptraum der geraden Linie durchbricht. Auch vor dreiundzwanzig Jahrhunderten war hier eine Unterkunft, und heute wie damals steht sie neben dem Fluss Cavata, der kühl und grün von den Monto Lepini herabschießt, unter einer robusten Brücke durchfließt und dann auf der Südseite der Straße einen Kanal bildet. Wenn wir schlau wären, würden wir die Reise im Kanu fortsetzen. Wir könnten uns mühelos von der Strömung nach Terracina treiben lassen, genau wie die alten Römer, die sich auf von Maultieren oder Pferden gezogenen Kähnen fortbewegten. „Es verscheuchen den Schlaf uns die bösen Mücken, die Frösch' im Sumpfe", erzählt Horaz über seine nächtliche Ankunft, „es besingen zur Wett' ihr Liebchen Schiffer wie Treiber." Endlich beginnt der Treiber ermüdet in Schlummer zu sinken, und der faule Matrose bindet das Zaumzeug des Maultiers an einen Stein, sinkt vornüber und schnarcht, anstatt abzulegen, wofür er bezahlt worden ist.

Doch bald darauf schnappt sich ein Hitzkopf einen Stock und verprügelt den Schiffer, damit der Nachen doch noch vor Morgengrauen ablegt.

Wir versuchen wieder auf die gerade Linie einzuschwenken. Eigentlich müssten wir dafür nur den Verkehr ignorieren und im Rhythmus der Legionäre ausschreiten. Im Vergleich mit unseren Vorfahren der Antike sind wir allerdings sehr langsam unterwegs. „Ein kräftiger Mann legt den Weg in fünf Tagen zurück", schreibt Prokop in *Der Gotenkrieg* im 6. Jahrhundert n. Chr. über die gut zweihundert Kilometer lange Strecke von Rom nach Capua. Fünf Tage! Wir haben neun eingeplant. Das sagt der mittelalterliche Chronist über die römischen Steine: „Selbst nach so langer Zeit, und obwohl Tag für Tag viele Pferdefuhrwerke über die Straßen fahren, ist ihr Gefüge in keiner Weise beschädigt, zerbrochen oder abgenützt, es ist noch immer deutlich zu sehen."

In Jahren des zu Fuß Gehens habe ich – wenn ich am Rande von stark befahrenen Straßen unterwegs bin – die Technik des Absentierens perfektioniert. Ich schließe mich in meine Taucherglocke ein, schotte mich wie ein Pferd mit Scheuklappen gegen seitliche Blicke ab, setze der Welt einen Haufen Gedanken entgegen. Ich schaue zum Horizont und basta. In manchen Situationen schotte ich mich derart ab, dass ich zwischen den Wolkenkratzern der Fifth Avenue genauso ausschreite wie auf einer Wiese.

Aber hier reicht es nicht, die Luken zu schließen. Die Autos flitzen mit hundertfünfzig Stundenkilometer vorbei und die Lkws verursachen einen derartigen Sog, dass es mir den Hut vom Kopf weht. Für sie sind wir nur ein kurzer Anblick im Rückspiegel. Weit und breit keine Polizei. Was ist unsere Reise doch für eine verzweifelte Liebestat! Unsere Fußsohlen pochen. Offenbar sammelt sich hier das ganze Blut. Die Nerven zwischen Ferse und Zehen haben den Asphalt satt. Sie treten immer auf derselben Stelle auf, sie flehen um Luft und ein Fußbad.

„Romolo Numa Pompilio Tullo Ostilio Anco Marzio Tarquinio Prisco Servio Tullio Tarquinio Superbo", und wieder von vorne.

Ich versuche es mit einer in der Schule gelernten Litanei, doch umsonst.

Mussolinis Wasser

Erschöpft lassen wir uns am Rand eines Feldes zu Boden sinken, ziehen die Schuhe aus und essen unser Obst. Aufgeregt kommt der Besitzer eines Hauses mit seinem Enkel gelaufen.

„Leute, ihr solltet um Erlaubnis fragen, bevor ihr euch hier hinsetzt."

„Wir sind am Rande des Feldes und essen nur unsere Jause. Und wer weiß, wenn wir näherkommen, regen Sie sich vielleicht noch mehr auf. Vielleicht haben Sie sogar einen Hund."

„Aber nein, ihr seid ja anständige Leute. Freut mich, ich bin Franco Molina, Tanzlehrer, Via Appia, Kilometer 74." Kokett fährt er sich vor der Kamera mit den Händen durch die Haare.

„Die Leute fahren zu schnell", sage ich.

„Der Rennfahrer Taruffi ist hier mit seinem Sportwagen Probe gefahren. Zumindest wurde die Straße dafür gesperrt. Heute sind nur noch Taruffis unterwegs. Auf der Appia bringen sich die Leute um."

„Fährt jemand im Boot den Kanal hinunter?"

„Nur die Zigeuner, um zu stehlen."

„Was raten Sie uns?"

„Geht am Damm entlang, bis Terracina ist er frei zugänglich. Man kommt auf direktem Weg hin. Die Brücke, die auf die andere Seite führt, ist zwei Kilometer entfernt."

Bar *Bocca di fiume*, Kilometer 76. Eine etwas brasilianisch anmutende Kellnerin – Paolo Conte würde einen Song über sie schreiben – serviert uns um zehn Uhr vormittags Brötchen mit einer Flasche kaltem Falanghina und beschreibt uns mit verklärtem Blick die „Mussolini-Brücke", unter der „alle Gewässer der Pontinischen Ebene" zusammenfließen. Verdammt, wir sollten uns eigentlich bewusst sein, dass sich gleich um die Ecke die „Brücke aller Brücken“ und „das Gewässer aller Gewässer“ befinden, denn das hier ist der Nabel der Welt, und all das gibt es dank IHM.

Der Faschismus ist hier kein politisches Credo, er ist Legende. Er ist noch immer präsent: in den verblichenen Großbuchstaben auf den Gebäuden (LEGA NAZIONALE COMBATTENTI – Kampfbund – CREDERE OBBEDIRE COMBATTERE – glauben, gehorchen, kämpfen –), in den Anwesen, den Kanälen, den Gutshöfen und Urbarmachungskonsortien. Tausende Familien kamen zur Zeit des Faschismus hierher, auf der Flucht vor dem Elend und der Ausbeutung in der Poebene, um soviel Wasser und Land wie nur möglich zu bekommen. Der Staat versprach ein Schlaraffenland: achtzehn Hektar pro Familie, ein neues Haus mit Stall, zwei Ochsen zum Pflügen und eine Milchkuh, außerdem die notwendigen Gerätschaften. Die Siedler hatten Anrecht auf einen Teil der Ernte und durften das Land käuflich erwerben.

Der Duce hatte ein inniges Verhältnis zum Mythos – zum Mythos Roms natürlich. Er zog eine Furche wie Romulus. Er sprang behände auf einen Traktor, zog den Starthebel und drehte inmitten der faschistischen Würdenträger eine Runde, um mit der Pflugschar die Grenze der neuen Städte zu ziehen. So entstanden innerhalb weniger Monate Littoria, Aprilia und Pontinia, entworfen von faschistischen jüdischen Architekten, deren man sich bald darauf aufgrund der Rassengesetze entledigte.

Angeblich regnete es immer am Tag vor der Einweihung, und wenn Mussolini kam, schien die Sonne. Der Duce hatte nämlich einen persönlichen Meteorologen, und der sorgte dafür, dass bei seiner Ankunft Schönwetter herrschte. Er hatte auch einen Vulkanologen: Wenn es am Ätna einen Ausbruch gab, kam ER und wie durch ein Wunder floss der Lavastrom langsamer.

Der Tanz auf der wilden Böschung

Hinter der berühmten Mussolini-Brücke beginnt der wunderbare Dammweg, der nach Terracina führt. Knallgelbe Luzernenfelder mit Mohnblumen, wie auf einem Gemälde von Seurat oder Klimt, und ein großartiger Blick auf die gleich daneben verlaufende gerade Linie. Wir sind mitten im Wonnemonat Mai: Zwischen der Straße und dem von Iris und Ranunkeln bedeckten Festland fließt das glasklare, grüne Wasser des Kanals, in dem Enten und Reiher schwimmen; noch bis vor fünfzig Jahren verkehrten hier von Ochsen gezogene Lastkähne, im selben Rhythmus wie vor zweitausend Jahren, zu Horaz' Zeiten. In der Ferne tauchen Büffel im Grasland auf oder kommen herunter zur Tränke. Auf der anderen Seite die Pinienreihe und am Fuße der Berge die Linie der grünen Quellen. Perfekte Sicht.

Was für eine großartige Alternative! In vier Stunden könnten wir unser Ziel erreichen. Doch schon nach einem Kilometer befinden wir uns inmitten von höllischem Gestrüpp, das wahrscheinlich bis Terracina reicht. Nun beginnt auf der wilden Böschung ein Tanz: Alex verliert Teile seiner Kamera, Irene zerreißt sich die Hose und bei der ersten Brücke flüchten wir alle schmutzig, mit zerrissenen Kleidern und von oben bis unten zerkratzt aus dem Gestrüpp, aufs Neue auf der Suche nach einem Bus auf dieser elenden Straße. Ein Bauer erklärt uns, dass der Weg auf der Böschung vor einigen Jahren angelegt wurde, doch er wird nicht instand gehalten, weshalb er unbegehbar ist. Rausgeschmissenes Geld.

Nun folgt ein Loblied auf die Vergangenheit. „Früher, als das Gebiet in Staatsbesitz war, wurde es ausgezeichnet instand gehalten. Das Gras wurde bis auf zehn Meter Entfernung von der Straße gemäht. Strategisches Militärgebiet, hieß es. Nun geht alles den Bach hinunter."

Als sich das Land noch im Besitz des Papstes befand, wurde offenbar noch besser gemäht, zweihundert Meter auf jeder Seite.

„Früher war es hier schlimmer als im Wilden Westen. Hier gab es nur Hirten, die besser schossen als Buffalo Bill. Die Sümpfe waren voller Banditen. Wer hätte sie vertreiben sollen? Die Soldaten hielten sich aus Angst vor der Malaria fern."

Riccardo fragt den Bauern, wo die Bushaltestellen sind, aber nicht einmal er, der doch hier zu Hause ist, weiß es.

„Kein Bus fährt über die Appia, sie fahren alle kreuz und quer."

Unglaublich: Blindlings irren wir über die offensichtlichste Straße Italiens. Alles ist zufällig: Fahrpläne, Richtungen, Haltestellen. Riccardo biegt nach rechts, Richtung Borgo Pasubio, ab, ein Umweg von einigen Kilometern, und tatsächlich finden wir eine Bar, die Fahrscheine der Atac verkauft. Endlich.

„Viermal nach Terracina, bitte."

Kassiererin: „Nach Terracina?"

„Genau, nach Terracina. Wie viel macht das?"

Kassiererin: „Puh, dorthin fährt ja niemand. Gigi, wie viel soll ich denen berechnen?"

Barmann: „Keine Ahnung, verlang zwei Euro."

Kassiererin: „Ist gut, ich gebe Ihnen vier Fahrkarten um acht Euro, das wird schon passen."

Aber keine Spur von einem Fahrplan, also halten wir irgendeinen Bus auf. Es ist der richtige. Bei Sonnenuntergang erreichen wir Terracina.

Rupe di Leano

Vor den Toren der Stadt gabeln sich die Statale und die Via Appia. Unterhalb eines steilen Berges namens Rupe di Leano, der wie der Berg Gethsemane von hundertjährigen Olivenbäumen bedeckt ist, zweigt Letztere nach links ab. Dann durchquert sie eine nach San Silvano, einem christianisierten Faun, benannte Senke, in dessen Namen legendäre Grillfeste und Prozessionen stattfinden. Dahinter wird die flache Küste des Tyrrhenischen Meeres zur Steilküste; wie ein Brennspiegel öffnet sie sich nach Südosten, sie ist so dicht mit Agaven und Kaktusfeigen bewachsen, dass man glaubt, man befände sich plötzlich auf einem anderen Breitengrad. Die Felsen des Apennins reichen bis ans Meer und versperren den Weg. Nachdem die Appia meilenweit das Flachland der Pontinischen Ebene durchquert hat, ist sie nun gezwungen, sich kurvig in die Höhe zu schlängeln.

Diese Mutation ist kaum fassbar für jemanden, der noch ganz im Bann der geraden Linie steht. Diese erste Abweichung bringt die Fäden der Reise durcheinander, die Schuhe werden zu schwerem Ballast, das Logbuch, die IGM-Karten und der Speicher des GPS spielen verrückt. Wir befinden uns an einem großen Knoten. Das antike Terracina am Hang – mit einer Fülle an großartigen römischen Ruinen – befindet sich hoch über der Straße und dem antiken Hafen, der mittlerweile zugeschüttet ist, zu Zeiten Roms jedoch ein wichtiger Landeplatz war. Ein Stück weiter, am Gipfel des Vorgebirges – ganz oben auf den Klippen, die erst Trajan Jahrhunderte später aushöhlte, um einen neuen Hafen zu bauen –, befindet sich ein großartiger einsamer Tempel, der vielleicht Jupiter Anxur geweiht war, wahrscheinlicher jedoch ein Leuchtturm war, in dem man jede Nacht mit harzigen Pflanzen ein Feuer für die Schiffe auf offener See entfachte.

Nach weiteren zwei Kilometern (hier trägt die Appia Antica endlich ihren richtigen Namen) eine Reihe von Wundern: zwei römische Brücken, die Quelle der Nymphe Feronia, ein paar, nach römischem Schema unterteilte, noch bewohnte Parzellen mit Häusern und Gärten, Pflastersteine und eine Reihe von Gräbern am Straßenrand. Die selektive Wahrnehmung, die ich von Settimio übernommen habe, wird hier fast obligatorisch. Sonst könnte man die Verletzungen und Übergriffe auf dieser außergewöhnlichen Strecke nicht ignorieren. Die Brücke über den Fosso Granci bezaubert mit Zyklopenmauerwerk, doch von dem berühmteren Ponte Alto ist so gut wie nichts übriggeblieben, denn 1943 haben die Deutschen auf dem Rückzug die Brücke gesprengt und sie wurde nicht mehr aufgebaut.

Unter der Ruine des italischen Feronia-Tempels – wo ein Ritus zur Befreiung verdienstvoller Sklaven stattfand – befindet sich eine spektakulär kühle Quelle, doch das Mulino Cipolla und das Pizzeria Steak House haben sich das heilige Wasser unter den Nagel gerissen, als Entschädigung hat Letzteres die Statuen eines segnenden Christus und einer Muttergottes vor der Tür aufgestellt. Auf den nach römischem Schema unterteilten Parzellen, die vor Kurzem noch Weinberge waren, stehen jetzt eingezäunte Villen, und die Villen haben auch die Grabdenkmäler vereinnahmt, diese leben jetzt Seite an Seite mit Antennen und Grillplätzen. Das Pflaster? Ein Wunder, doch jetzt donnern Autos vorbei und die Brücke einer großen Straße führt darüber. Alles schlecht und unzusammenhängend beschildert.

Venceslao Grossi, Präsident des Archeoclubs in Terracina, hat jeden Grund, stinksauer sein. „Bis in die Siebzigerjahre war hier alles wunderbar, dann hat man alles zubetoniert. Erklär du mal den Politikern, dass Italien von der Geschichte aufrecht erhalten wird. Sie haben den Hafen Trajans zugeschüttet, um Sozialbauten darauf zu errichten. Jetzt wächst dort Gestrüpp … die öffentlichen Archäologieparks sind fast alle geschlossen … sagt mir, wie ein junger Mensch sich in die Geschichte verlieben soll, wenn wir die Antike so verwahrlosen lassen?"

Eine Schande, sage ich zu ihm, dass die Italiener, die in Villen mit Grillplätzen leben, diese Politiker wählen, nur damit sie beim Plündern der Grabdenkmäler, Aquädukte und Mausoleen freie Hand haben. Die Italiener, die Hunde hinter den Toren halten und uns hinter den Vorhängen argwöhnisch beobachten, als würden wir unsere Nase in ihre Angelegenheiten stecken.

„Natürlich wählen sie sie", erwidert der andere, „denn sie garantieren die nachträgliche Zustimmung. Hier sind Dutzende Denkmalschutzprojekte vorgestellt worden. Aber es haben immer die anderen gewonnen."

Und dann möchte jemand die Appia zum Weltkulturerbe ernennen.

„Hier hat sich die ganze Geschichte Terracinas abgespielt. Die Appia ist unsere Mutter … Aber wie sollen wir verlangen,

UNESCO-Weltkulturerbe zu werden, wenn 90 Prozent der Straße nicht zugänglich sind? Wie denn, wenn wir nicht den Mut haben, die illegal eingezäunten Grundstücke zu konfiszieren, wenn wir nicht in der Lage sind, ein einziges urbanistisches Projekt vorzulegen, das es rechtfertigen würde?"

Aber wenigstens im Forum herrscht Parkverbot.

„Ja, aber mit einer Unzahl Ausnahmeregeln. Für den Bürgermeister, den Bischof, bei Hochzeiten, Begräbnissen ... alle parken auf dem römischen Pflaster ... so werden wir das Problem des Südens nie in den Griff bekommen."

Ich erkläre ihm, dass es bei uns im Norden auch nicht anders ist, doch er glaubt mir nicht. Selbstachtung ist im Süden der Insel nicht weit verbreitet. Die ist ausschließlich in Rom zu Hause.

In Terracina ist der Verfall schichtweise angeordnet, wie in einem Handbuch der Geologie. Ganz oben das wunderbare Forum Romanum, darunter die nicht mehr ganz so stabile mittelalterliche Stadtmauer, dann die päpstlichen Straßen mit der kitschigen Piazza Valadier auf der Hinterseite des Hügels und schließlich ganz unten die Bauspekulation mit den Diskotheken am Strand und den zubetonierten antiken Ruinen.

Barfuß im Forum

Die nahezu unversehrten Pflastersteine im Forum sind blendend weiß. Wir ziehen die Schuhe aus, damit die Fußsohlen den Göttern Respekt zollen, die diese wunderbare Bühne, diesen Altan hoch oben bewohnen, von dem man über das Tyrrhenische Meer blickt. Wir sind ganz allein an einem magischen Ort, es ist die Stunde der Siesta, nur ein dösender Hund liegt auf dem Marmor. Heftiger Wind peitscht die Altstadt, es duftet nach Gebratenem und Knoblauch, weiße, rote und gelbe Wäschestücke hängen wie Banner zwischen Häusern, die mitunter in einem Abstand von zehn Metern stehen, die Mauern sind von Kapernbüschen überwuchert und offenbaren das Sich-Überlagern der Epochen. Die im spanischen Stil errichtete Chiesa del Purgatorio ruft mit einem steinernen Skelett und der Inschrift HODIE MIHI CRAS TIBI (Heute ich, morgen du) zur Buße auf, doch die nahe Osteria Purgatorio macht das Vorrecht des Genusses geltend, auf einem Schild steht: HIER GIBT ES NICHTS HEILIGES AUSSER DEM ESSEN.

Eine violette Dämmerung senkt sich herab. Auf diesen Stränden, schrieb der Deutsche Gregorovius im 19. Jahrhundert, spüre man das „Beben der Schöpfung". Wir spüren es allerdings nicht. Es ist Samstag, der Mond ist über dem Apennin aufgegangen, und gerade in dem magischen Augenblick, in dem die Rollbrandung einsetzt, ertönt am Strand vor unserem Hotel ohrenbetäubender Krach, Mädchen zucken wie besessen im Rhythmus der Discomusik, Horden von Jugendlichen machen Selfies. Ganz Latium scheint sich vor unserem Hotel versammelt zu haben: Jugendliche, aber auch kleine Familien mit Opa und putzig gekleideten Kindern im Schlepptau. *„What's happening on the beach?"*, fragt ein schwedisches Pärchen, das vom Balkon denselben Ausblick hat wie ich. Sie wissen nicht, dass die Italiener Angst vor der Stille haben.

Auch wir würden uns unter die Menge mischen, doch wir sind erschöpft, die gerade Linie hat uns fertiggemacht. Ich habe einen Mordsdurst, Gelenkschmerzen, Blasen an den Füßen. Alex hat eine große Wunde an der Ferse. Draußen eine Riesenparty. Wir haben üppig getafelt – allein die Pizza mit gebratenen Zucchini und Pecorino war die Reise wert –, doch Schlafen ist unmöglich. Ich warte, bis der Krach um Mitternacht aufhört. Doch da wachen die Hunde auf. Die Vierbeiner in ihren Zwingern rufen einander, angestachelt von ihren streunenden Gefährten. Gebell und Geheule. Seitlich auf dem Berg, oberhalb der Betonwüste, funkelt Terracina antica. Dort oben führt unsere Straße weiter, sie pfeift auf den Lärm.

Hoch oben über dem Tyrrhenischen Meer

Am Tag darauf brechen wir wieder auf, gesättigt von Trankopfern und Begegnungen. Innerhalb weniger Stunden hat uns Terracina einen herzlichen Empfang im Archeoclub geboten, ein schier endloses Abendessen bei Kerzenlicht in der Hotelfachschule, mit guten Ratschlägen zweier leidenschaftlicher Guides und dem Freiluftkonzert eines jungen Geigers und Bibliothekars namens Francesco Ciccone. Doch die Stadt am Felsen lässt uns noch nicht los. Drei neue Freunde machen uns den Vorschlag, uns auf dem Weg um die Monti Ausoni zu begleiten, ein unwegsames Gelände, wo Rom sich zu wagemutigen Bauwerken hat hinreißen lassen. Die drei sind Giovanni Iudicone, ein Archäologiefan mit der Attitüde eines römischen Senators, Franco Perrozzi, ein leidenschaftlicher Wanderer mit kräftigem Körper und dem scharfen Blick eines Marders, und Cataldo Popolla, ein eleganter Obst- und Gemüsehändler aus Fondi. Das Gerücht hat sich verbreitet, und schon haben wir die ersten Jünger. Riccardo geht voran wie der Rattenfänger von Hameln.

Unter uns zwischen den Klippen verläuft die von Trajan gebaute Straße und führt schnurgerde in Richtung der Ebene von Fondi. Auf ihr würden wir uns die Steigung ersparen, doch wir halten uns streng an den ursprünglichen Verlauf. Sind wir so weit gewandert, um die Nummer eins der europäischen Straßen zu begehen oder nicht? Kein Zweifel also, wir besteigen den Berg. Doch kaum haben wir das Forum verlassen, spielt die Linie verrückt. Sie durchbohrt ein Haus aus dem 17. Jahrhundert, verliert sich in kleinen Gassen, bäumt sich auf, rollt sich zusammen, verläuft an der Küste mit Blick auf den Monte Circeo, versteckt sich in einem unauflösbaren Knoten aus alten Steinen und Villen, Autobushaltestellen und tausendjährigen Mauern, Garagen und lateinischen Inschriften, und taucht – hinter dem Hügel und dem Tempel Jupiter Anxurs – schließlich in einem Tal voller Gärten und Olivenhaine wieder auf.

Nun breitet sich die Straße aus, verläuft einsam auf halber Höhe des Hangs mit Blick auf das Meer, ein Feldweg wechselt sich mit ursprünglichem Pflaster ab, schließlich erreichen wir einen Aussichtspunkt namens Piazza Palatina: ein atemberaubender Blick auf die von Gewächshäusern bedeckte Ebene von Fondi. „Seit zweitausend Jahren", sagt Franco Perrozzi, „hat man den Schlüssel für die Straße zwischen Neapel und Rom in der Hand, wenn man diesen Punkt kontrolliert. 1944 sind die Amerikaner genau hier durchmarschiert, denn die Deutschen hatten nur die Straße unten vermint."

Angebote, die man nicht ausschlagen kann

Die besessene Suche nach dem Ariadnefaden hat mein Gehen verändert. Ich habe mich in einen Hund verwandelt, der am Boden schnüffelt und Duftmarken setzt, um sein Terrain zu markieren. Ich sehe und spüre nichts anderes als den Boden. Die Welt wird horizontal, verliert die vertikale Dimension, und das Notizbuch füllt sich mit kleinteiligen Einträgen, ist nur mehr eine Liste. Zum Beispiel: „Bruchstücke von römischen Architraven im Gebüsch. Gräber. Mastixsträucher, Spargel, wilde Orchideen. Hundert Meter unter dem steilen Hang die von Autobahnkreuzen und Beton zerstörte Appia Traiana. Die Landschaft steht schon im Zeichen des Clans der Casalesi. Langer Weg bergab auf halber Höhe. Alleinstehendes Haus mit aufs Tor gerichteter Videokamera und zum Trocknen aufgehängter Wäsche versperrt den Weg. Fluchtweg links, hinter einem Tor."

Ich gebe es zu, ich wünsche mir, es möge keine archäologischen Fundstücke mehr geben. Keine Kapitelle, Inschriften oder Meilensteine. Ich wünsche mir, dass es nur mehr die Linie gibt und die Menschen, die sich auf ihr bewegen. Nach dem alleinstehenden Haus mit der Videokamera wird die Appia zu einem Weg für Wilderer, ein Auf und Ab auf halber Höhe, auf einem Gelände, das von den Stacheln der Stachelschweine übersät und mit dornigen Büschen bewachsen ist, die *spinesante* heißen.

Es ist schrecklich schwül, der Weg verschwindet, ist ausgelöscht wie nach einer Naturkatastrophe. Unglaublich, dass die Amerikaner hier mit ihren Panzerwagen durchgefahren sind. Da muss es irgendwo etwas Größeres geben, und tatsächlich ist da auch was. Ein riesiger aufgelassener Steinbruch, eine auf den Kopf gestellte Cheopspyramide. Unzählige Lastwagen voll Schotter – das halbe italienische Bauwesen – haben die im Sinkflug auf Fondi befindliche Linie zerstäubt. Doch wir müssen weitergehen, die Monstrosität ignorieren, den Faden des Knäuels wiederfinden. Das ist unser Auftrag. Wir konzentrieren uns derart auf den Boden, dass wir uns nicht einmal umblicken. Wir sehen nicht die Gipfel der Monti Ausoni mit den grauen Kapuzen, wir ignorieren den Ausblick auf die Strände von Sperlonga, die steinigen Monti Aurunci, die um sich selbst zu kreisen und oben zu gären scheinen, das viereckige Vorgebirge von Gaeta und den regen Fährverkehr zwischen Formia und den Inseln Ponza und Ventotene.

Hier beginnt ein anderes Italien: Das kündigt die Torre dell'Epitaffio aus dem 16. Jahrhundert an, die sich natürlich in Privatbesitz befindet und eingezäunt ist. Hier verlief einst die Grenze zwischen dem Kirchenstaat und dem Königreich beider Sizilien, bevor das geeinte Italien die Grenzen Latiums bis zum Fluss Garigliano verschob. Ein Gedenkstein warnt die, die sich ins Königreich der Bourbonen vorwagen: „Wenn du als Freund kommst, dann wisse, dass hier schlechtes Benehmen von guten Gesetzen verboten wird", steht da, in holprigem Latein, und darunter die Unterschrift des Vizekönigs von Neapel, Herzog von Alcalà, einem spanischen Adeligen, der den Süden Italiens ausbeutete.

Im Schatten einer riesigen Akazie feiert Cataldo den Einzug in seine „Ländereien". Er hat dafür gesorgt, dass wir vier Flaschen Vallemarina-Muskateller und Mortadella-Brötchen vorfinden. Mit seiner Frau als Komplizin bietet er uns eine Mischung aus Hinterhalt und herzlichem Willkommen. Und wir kapitulieren vor … der Gewalt, in dem Gefühl, dass genau an diesem Ort die Welt der unwiderstehlichen Gastfreundschaft beginnt, die Welt der

Angebote, die man nicht ausschlagen kann, eine Welt, die bis ins ferne Persien und weiter reicht.

Das Mausoleum von Galba

Es ist schwierig, in angeheitertem Zustand die gerade Linie nach Fondi wiederzufinden (wie in der Pontinischen Ebene wird die Via Appia hier von der Statale 7 überdeckt), auf wenigen Dezimetern verläuft sie zwischen dahinbretternden Lkws und einer Leitplanke, die so scharf wie eine Klinge ist. Luftsog, eine Ambulanz verursacht einen Dopplereffekt, erste Büffel, mit gelben Blumen übersäte Wiesen und das Quaken von Fröschen. Hinten links, neben einem Haus mit einem schönen Marillenbaum und bunten, zum Trocknen aufgehängten Hemden, taucht wie eine Fata Morgana ein beeindruckendes Grabdenkmal auf. Das Gebäude ist kompakt, viereckig, gut instand gehalten und vor allem darf man sich ihm nähern. Das ist das sogenannte Mausoleum des Galba. Bei der Hälfte der Bauwerke auf der Appia steht ein „sogenannt" vor dem Namen. Die unsichere Vaterschaft ist hier gang und gäbe. Zwischen Rom und Brindisi können sich nicht einmal Cicero und Seneca ihrer Gräber sicher sein.

Der Hausherr kommt heraus, wir fragen ihn, ob jemand aus Rom kommt, um das Gebäude instand zu halten.

„Das letzte Mal vor fünfzehn Jahren."

Aber wer hält dann das Denkmal so gut instand?

„Meine Frau. Sie kümmert sich um die Ruine."

Ruine?

„Für gewöhnlich sind Ruinen baufällige Gebäude. Das hier ist eine intakte Ruine. Meine Frau ist Engländerin, darum liegt ihr daran, sie hat sich einen Rasenmäher kaufen lassen. Den Menschen, die kommen, gefällt hier alles."

Wie haben Sie Ihre Frau kennengelernt?

„Oh, das kann ich nicht erzählen, das würde zu lang dauern. Auf einem Schiff, ich bin nach Australien gefahren, sie ist nach

Australien gefahren, unser Sohn ist in Australien zur Welt gekommen."

Und dann?

„Habe ich ein paar Jahre in England gelebt, aber das Klima hat mir nicht zugesagt, denn wenn man nachts auf die Straßenbahn oder den Bus wartet, bleibt der Schnee an den Schuhen kleben …"

Verstehe.

„Schauen Sie, hier ist das Meer, ich sehe es vom Fenster aus … Hmmm, England ist wunderschön, die Menschen sind großartig, aber …"

Nur Engländer fühlen sich dort wohl.

„Genau. Nur Engländer fühlen sich dort wohl."

Blut und Honig

Ein Fußbad, was für eine Wonne! Eine antike Quelle am Straßenrand, wie durch ein Wunder unversehrt. Trocken verputzte Mäuerchen, klares Quellwasser und Schatten. Doch über uns donnern Hochgeschwindigkeitszüge über das Eisenbahnviadukt und gleich dahinter warnen die verkohlten Mauern des Restaurants Art & Sound den Wanderer. Vielleicht wurde Schutzgeld nicht bezahlt. Zauber und Verzweiflung, Zärtlichkeit und Gewalt gehen hier Hand in Hand und markieren das Gelände. „Blut und Honig", würde man auf dem Balkan sagen, wo man lange unter der Knute der Türken stand. Mai, der Monat Majas, stellt unter Beweis, dass er den anderen Jahreszeiten bei Weitem überlegen ist; die urbar gemachten Wiesen sind von Blumen übersät, doch in den Kanälen staut sich der Müll. Ein Mindestmaß an Sorgfalt und Pflege würde genügen, um Italien zu verschönern.

Vor dem Bahnhof Monte San Biagio, unter einem laut herumwirbelnden Schwalbenschwarm, wimmelt es auf der Veranda der Bar dei Platani von Männern, die konzentriert Karten spielen, während die Kellnerin Bier, Brot und Kichererbsen serviert und

O campagnola bella, tu sei la reginella aus dem Radio tönt. Ein Gast erklärt, wie man Böller gegen die verwilderten Hunde einsetzt, die hier eine Plage sind. Doch sein Freund widerspricht ihm, er sagt, nur Steine würden helfen, und zwar Steine in einer gewissen Größe, sogenannte „Hundsmörder". Ein hünenhafter Pensionist parkt derweil seinen nicht zugelassenen, mit Obst und Gemüse beladenen Kleinlaster und gesellt sich zu den anderen. Zwischen den Kisten mit Bohnen, Erdbeeren und Kirschen auf dem Laster steht ein Schild mit der Aufschrift: AUS ARMUT BEKOMMT NIEMAND KREDIT.

Das Königreich beider Sizilien

Wo steht geschrieben, dass die Geografie tot ist? Die Grenzen Latiums wurden zum Nachteil Kampaniens fünfzig Kilometer weiter nach Süden verschoben, doch die alte Grenze des Bourbonenreichs ist noch immer spürbar. Terracina gehört zum Kirchenstaat, Fondi ist noch immer Teil des Königreichs beider Sizilien. Das merkt man an den minimalen Sprachunterschieden, an den Geschmäckern, an einem gewissen Macho-Gehabe. Das erkennt man daran, wie man *ammuina* macht (Durcheinander stiftet), am aufreizenden Gang der Frauen, an den ausgefeilten Herrenfrisuren und, daraus folgend, aus der hohen Anzahl an Herrenfriseuren. Als ob das Land des Matriarchats (wir nähern uns Capua, dem Land der Großen Mütter) plötzlich von der Akne der männlichen Eitelkeit verunziert würde.

Im Magma der italischen Völker, die vom Fernsehen kolonisiert wurden, gibt es immer noch Identitäten und Unterschiede, die sich auf den Landkarten zu Buche schlagen. Ich hege nach wie vor den Traum, an der Grenze des Kirchenstaates, des Großherzogtums Toskana oder der k.u.k Monarchie zwischen Veneto und Trentino entlangzuwandern. Wir haben geglaubt, dass die Welt völlig homogen und vom Web vereinheitlicht worden sei, wir haben uns der

Illusion hingegeben, dass Berge, Flüsse und hundertjährige Grenzen keine Bedeutung mehr haben, doch Geschichte und Geografie haben uns eines Besseren belehrt, die alte Welt, die sich unter neuen Frisuren und neuen Sprachen verbirgt, taucht zwischen Katalonien und Afghanistan immer wieder auf, dreht dem Internet und unseren Schmelztiegeln eine lange Nase, und Grenzen, die wir schon lang für überwunden hielten, machen sich aufs Neue bemerkbar.

Und wo ist der Staat?

Die Appia spaltet Fondi wie einen Apfel, und am Abend wird der Decumanus zu einer Flaniermeile. In der mittelalterlichen Stadt auf römischem Grundriss finden sich jahrhundertealte Pflastersteine und Spuren verschiedener Kulturen. Im Nordosten die Häuser der Juden mit der Menora auf den Architraven. Im Südosten alte Klöster und die Erinnerung an einen blutigen Überfall des sarazenischen Piraten Barbarossa. Im Zentrum eine Kirche, vor der Kinder Fußball spielen. Im Westen, unterhalb des Palazzo Caetani, eine Hochzeit: die Braut trägt Stilettos und Freunde und Verwandten applaudieren.

Aufgrund des Gemüsegroßmarkts Mof, der den Appetit der Mafia geweckt hat, ist der Ruf der Stadt nicht ganz einwandfrei. Das Viminale in Rom hat offenbar dreimal versucht, die Stadtverwaltung abzusetzen und die Stadt unter Zwangsverwaltung zu stellen, doch ohne Erfolg. Der wichtigste Politiker von Fondi, Senator Claudio Fazzone, ehemaliger Chauffeur von Nicola Mancino, der mittlerweile in der Anti-Mafia-Kommission in Rom sitzt, hat die Auflösung immer zu verhindern gewusst. Kaum sind wir da, bemühen sich alle, die Gerüchte zu zerstreuen und zu beteuern, dass die ehrenwerte Gesellschaft nichts anderes sei als die Einmischung der Politiker in die Arbeitswelt.

„Man wirft uns vor, anders zu sein", argumentiert Cataldo in der Bar, „aber von Rom abwärts, wo ist da der Staat?" Enzo Simoncelli, der Chef des Restaurants M'blò – was so viel wie langsam bedeutet, vielleicht eine Anspielung darauf, dass man hier die Philosophie des Slow Food vertritt – schaufelt eine ordentliche Portion Garnelen auf seinen Teller und beteuert ebenfalls unaufgefordert, dass die Mafia der Arroganz der gewählten Politiker geschuldet sei, im Süden genauso wie in Rom und im Norden. Und dass Ciarrapico, der Herr über das römische Bauwesen, sich gegen die Politiker in Fondi gestellt hat, weil sie zu viele Wählerstimmen bekommen haben, weshalb er den Ruf der Stadt in seinen Zeitungen ruiniert hat.

Am nächsten Tag besteht Cataldo – mit Bluetooth-Kopfhörern und im schwarzen Mercedes – darauf, uns den Gemüsegroßmarkt zu zeigen, dadurch verzögert sich unser Aufbruch. Die Markthalle ist so groß wie zehn Fußballfelder und nur mit einer Chipkarte zu betreten. Drinnen eine Farbenpracht à la Arcimboldo: Auberginen, Erdbeeren, Zucchini, Pachino-Tomaten und aromatischer Knoblauch. Doch hier wird auch Obst und Gemüse verkauft, das einen Transport von mehr als tausend Kilometern hinter sich hat. Zitrusfrüchte, Bananen, Haufen von Mangos. Ich finde sogar Äpfel aus Südtirol. Sollen sie weiter in den Süden geschickt werden? Aber nein. Attilio Bolzoni, mein Kollege von *La Repubblica,* hat eine Ladung Tomaten aus Fondi durch halb Italien verfolgt: Zuerst wurden sie in den Norden geschickt, dann kehrten sie in den Süden zurück, profitiert haben davon vor allem die lokalen Transportfirmen.

Ich lese die Namen der Händler auf den Rollläden der Lager: MILLENNIUM, DE FILIPPIS, FERRARO, ORTOFONDI, CAVOLO FELICE. Lauter Platzhirsche, denn wenn man nicht aus der Gegend ist, wird man nicht an den Trog gelassen. Die Paletten kommen und gehen, hektisch wie bei einem Hütchenspiel. Noch nie habe ich so viele Waren gesehen, nicht einmal auf einem Markt in Mailand. Wie lange wird das Fest dauern? Keine Ahnung. Inmitten der Berge von Nahrungsmitteln erhebt sich hartnäckig ein umweltbewusster Zweifel: Wie lange wird die Erde es noch ertragen, derart ausgebeutet zu werden?

Aber Fondi ist vor allem ein Umschlagplatz, hier wird Gaias Schoß nicht ausgepresst. Kaum gehen wir zu Fuß weiter, begegnen wir am Ende einer langen Platanenallee einem kleinen Olivenhändler, der sich einen schönen Platz neben einem Brunnen im Schatten eines Maulbeerbaums ausgesucht hat. Er schimpft auf das Mof, das ihn mit seinen Preisen ruiniert, ganz zu schweigen von der italienischen Krankenversicherung, die ihn mit ihren Regeln derart einschränkt, dass er zur Illegalität „gezwungen" ist. Ach, wenn doch Fra Diavolo zurückkäme, der Brigant, der von den Bourbonen begnadigt wurde und den französischen Soldaten hier auf der Via Appia einiges zu tun gab. Vielleicht, sagt er im Scherz, würde er die Dinge in Ordnung bringen. Nicht einmal vierundzwanzig Stunden später lesen wir – das kann kein Zufall sein! – in der Zeitung von der Festnahme Nicola Paganos, er ist der Boss eines bekannten Transportunternehmens in Fondi.

Eine tausendjährige Autobahnstation

Fundos libenter linquimus. Fundi – „wo Ausfidius Luscus Prätor ist, wir lachten über den verstiegenen Kanzleibeamten und seine Prunkentfaltung" – verlassen wir gern. So Horaz. Offenbar beschreibt er auch aktuelle Schlitzohren oder spielt auf das Rathaus am Eingang der Stadt an, das so groß wie ein Ministerium ist und mehr funkelt als ein Gebäude der EU. Der Süden ist auch das: stillstehende Zeit.

Ich frage mich, ob unsere Füße in der Vergangenheit oder in der Gegenwart versinken. Unser Kopf hingegen am anderen Ende des Körpers schwebt über Kilometer in der Epoche von Augustus. Je länger wir unterwegs sind, desto gegenwärtiger scheint die Vergangenheit mehr als die Gegenwart selbst. Wir nehmen wie selbstverständlich hin, dass wenige Kilometer hinter Fondi die Appia wieder zu einem Feldweg wird und schließlich in einen Abschnitt mündet, der besser als alle anderen instand gehalten ist: die Valle Sant'Andrea spaltet die Monti Aurunci Richtung Formia. Nach einer einsamen Brücke aus dem 16. Jahrhundert offenbart das Pflaster Schichten aus der Zeit der Römer, der Renaissance, der Bourbonen, wie um zu beweisen, dass die Straße immer wieder weiterverwendet wurde. Zwei Touristinnen aus Hamburg fotografieren uns, sie können gar nicht glauben, dass wir zu Fuß unterwegs sind, und staunen über die Macht der Steine.

Es ist Zeit für einen Imbiss mit Tomaten und Pecorino. Am besten eignet sich dafür ein spanischer Meilenstein, der vom arroganten Vizekönig von Neapel hier aufgestellt wurde. Es handelt sich nach wie vor um den Herzog von Alcalà, der wie kein anderer in der Geschichte die römischen Ruinen demolieren ließ. Was für ein Wunder ist hingegen dieses gut instand gehaltene und beschilderte Stück Straße. Der Reihe nach tauchen Mauern mit fast intaktem *Opus reticulatum* auf, eine Kutschen-Haltestelle bei einer Art altrömischen Autobahnstation, ein Apollo-Tempel, der wohl von so vielen Besuchern aufgesucht wurde wie heute Lourdes und Medjugorje. Ein derart berühmtes Heiligtum, dass die Christen sich gezwungen sahen, das Tal in Valle Sant'Andrea umzubenennen, um ihm das hartnäckige Heidentum auszutreiben. Zwischen blühenden Eschen, Asphodillen und arkadischen Kuhfladen geht es weiter bergauf, quer über die Kurven der Statale. Unser Legionärsschritt hält inne, übernimmt den asymmetrischen Rhythmus des Eseltrabs, die Synkopen griechischer oder der Balkanmusik. „Das ist der beste Rhythmus", sagte Alfredo Lacosegliaz, ein befreundeter Musiker aus Triest, eines Tages zu mir, „denn dazu kann kein Heer marschieren."

Almauftrieb

Itri ist ein Segelschiff mit Kurs Südosten. Mit Hunderten zum Trocknen aufgehängten Laken segelt die Stadt, die sich zur Gänze entlang der Straße befindet, zwischen den Bergen dahin wie ein Schoner. Klüver- und Besansegel blähen sich so überraschend im Wind der Mittagsstunde, dass Irene vorschlägt, das Spektakel bei einem Teller Spaghetti auf der Piazza vor der Bar Centrale zu genießen. „Spaghetti!" Der Wunsch nach Nahrung verbreitet sich unglaublich schnell in einem marschierenden Peloton. Schon bei der Erwähnung setzt sich der Instinkt durch wie bei einer schwangeren Frau.

Gutgelaunt genießen wir unsere Spaghetti, bis in den Segeln über uns ein fernes Glockenläuten ertönt, immer lauter wird und schließlich das ganze Tal erfüllt. Eine große Herde unglaublich weißer Podolica-Kühe fällt auf der Piazza ein, läuft an uns vorbei und trabt auf der Straße hinauf Richtung Berg. Auf unserer Reise ergeben sich immer wieder solche Zufälle, im Augenblick wohnen wir dem Beginn des Almauftriebs bei. Die Tiere, angeführt und gefolgt von je einem Jeep mit angeschalteten Blinkern, überqueren die Appia, dann biegen sie unter dem wachsamen Brigantenblick dreier Hirten auf einen Weg ein, der zu einem Ort namens Campello hinaufführt. Und das ganze Dorf schaut zu.

Ein Hirte, der gerade nichts zu tun hat, bleibt vor der Bar stehen, trinkt einen Kaffee und plaudert mit uns, den komischen Fremden. Er hat einen schwarzen Bart, aber keinen Schnurrbart, zwei eingeschlagene Vorderzähne und eine freundliche Art zu reden, wie man sie von den schweigsamen Hirten des Nordens nicht kennt.

„Siehst du, dass die Kühe ohne die Kälber auf die Alm gehen? Das ist wegen der Wölfe. Die Kühe können sich verteidigen, die Kleinen nicht. Die Betreiber des Naturparks haben Wölfe ausgesetzt. Aber sie sollten ihnen auch was zu fressen geben, damit sie sich nicht an uns schadlos halten."

Riccardo wirft ein, vielleicht handle es sich um verwilderte Hunde.

„Nein, Hunde beißen dich in die Beine, nicht in die Gurgel wie Wölfe. Eines Abends habe ich sie gehört. Ich habe gesagt: Da sind Wölfe. Die anderen Bauern haben mich für verrückt gehalten. In der Nacht darauf sind fünf Schafe verschwunden."

Wie viele Wölfe gibt es?

„Sehr viele. Einmal haben wir zweiundzwanzig gesehen. Angeblich können sie in einer Nacht durch sieben Gemeindegebiete laufen. Heute sind sie hier und morgen dort, fünfzig Kilometer weiter weg. Das weiß ich, weil ein paar einen Mikrochip haben, ein Halsband wie Hunde …"

Was macht ihr dagegen?

„Unsere Vorfahren haben sie vertrieben, jetzt sind sie zurückgekommen. Was soll ich sagen. Es ist richtig für die Natur, aber falsch für uns. Gute Reise, übernehmt euch nicht!"

Wo die Mafia zu Hause ist

Bei unserem kurzen Aufenthalt haben wir begriffen, dass das schöne Itri mit seinem Almauftrieb, den wilden Bergen, den Straßenlaternen und den in die Berge führenden Serpentinen überhaupt keine Insel der Seligen ist. Ausgerechnet an derart idyllischen und abgelegenen Orten nistet sich der Vampir ein. Man erzählt mir, die Gemeinde habe einer Firma einen Riesenauftrag gegeben: die Instandsetzung der Straßenbeleuchtung. Einmal abgesehen von der Privatisierung der Dienstleistung würde das Dorf dadurch in eine Art Raumstation verwandelt, alle Gesetze bezüglich Lichtverschmutzung würden verletzt werden. In einem anderen Fall hat ein Urteil des Verwaltungsgerichts Latiums bereits erklärt, dass sich die bewusste Firma für diese Art von Auftrag nicht eignet, doch die Gemeindeverwaltung lässt sich trotz einer Petition und einer Klage nicht beirren und hindert die Bürger daran, sich an der Ausschreibung zu beteiligen.

In der Bar erzählt man uns, die fragliche Firma habe mit ein und demselben Formular, das angeblich voll grober Druckfehler sei, bereits ähnliche Millionenaufträge in anderen Gemeinden zwischen Caserta und der südlichen Pontinischen Ebene an Land gezogen; zufälligerweise befinden sich alle diese Gemeinden entlang unseres Weges. Na so was. San Felice Circeo, Fondi, Gaeta, Formia, Minturno, Spigno, Matelica, Campo Bisenzio, Guidonia Monticello, Santi Cosma e Damiano. Ein und derselbe Clan kontrolliere auch den Gemüsegroßmarkt in Fondi. Er wende immer wieder dieselbe Strategie an, um in die Baudezernate der Gemeinden vorzudringen. Dieselben Baufirmen. Und vor allem dieselbe Straße: von den Vororten Neapels bis an die Tore der Urbs.

Wie auf einem Röntgenbild sehe ich das Negativ meiner Straße vor mir. Im geeinten Italien hätte die Appia Rom in den Süden bringen sollen, doch nun bringt sie die Mafia in den Norden. Es fällt mir wie Schuppen von den Augen: Die Kapitale ist aufgrund eines Virus' unregierbar, der sich entlang unserer Straße ausbreitet, in einem ständigen Hin und Her, der dieselben Pässe überschreitet wie die Legionen, den ehrwürdigen Büsten des Augustus, Galba und Trajan eine lange Nase dreht, Tag für Tag unter den Augen der Straßenpolizei über die eingesunkenen Pflastersteine donnert. Man muss sich nur an unverdächtigen Orten wie Itri aufstellen, schon versteht man, wie es läuft.

Das Land der Sklaven

Gleich hinter Itri ein Mithräum, das erst vor Kurzem in einem Röhricht zwischen zwei mit Olivenbäumen bewachsenen Terrassen entdeckt worden ist. Einer der vielen Kunstschätze Italiens, die der allgemeinen Willkür ausgesetzt sind. Mühsam dringen wir in die Höhle vor, in der Stiere geopfert wurden, mit klopfendem Herzen wie Howard Carter, als er die Siegel am Sarkophag Tutanchamuns öffnete. Der Altar, die Ablaufkanäle für das Regenwasser, das Becken: alles noch da; dennoch könnte dieses Wunder von einem Augenblick auf den anderen verschwinden, von einer darunter liegenden Höhle verschluckt werden, die aufgrund eines Steinbruchs, dem ein ganzer Berg zum Opfer gefallen ist, entstanden ist und die – der übliche Schlendrian – ein Lager für Bauschutt zu werden droht. Ein neapolitanischer Herr namens Pasquale Valentino, der von unserer Wanderung und unserem Ziel erfahren hat, hat uns hierher geführt.

„Während der deutschen Besatzung war diese Höhle eine Zuflucht für viele Bewohner von Itri und Gaeta, dann ist sie in Vergessenheit geraten. Wir haben sie erst vor Kurzem wiederentdeckt, und sie könnte bald wieder verschwinden, und zwar für immer."

„Auf der Appia sieht man alles Mögliche", sagt Pasquale. „Das war ein Land von Sklaven, sie haben in den Weingärten geschuftet, wo Falerner angebaut wurde, in Sinuessa wurden viertausend nach einer Revolte gekreuzigt. Die Welt war damals brutal, und sie ist es auch heute noch … Wenn man genau hinschaut, sieht man in den Feldern zwischen Latina und Maddaloni und dahinter immer noch Sklaven. Und dann diese Frauen aus Afrika, die einem Inferno entkommen sind und sich in einem noch schlimmeren wiederfinden, während alle gleichgültig wegschauen …"

Walking down the Route 66

Wir setzen uns wieder in Bewegung, und der italienische Süden sieht plötzlich aus wie der Süden Amerikas zur Zeit des amerikanischen Bürgerkriegs. Ich frage mich sogar, ob nicht hier der Mythos der Route 66 entstanden ist, und nicht im Norden, wo die Via Emilia schrill auf sich aufmerksam macht. Die römische Appia ist an dieser Stelle nur ein Asphaltstreifen namens Statale 7, dennoch höre ich den synkopierten Rhythmus der Füße. Ich nehme die Mundharmonika, spiele *Nine hundred miles*. Es funktioniert. *I am walking down the track, and I got tears in my eyes* … Auch die Gegend ist wie aus einem Blues: eine Tankstelle, hin und wieder ein Lastwagen, die Eisenbahn, Ausländer bei der Arbeit, steinige Berge wie in Neumexiko. Der Mythos und der damit einhergehende Schmerz sind im Süden zu Hause.

Auf der vierunddreißig Kilometer langen Strecke zwischen Itri und Sinuessa ist das Navi überflüssig. Die Straße ist schnurgerade.

Seit dreiundzwanzig Jahrhunderten wird sie begangen, ein Opfer der ihr zugrunde liegenden Rationalität. An vielen Stellen ist nur noch die Linie vorhanden. Aber diese Linie ist mehr als genug, denn eine Straße wie die Appia besteht nicht nur aus Meilensteinen und Pflaster. Sie besteht auch aus Frauen auf Balkonen, Pasta mit Auberginen, aus zerquetschten Kröten, Wind im Schilf, nach Norden ziehenden Immigranten, einem Fuchs, der uns über den Weg läuft, Aglianico und Sartù di riso, illegalen Steinbrüchen, Mamma und Padre Pio, Landbrot, Blumen an einer Leitplanke, Haselnusskaffee, Prozessionen, Maulbeeren und streunenden Hunden. Man könnte dem Asphalt auf steinigen, abgelegenen Wegen ausweichen, doch dann ließe man sich all das entgehen.

„Ach, ich habe euch schon in Fondi gesehen! Wohin geht ihr?"

Ein Auto mit einer Dame am Steuer fährt langsamer, sie beginnt neugierig ein Gespräch. Wir werfen das Wort „Appia" hin, es klingt wie ein Schuss und erhellt die ganze Landschaft rundherum. Im Auto wäre uns das nicht passiert. „Wohin fahrt ihr?", fragten uns die serbischen Bauern, als ich mit zwei Freunden in Richtung Bosporus radelte, und bei dem Wort „Istanbul!" ließen sie wie vom Blitz getroffen die Harke fallen. Ein Fremder musste kommen, um ihnen zu sagen, dass sie an der Straße des Mythos wohnten.

Drohungen aus dem Jenseits

Cicero. Er hat uns gerade noch gefehlt, er und sein pompöses Grab mit Meeresblick außerhalb von Formia. Nach zweitausend Jahren gibt er noch immer an. Im Gymnasium flehten wir um Helden und Schlachten, doch die Professoren drückten uns ihn, den wortgewaltigen Anwalt, aufs Auge, der *pro domo* sprach. Einen, der mit unverschämten Argumenten seinen Freund Milo verteidigte, einen Mörder, der angeklagt wurde, seinen politischen Gegner, den Volkstribun Publius Claudius Pulchrus in einen Hinterhalt – auf der Appia in der Nähe von Frattocchie (bei Bovillae) – gelockt und erschlagen zu haben. Doppelte Beleidigung: für die Justiz und unsere Straße. Ich würde mich gern an den alten Steinen rächen, doch offenbar bringt allein eine Berührung schon Unglück. Die Grabinschriften entlang der Appia drohen den Passanten, die sich in böser Absicht nähern.

In der Nähe der Porta San Pancrazio in Rom hat man folgende Inschrift gefunden: „Caius Caecilius Florus, ein Freigelassener, Sohn von Gaius und seiner Frau, lebte sechzehn Jahre und sieben Monate. Wer auf dieses Grab pisst und scheißt, wird sich den Zorn des Himmels und der Unterwelt zuziehen." Auch in Petronius' Satyricon (71,8) ist von einem ähnlich schändlichen Umgang mit den alten Denkmälern die Rede. Mitten in einem schönen Abendessen spricht Trimalchius plötzlich von seinem Grab und kündigt an, er wolle es von einem seiner Freigelassenen bewachen lassen, „damit die Menschen nicht darauf scheißen".

Gedroht wurde aber auch jenen, die die Absicht hatten, ihre Gedanken oder Wahlversprechen auf Grabdenkmälern anzubringen. Ein weiteres Beispiel von der Appia: QUOIUS CANDIDATI NOMEN IN HOC/MONUMENTO INSCRIPTUM FUERIT REPULSAM FERAT NEQUE HONOREM ULLUM UNQUAM GERAT – der Kandidat, dessen Name auf dieses Denkmal geschrieben wird, wird gewiss verlieren und nie wieder ein Amt ausüben. Unmissverständliche, in Stein gemeißelte Verwünschungen.

Aber auch Ciceros würdevoller Tod hält mich vor der Rache am Grab des Anwalts zurück. In der Schule verabscheute ich den alten Cicero dafür, dass er nach dem Triumph Cäsars zu ihm eilte, um ihm die Hände zu küssen, obwohl er ihn davor kritisiert hatte. Während des Bürgerkriegs hatte Cicero jedoch auch den Mut, sich gegen Antonius zu stellen, der ihn sofort auf die Proskriptionsliste schreiben ließ, was einem Todesurteil gleichkam. Häscher machten ihn ausfindig, als er in der Sänfte nach Hause getragen wurde; offenbar ist er würdevoll gestorben und hat dem Messer die Kehle dargeboten.

„Willkommen bei den Laistrygonen." Die Steine sprechen nicht, außer man hat jemanden, der sie einem erklärt, und in Formia bekommen wir einen ganz besonderen Erzähler beigestellt: Gianmatteo Matullo, einen jungen, enthusiastischen Archäologen, der noch dazu Neapolitaner ist und gleich zum Punkt kommt. Er erklärt, dass die Laistrygonen – menschenfressende Riesen, die Odysseus' Flotte zerstörten – ausgerechnet hier auf die Seefahrer warteten. Plinius der Ältere schrieb: *Formiae, Hormiae prius dictae olim, sedes antiqua Lestrigonum.* Formia, das früher Hormia hieß, ist die alte Heimat der Laistrygonen. Schon auf den ersten Blick ist klar, dass sich der Ort für Mythen eignet. Die Küste bei Gaeta ist ganz nach Osten ausgerichtet, und das Meer ist rau und mythisch blau, reger Fährverkehr in Richtung der Inseln Ponza und Ventotene.

„Wunderbare Häfen für die Mykener", sagt Gianmatteo und reibt sich die Hände, als ob das Meer ihm gehörte, als ob die am Peloponnes ausgelaufenen Schiffe genau jetzt ankämen. „Sie kamen auf der Suche nach Bodenschätzen, weil die in Zypern abgebauten Metalle nicht mehr reichten. Und sie fanden sie in der Toskana und auf Sardinien. Sie eröffneten Läden, importierten Vasen mit dem berühmten Tintenfisch darauf. Doch die Einheimischen hier in Gaeta machten es ihnen schwer, sie griffen sie an. Vielleicht ist das der Grund für den Mythos von den Menschenfressern."

Wir setzen uns gemeinsam neben einen Brunnen vor der Stadt, auf einen Haufen schwarzer Pflastersteine. Ich denke, Straßen sind hartnäckig, sie wollen nicht sterben und hinterlassen jahrtausendelang Spuren. Der Haufen von Pflastersteinen besagt, dass unsere Straße der allgemeinen Willkür ausgesetzt ist.

Unser Einzug in Formia ist ein Trauermarsch. Überall zwischen den Häusern versteckte Gräber. Die Reichen errichteten Gräber an der „Promenade" mit wunderschönem Blick auf das Meer. „Formia war ein Seebad, wie Herculaneum bei Pompeji, und die Umgebung spiegelt die Geschichte des Mittelmeerraums wider." Vor dreitausend Jahren kam es zu einer massenhaften Immigration von Völkern, die über das Meer kamen, und das war nur der Anfang: Danach folgten die Magna Graecia, Rom, Byzanz, die Langobarden und die Mauren.

Letztere haben ihre Spuren offenbar nicht nur in Form von Dutzenden Ortsnamen zwischen Gaeta und dem Fluss Garigliano hinterlassen, „sondern auch in den Gesichtern der Einheimischen, die manchmal eine etwas dunklere Haut haben". In einer Villa an der Küste hat man vor kurzem ein römisches Basrelief mit vier Personen darauf gefunden, die den aktuellen Bewohnern von Formia so ähnlich sehen, dass sich der Gedanke an eine Reinkarnation aufdrängt. Unser Führer zuckt mit den Achseln, wie um sich für seinen Enthusiasmus zu entschuldigen: „Die Geschichte ist nun mal der schönste Film."

Ohne einen Führer wie Gianmatteo würden wir nicht erfahren, dass unsere Straße unter der Via Angelo Rubino verläuft, einem engen Schlauch ohne Gehsteige, in dem sich die Autos stauen. Wir würden nur die zerstörten Stellen sehen, etwa die Via Flacca, die in den Sechzigerjahren erbarmungslos auf dem Gelände einiger wunderschöner antiker Villen am Meer errichtet wurde. Kein Straßenschild weist auf den Kryptoportikus unter dem Rathauspark hin oder auf die noch gut erkennbaren antiken Fischzuchtwannen zwischen dem Motorboot der Finanzpolizei und einer Mole voller Möwen. Niemand würde einem die Villa von Marcus Aemilius Scaurus zeigen, einem Geldsack wie Berlusconi, der immer wieder Skandale lieferte und immer wieder von seinen Anwälten gerettet wurde, oder die vorrömische Mauer von Pirae, einer von den antiken Ausonen gegründeten Stadt, die so mächtig war wie die von Mykene und sich nun auf einem Parkplatz zwischen zwei Häusern gut versteckt.

Ohne einen Erzähler wüssten wir nicht, dass sich am Meer die prächtigen Villen von Cäsars Statthaltern befanden: etwa die von Mamurra, Cäsars Chefbaumeister, der die Belagerungswerke in Alesia und eine Brücke über den Rhein entworfen hatte, oder die von Lucius Monatius Plancus, dessen Karriere auf einer noch immer leserlichen Inschrift in der Nähe von Gaeta beschrieben wird. Ohne Guide wüssten wir nicht, dass man die Schichten von Formia lesen muss wie die eines Schwemmlands: ganz unten die antiken Villen am Meer, weiter oben die Via Appia, die Eisenbahn und schließlich ganz oben auf dem Felsen die kaum besuchte Akropolis, die den Zerstörungen trotzt.

Duft nach Gebäck im Amphitheater

„Das wahre Formia liegt oberhalb des Bahnhofs", erklärt der Archäologe und führt uns in ein Labyrinth von Treppen, die nach oben zum Augusteum führen, das *Il Cancello* genannt wird und sich zwischen verschachtelten mittelalterlichen Häusern verbirgt.

Das seit einundzwanzig Jahrhunderten ständig bewohnte Amphitheater taucht hinter zum Trocknen aufgehängter Wäsche auf, beim Soundtrack klappernden Geschirrs dringt der Duft von *zeppoline fritte,* frittiertem Gebäck, aus den Fenstern. Wir könnten genauso gut in Cordoba sein, in Saloniki oder im alten Algier, doch wir sind in Italien, ein Zeitenwirbel hat uns erfasst, die Antike scheint gestern gewesen zu sein und die Zeit wird greifbar, besser als in hundert Museen. Kaum zu beschreiben, was sich in diesem terrassenförmig angeordneten, konkaven, weiß getünchten Wohnhaus mit Türen, Fenstern, Innentreppen abspielt, wo die Bewohner einander rufen wie im spanischen Viertel in Neapel. Das alles verbunden mit Treppen, die dank der Festigkeit des *opus reticulatum* ein Zusatzgewicht tragen.

Genauso getarnt ist der Cisternone, der Wasserspeicher. Kein Handbuch kann diesen stillen unterirdischen See beschreiben, den man durch eine unauffällige Tür an der Straße betritt, diese riesige, höhlenförmige Krypta am Ende einer dunklen Treppe, wo die Zeit von einem langsamen Tröpfeln von der Decke skandiert wird und das Wasser so klar ist, dass man es kaum sieht.

„Die Schwierigkeit", murmelt Giannetto, „besteht gar nicht so sehr darin, Geld aufzutreiben, sondern vielmehr darin, die Orte zu nutzen. Was spräche dagegen, am Abend einen Aperitif auf den alten Steinen zu nehmen? Warum dürfen Kinder nicht unter Aufsicht der Archäologen mit eigenen Händen graben? Warum kann man in den Ruinen von Minturnae oder Sinuessa nicht in Würde ein Glas Falerner servieren? Es gibt eine Menge Menschen, die in Italien verliebt sind und sich beim kleinsten Signal in Bewegung setzen würden. Eure Fußreise ist ein solches Signal. Sie zeigt den Menschen den Reichtum dieser Orte."

Im nahen Minturnae ist das renovierte Amphitheater sofort für Theateraufführungen, Konzerte und Dorffeste genutzt worden. Sogar aus Rom sind ganze Familien gekommen und haben sich mit Liegestuhl und Sonnenschirm mitten in die Ruinen gesetzt. Doch dann hat die Bühne einen Riss bekommen und es gab kein Geld, um neu zu starten. So lässt man zu, dass sich die Italiener immer weiter von ihrer Geschichte entfernen.

Ein köstlicher Abend bricht an. Auf der einen Seite Vollmond, auf der anderen der Leuchtturm von Gaeta, ein Feuerwerk hinter dem Berg Richtung Sperlonga. In einem Gasthaus hinter dem Brunnen auf dem Damm serviert ein neapolitanischer Kellner gebratenen Fisch. Im Osten der riesige Schatten eines Vulkans, der aussieht wie der Vesuv, jedoch der Monte Santa Croce ist, der Krater von Sessa Aurunca und Roccamonfina; in seinem Schatten werden wir nach Capua weiterwandern.

Metamorphosen

Für jemanden, der stur darauf besteht, zu Fuß über die Appia zu gehen, ist sie in diesem Gebiet ein endloser Gehsteig. Sie könnte ein gut beschilderter Weg für Radfahrer und Fußgänger sein, der vom Brenner bis nach Sizilien führt, doch sie ist ein Betonstreifen inmitten eines geradlinigen Ballungsraumes. Doch zum Glück gibt es den Gehsteig: sonst würde man hier niedergefahren. Und außerdem gibt es tolle Schilder wie: BESTATTUNG, PFERDETRANSPORT, EINÄSCHERUNG, LUXUSAUTOS. Oder: DER ZAUBERER VON MINTURNO, KARTENLESERIN, INTERNATIONAL BEKANNTER HELLSEHER. Und dann: APPIA GRAND HOTEL MIT BINGO, KEBAB IL TURCO NAPOLETANO. Und weiter: ELEND UND ADEL, ALLES UM FÜNFZIG CENT. Aufgrund der außergewöhnlich hohen Dichte an Metzgern nehme ich an, dass Laistrygonia noch immer ein Land von Fleischfressern ist.

Hin und wieder ein antikes Fragment zwischen blühendem Oleander, in einem baulichen Mischmasch, das alles gleichmacht: ein Meilenstein, ein Briefkasten mit dem Symbol der Königlichen Post, ein Stück römischer Beton zwischen zwei Häusern, eine Autowerkstatt unter dem Bogen eines römischen Aquädukts. Ein Gedenkstein erinnert an Antonio Gramsci, der von den Faschisten eingesperrt wurde, „hier am 27. April 1937" verstarb und der sich gewiss im Grab umdreht. Überall Spuren von Verwüstung. Die Felsvorsprünge von Sperlonga privatisiert. Die Dünen an der Küste – *montagnelle* genannt – zerstört.

Das willkürliche Nebeneinander von Antike und Moderne ist hier schon lange Brauch. Mindestens seit dem Mittelalter. Weiter südlich wurden im 18. Jahrhundert über den Landhäusern der Centurios Bauernhäuser errichtet, etwa die Masseria Grotte, die auf großartigen Mauern aus *opus reticulatum* ruht. Und das alles inmitten üppiger Treibhäuser, Feldern mit Tomaten und Zitrusfrüchten, und dazwischen Campingplätze, Autohändler, Bestattungsunternehmen und Hochzeitsagenturen mit einem schwarzen Mercedes davor. Ein Mischmasch, von dem man Kopfweh bekommt. Ein Labyrinth, in dem man sich verliert. Rettung versprechen Leckerbissen wie Caponata, Mozzarella, Sardinen und eine Zuckermelone, von der man in der Poebene nur träumen kann.

Ich begreife, dass sich die Menschen mit zunehmender Entfernung von Rom immer schneller verändern. Innerhalb weniger Kilometer ist alles anders. Immer mehr Mist und immer mehr

Apotheken, Herrenfriseure und streunende Hunde. Es häufen sich die nicht fertiggestellten Häuser, mit den Eisenstäben am Dach. Gleichzeitig wird das Land fruchtbarer und ist besser bestellt. Zitrusfrüchte, Kirschen, Bohnen. Die Menschen sprechen so schnell, dass wir ihnen kaum folgen können.

Auch die Sprache unterliegt einer schnellen Metamorphose, das versteht sogar ein Sturkopf aus dem Norden wie ich. Hinter Formia wird *lui* (er) zu *isso*. In Scauri begrüßt man einander mit einem Vokal, *jaa*, und als Antwort folgt ein *jee*, keine Ahnung, ob aus Faulheit oder Pragmatismus. Die Veränderung der Sprache tröstet mich, sie bestätigt mir, dass es noch immer Diversität gibt. Es ist schön, dass die Sprechweise den jeweiligen Ort charakterisiert. Der Akzent gibt mir noch vor der Landschaft zu verstehen, dass wir uns vor den Toren der Terra di Lavoro – sprich der Provinz Caserta – befinden.

Noli stomacare

„Marcus Gavius Apicius, der erste Feinschmecker in der Geschichte, der uns eine Unmenge Rezepte hinterlassen hat, hatte hier im Golf seinen Wohnsitz." Gianmattia erklärt liebevoll, dass es hier von allem nur das Beste gab. Den besten bittersüßen Wein, das zarteste Fleisch, das feinste Öl, das aromatischste Obst und den frischesten Fisch des Mittelmeers. Angeblich war Marcus Gavius auch auf der Suche nach den besten Krebsen im Mare nostrum zwischen den Herkulessäulen und dem Libanon, doch dann stellte er fest, dass die zwischen Gaeta und dem Fluss Garigliano doch am größten und schmackhaftesten waren.

Die Schätze des Amphitheaters in Minturnae, die sich im Wandelgang unter den Stufen verbergen, sind der Beweis für ein Schlaraffenland, von dessen Existenz der Großteil der Einheimischen nichts ahnt. Statuen aus der Zeit des Augustus, die auf der ganzen Welt bei Ausstellungen gezeigt, in Italien jedoch ignoriert werden. Riesige Amphoren, die sowohl die Goten als auch die deutsche Besatzung überstanden haben. Eine kopflose Aphrodite, die jetzt im Museum in Athen als Star gefeiert wird, jedoch Ende des 18. Jahrhunderts hier gefunden, von Canova renoviert, dann nach England transportiert und schließlich von einem griechischen Kaufmann erstanden wurde.

Die Epigrafe auf dem Grab des Schiffsarchitekten Quintus Caelius besagen, dass die Menschen hier zwar fleißig arbeiteten, um Trieren und Frachtschiffe zu bauen, sie jedoch auch das Leben in vollen Zügen genossen. „Wenn du dir wegen etwas Sorgen machst", liest man auf einem der im Wandelgang ausgestellten Marmorblöcke, *noli stomacare*: „Gib acht, dass du kein Magengeschwür bekommst, und geh mit deinen Freunden trinken, dem Tod entkommst du sowieso nicht." Ein Vorläufer von Horaz' Sentenz *Carpe diem.* Die Widmungen der *salinatores* (Salinenbesitzer) auf den Tempeln in der Umgebung danken den Göttern für die reichhaltigen Geschäfte. Wer hätte sich gedacht, dass Formia einmal der Hotspot der Lustbarkeiten im Mittelmeerraum war!

In diesem Umfeld scheinen alle Vitalfunktionen, sogar das Kacken, im Zeichen der Lust zu stehen. Als die Piemontesen den Königspalast in Caserta eroberten und die ersten tragbaren Bidets sahen, inventarisierten sie diese angeblich als „mandolinenförmige Objekte, von denen man nicht weiß, wozu sie gut sind". Wer weiß, was sie zu den römischen Latrinen in Minturnae gesagt hätten, wo Mosaike und Inschriften nicht nur dem guten Essen, sondern auch dem Genuss der Darmentleerung huldigen. Die Römer zur Zeit des Kaiserreichs litten unter schlechter Verdauung, weil sie zu viele Saucen aßen, man musste ihr mit allen Mitteln nachhelfen. Dennoch entleerte man sich ohne Hemmungen in der Öffentlichkeit.

Die öffentliche Latrine ist ein paar Meter von der ausnahmsweise perfekt instand gehaltenen Via Appia entfernt. Ein sieben mal vier Meter großer Raum, mit öffentlichen Klositzen und einem unterirdischen Abfluss, der in eines der besten Kanalsysteme der Antike mündet. Ein Blick auf die Graffiti und man glaubt, man würde Facebook lesen. „Ich habe wunderbar geschissen!", schreibt einer, um das denkwürdige Ereignis zu feiern. Doch das ist der Gipfel an Feinsinnigkeit, denn gleich darauf kommen vulgäre Ausrufe wie „Friss Scheiße", „Caius' Mutter ist eine Schwanzlutscherin", „Geh scheißen", oder „Sempronius' Arsch ist behaart, keiner will ihn ficken." Und, wie in Italien üblich, eine Blütenlese genitaler Flüche, die um das Wort „cunnum" kreisen.

Minturnae ist noch zur Gänze zu entdecken. Das Labyrinth der Kloaken aus *opus reticulatum,* der Markt, die Thermen, das Aquädukt. Ganz zu schweigen von den Räumen, die in Erwartung besserer Zeiten einfach zugeschüttet wurden, weil es kein Geld für Denkmalschutz gibt. Doch die Grabräuber schlafen nicht, in Minturnae haben sie alles verwüstet, sie haben alles mitgehen lassen, was nicht niet- und nagelfest war. Das alte Dock wurde geplündert, die Behörden haben weggeschaut. Der Tempel der Göttin Marica – ein geheimnisvoller Ort ritueller Prostitution – wurde auf der Suche nach verborgenen Schätzen sogar mit Dynamit gesprengt.

Doch der Großteil der Schätze des Schlaraffenlands ist schon seit Jahrhunderten emigriert, ist in Zeiten nicht so fetter Kühe in die mittelalterliche Schwesterstadt Minturno transportiert worden, die sich in einer Entfernung von einigen Kilometern auf den Hügeln befindet und von der aus man einen phänomenalen Blick auf das Meer hat. Heute befinden sich die korinthischen Säulen von Minturnae da oben, *dominus vobiscum*, sie tragen den Campanile von San Pietro Apostolo, *et cum spiritu tuo.*

Der verschwundene Schatten

„Lasst den Jungen nur machen", sagte der König von Neapel angeblich zu all jenen, die an dem Plan zweifelten, eine einbogige Brücke über den Fluss Garigliano zu errichten. Der „Junge" war der Brückenbauer, dem der König ungeteiltes Vertrauen schenkte. Die Brücke hielt stand, mit ihren Steinlöwen und ihren monumentalen Ketten steht sie noch immer da, wie eine Reliquie eingezäunt und abgesperrt, zwischen drei anderen Brücken, der auf der Statale 7 und der Autobahn- und der Eisenbahnbrücke etwas weiter im Norden. Der Vorgänger aus Römerzeit war im Mittelalter eingestürzt und durch eine Fähre ersetzt worden, für die man einen Haufen Geld bezahlen musste, weshalb der Name Minturnae in Traetto umgeändert worden war. Der schlammige Fluss bezeichnet die Grenze zu Kampanien und fließt zwischen Schilf in Richtung seiner einsamen Mündung. An diesem Ort befand sich auch ein byzantinischer Turm, den die Deutschen 1944 auf dem Rückzug gesprengt haben; aus einem unerfindlichen Grund wurden die Ausgrabungen gestoppt.

Kaum haben wir den Fluss überquert, stelle ich fest, dass mein treuer Schatten verschwunden ist, er folgt mir nicht mehr. Die Jaguarsonne (wie eine Erzählung von Italo Calvino heißt) hat ihn gefressen, die Mittagsstunde hat ihr dabei geholfen. Mein Schatten ist immer links hinter mir gegangen, er hat mir Gedanken, Erinnerungen und Ratschläge zugeflüstert. Ich suche ihn vergeblich auf dem von Büffelfladen übersäten Asphalt. Wenn man seinen Schatten verliert, fällt man der Einsamkeit anheim; ich folge als Letzter dem im Gänsemarsch marschierenden Peloton, von intensiven Landaromen umgeben. Auch olfaktorisch befinden wir uns mitten im *ager campanus.*

Beim Anblick eines Käseladens, wo frisch gemachte Mozzarella flach auf einem Tisch unter einer Laube liegt, bekommen wir Lust auf einen Imbiss. Riccardo beißt in die Mozzarella und behauptet, sie „quietsche" unter den Zähnen, ihm zufolge ist „quietschen" das einzige Verb, das die Berührung mit dem Kiefer genau beschreibt. Auf die Mozzarella folgen Zwiebel von Traubenhyazinthen, Taralli und getrocknete Tomaten. *Sapere,* wissen, philosophiert Irene beim Kauen, komme von *sapore,* Geschmack, dem lateinischen *sapio,* schmecken. Die Erkenntnis geht auch durch die Sinne. Genüsslich fügt sie hinzu: „Ich glaube, *sapere* ist besser als *capire.*"

Wie in der Pontinischen Ebene ist die Appia auch hier schnurgerade und ein Friedhof. Kreuze auf beiden Seiten. FORTE PASQUALE, ZUM EWIGEN GEDENKEN, DEINE FAMILIE, steht auf einem

Marmorstein neben einem Geländer. Auf dem Foto ist ein Jugendlicher zu sehen. Er ist genauso jung wie Fabio Verchini, vor dessen Foto frische Blumen stehen. Laura Ucci, eine hübsche Brünette mit Locken, hat an der Kreuzung mit der Provinciale 291 das Leben verloren. Das sind die Gefallenen der Appia. Es ist unmöglich, ihre genaue Zahl zu eruieren, denn man müsste auch die Amerikaner und die Deutschen während des Zweiten Weltkriegs dazurechnen. Und die gekreuzigten Sklaven. Sechstausend allein die, die sich an Spartakus' Aufstand beteiligten und in einem Abstand von dreißig Metern zwischen Rom und Capua ans Kreuz genagelt wurden. Im Bauwesen wie auch in Sachen Grausamkeit war Rom unübertroffen.

Ein Auto rast auf eine Kreuzung, es kracht, und es landet im Graben. Die beiden Insassen klettern durch das Fenster heraus, sie sind nur leicht verletzt. Wir versuchen zu flüchten, doch wir müssen unter der unbarmherzigen Sonne auf die Polizei warten, um eine Zeugenaussage abzugeben. Alex wimmert. Aufgrund einer Entzündung an der Leiste ist er über mehrere Kilometer mit gespreizten Beinen gegangen wie ein Golem. Mit dem breiten Schritt, dem fiebrigen Blick und dem Stock, den er wie eine Keule in der Hand hält, hat er einen furchterregenden Anblick geboten. Jetzt sucht er Linderung, er kramt in meinem Kulturbeutel nach einer Salbe.

Falerner

„Das Meeeer!" Riccardos Schrei, die neapolitanische Version des unsterblichen „thalassa, thalassa", das Xenophons Soldaten nach ihrem Marsch durch Anatolien ausriefen, macht uns klar, dass das Tyrrhenische Meer ganz nah zu unserer Rechten ist, hinter einer Reihe von Eukalyptusbäumen und einer Straße mit Ferienhäusern, auf denen sich ein „Zu-verkaufen"-Schild befindet. Gesagt getan. Wir verlassen die Appia und begeben uns ins einige Kilometer entfernte Sinuessa Antica. Der Wunsch ist einfach übermächtig. Am Strand ziehen wir die Schuhe aus, die Krebse flüchten in einer

Schlachtreihe wie der *Vierte Stand* auf dem berühmten Gemälde von Giuseppe Pellizza da Volpedo. Dann stürzen wir uns ins Wasser, fürs Erste haben wir genug von Sonne, Asphalt und Archäologie.

Die Ruinen der wunderbaren, seit Jahrhunderten geplünderten Stadt hinter der Schilfhecke markieren den Anfang des fruchtbaren Falernerfeldes am Fuße der im Dunst durchsichtig wirkenden Monti Aurunci. Wir nähern uns ihnen barfuß, mit am Rucksack festgebundenen Schuhen, doch das ist ein fataler Fehler, denn es ist ein Uhr und der Sand glüht. Wir beginnen ein albernes Gehüpfe, dabei kann man in dieser Situation nur eines tun, nämlich die Füße in den kühleren Sand ungefähr zehn Zentimeter darunter bohren. In diesem Augenblick taucht Herr Giuseppe Brodella auf – mit dem Handy in der einen und dem Zigarettenpäckchen in der anderen Hand, er trägt ein Foulard und ein geblümtes T-Shirt auf üppigem Körper – und verteidigt die Ruinen wie ein Mastino napoletano. Zuerst hält er uns für Schnüffler und wirft uns einen scheelen Blick zu, doch als er erfährt, wer wir sind, betätigt er sich enthusiastisch als Guide.

Er beginnt bei einer verkrüppelten Rebe, die er zärtlich streichelt wie eine Reliquie.

„Schaut, wie sie auf den Dünen des Strandes wächst. Sie ist ziemlich alt. Wir wissen nicht, ob sie aus römischer Zeit stammt oder noch älter ist, aber sie steht einfach da und macht ihr Ding. Sie liefert nicht einmal eine Kiste Trauben. Aber was für Trauben …“, sagt er und küsst sich die Fingerspitzen.

Hier geht sogar die Archäologie durch den Magen. Die Oralität setzt sich gegen das geschriebene Wort durch, und die Beziehung zur Geschichte muss es mit dem Gaumen aufnehmen. Wie Calvino sagt, lernt man in einer bildersüchtigen Gesellschaft einen Ort auch kennen, indem man isst, was er hervorbringt. Tatsächlich haben hier auch die Worte Geschmack. Das Bild des Rebstocks, „der sein Ding macht“, ist genial.

Ich frage, ob das nicht eine der legendären Falerner-Reben ist, die in der Antike an Ulmen festgebunden wurden.

Da mischt sich Francesco Goglia ein, der Besitzer des Hotels Sinuessa, in dem wir übernachten werden. Er hat Hände wie Schaufeln und ein Gehabe zwischen autoritär und respektgebietend. „Ich hatte das Vergnügen, ihn zu kosten. Aber der größte Genuss besteht darin, ihn zu verschenken. Den wahren Falerner verkauft man nämlich nicht. Man verschenkt ihn."

Der Wächter bestätigt: „Den Falerner schenkt man mit Liebe einem guten Freund!"

Der Hotelbesitzer: „In der Antike wurde der Wein etwas schwer und auch süß ausgebaut. Er passt jedoch sehr gut zu Mozzarella!"

Zur Zeit der Römer machte man offenbar ein Riesengeschäft mit diesem Wein, das Geld floss und die Sklaven schufteten sich zu Tode. Die römischen Politiker taten das Ihre an unvermeidlichem Gangstertum und unvermeidlicher Korruption dazu. Damals wie heute gilt das Sprichwort: Was die Barbaren übrig ließen, zerstörten die Barberini – also die Reichen aus Rom.

Der Wächter zeigt uns römische Pflastersteine und erklärt, dass die Stadt infolge eines Seebebens überflutet wurde. „Das hier ist nur die Peripherie. Das ehemalige Zentrum ist unter Wasser." Doch der Ort wird nach wie vor von Gespenstern bevölkert, fügt er hinzu, „einmal haben wir galoppierende Pferde gehört".

Pferde?

„Ich höre sie noch immer, ihre Hufe machten burubum, burubum … wir haben sie wirklich gehört, das war keine Einbildung. Und weit und breit war kein Pferd zu sehen."

Mit einer theatralischen Geste legt er sich die Hand aufs Herz. „Ich bin ein waschechter Einwohner von Mondragone, ich bin stolz darauf, einer zu sein, und ich sage, dass vor allem wir aus Mondragone uns um Mondragone kümmern sollten. Überall sollten die Leute sich liebevoll um ihr Dorf kümmern. Denn es bleibt, es bleibt für die Kinder, die Enkelkinder und die Enkel der Enkelkinder. Ich will nicht, dass alles verschwindet, so wie hier alles verschwunden ist.

Schauen Sie diesen Meilenstein an ... er ist völlig ungeschützt und dennoch berührt ihn keiner. Nicht wie das Amphitheater, das ein Amerikaner in seinem Garten neu aufgebaut hat!"

Ich frage ihn, wie ein Amphitheater verschwinden kann.

„Das ist keine urbane Legende. Auf alten Fotos ist es noch zu sehen, jetzt ist es weg. Angeblich ist es Stück für Stück abgetragen, auf amerikanische Amphibienfahrzeuge, wie sie auch bei der Landung in Anzio zum Einsatz gekommen sind, geladen und abtransportiert worden. Wir können nur weinen."

Das Wunder der Karten

Im Hotel finde ich ein Buch aus der Zeit des Faschismus, das die Wahrheit dem Mythos vorzieht und die infame spanische Herrschaft für die Plünderung verantwortlich macht: die *Storia di Mondragone* eines gewissen Biagio Greco. Ich lese: „Die heiligen Ruinen von Sinuessa wurden dazu verwendet, am Meer zahlreiche Türme zu errichten, Wachttürme zur Abwehr der Sarazenen, und Brücken wie jene von Fusaro, auf die man CELEBRITATEM APPIA MAGNIFICENTIA LONGE SUPERANS (Diese Brücke übersteigt die Schönheit der Appia bei weitem) zu schreiben wagte. Zuständig dafür war Pedro Afán de Ribera, Herzog von Alcalà", der typische Vertreter eines Geschlechts von eitlen Despoten, „voller Dünkel und Hochmut". In Sinuessa haben sich die Halunken dadurch ausgezeichnet, „dass sie die antiken Pflastersteine abtragen ließen".

Am Tag darauf liegt eine schwierige Etappe vor uns, die nicht nur sehr lang – sechsunddreißig Kilometer bis Capua – ist, sondern auf der die Spuren der antiken Straße fast überall verschwunden sind. Eine Schnitzeljagd zwischen kaum sichtbaren Indizien: ein Pflasterstück beim Friedhof von Mondragone, ein Grab auf dem Ortsgebiet von Ciaurro, ein vager Hinweis bei Horaz auf eine Brücke, einen *pons campanus* in der Nähe der Eisenbahn. Den Rest hat das Land der Büffel und der Obstgärten verschluckt.

Riccardo beugt sich über das GPS, die alten IGM-Karten und den von Lorenzo Quilici beschriebenen Weg. Seine Konzentration grenzt nahezu an mystische Ekstase. Er sitzt an einem kleinen Tisch neben dem Fenster, keiner stört ihn, er geht ganz darin auf, die Zeichen zu entziffern, wie Champollion die Buchstaben auf dem Stein von Rosette. Wenn die antiken Spuren getilgt sind, wird alles zum Zeichen: die Linie der bisherigen Spuren, ein Ortsname, eine Baumreihe, ein Steinhaufen, eine Ruine. Riccardo bewegt sich in diesem Labyrinth mithilfe seiner vierzigjährigen Erfahrung auf den Straßen aller Welt.

Ich hingegen habe zu Karten keine analytische, sondern eine eher fantastische Beziehung. Ich liebe ihre Farben, die Höhenlinien, die Nuancen, die Symbole. Wenn ich in London, Warschau oder Paris bin, kaufe ich Karten. Meine Bücherregale sind voller Karten. Ich verwende sie, um von Reisen zu träumen, und weniger, um mich vor Ort zu orientieren. Ich brauche sie, um das Umfeld zu verstehen, in dem ich mich bewege, und mir den Luxus einer spontanen Abweichung zu gönnen. Wenn ich mich auf eine schwierige Reise vorbereite, fabriziere ich sogar eigene Karten. Die Karte ist das Notenblatt, auf dem ich die Partitur meiner Schritte einzeichne.

Sinuessa! Horaz begegnet hier Plotius, Varius und Vergil – *Seelen, wie lauterer nie die Erde sie trug, und denen kein anderer ergebener ist als ich!* – und setzt die Reise in ihrer Gesellschaft bis Benevent und Brindisi fort. Auf der Hotelterrasse in der Nähe einer historischen Schwefelquelle, wo ein leichter Wind weht und wir einen wunderbaren Blick auf das Land von Mondragone haben, vergessen wir allerdings das historische Ereignis, immerhin steht ein riesiger Teller Trofie mit Rucola und Tomaten vor uns, kurz angebraten, wie es sich gehört.

An solchen Orten vergeht einem augenblicklich die Lust aufs Arbeiten. Der Name *Campania Felix* kommt wohl nicht von ungefähr. Wahrscheinlich wurden sowohl Hannibals Soldaten als auch die Römer vom guten Leben korrumpiert. Im *Satyricon* ist von zwei jungen Männern, Encolpius und Giton, die Rede, die sich in der Gegend von Neapel allen möglichen Ausschweifungen hingaben. Reiche Parvenues ließen sich zur Zeit der Römer in der Campania nieder, bauten hier prächtige Villen mit Bassins für Muränen, in die sie faule Sklaven stießen. Selbst heute noch hat man das Gefühl, dass auf diesem Gebiet die sparsame Republik zu Grabe getragen wurde und das kosmopolitische Imperium entstand.

Die Bauern von Gomorra

Die Terra di Lavoro (Land der Arbeit) trägt ihren Namen zu Recht. Kaum sind wir der Betonhölle von Mondragone entronnen, wimmelt es von Menschen, die den Boden harken und Obstbäume pflegen. In der Antike wurden ganze Felder von „frevlerischen Aufständischen" umgegraben, jetzt tun das großartige Bauern mit großen und großzügigen Händen. Ein Land wie geschaffen für die Camel Trophy, der *Ager Falernum* schluckt alles und spuckt es wieder aus: Bohnen, Pflastersteine, Pfirsiche, Mist, Dünger. Ein Land des Überflusses und der harten Arbeit. Die Kehrseite von Gomorra.

Riccardo und ich sind allein. Alex filmt in der Umgebung von Mondragone und Irene hat sich so wenig um ihre Blasen gekümmert, dass sie bluten und sie nicht mehr gehen kann. Die beiden fahren im Bus nach Capua, dem antiken Casilinum, wo wir uns nach der Brücke über den Volturno treffen werden. Wir gehen schweigend über einen staubigen Karrenweg, der immer wieder abbricht, und denken neidisch an die Straße Paris–Roubaix, die viel jünger ist als die Appia, auf der jedoch jedes Jahr ein großes Radrennen stattfindet und die deshalb von Franzosen und Belgiern wie eine Reliquie instand gehalten wird. Hier ist alles ganz anders. Die Straße Nummer eins ist in Vergessenheit geraten.

Gewächshäuser, Traktoren. Eine tote, an den Krallen aufgehängte Krähe. Knoblauch und ein Zopf aus roten Peperoncini, wie Hörner gegen den bösen Blick. Tröstliche Reste des Heidentums, Spuren eines Abwehrzaubers, die sich sogar im Niemandsland einnisten;

ich frage mich, ob nicht auch Padre Pio, der mich von einem Tor aus finster anblickt, ein Abwehrzauber ist. Seitdem man mir in Neapel einmal erklärt hat, dass Padre Pio der Lieblingsheilige der Camorra ist, bin ich ihm gegenüber misstrauisch.

Masseria Aciti, Masseria Santo Janni, Mastinos hinter einer Schranke. Diese Strecke der Appia wird seit einem Jahrtausend vernachlässigt, doch die gerade Linie ist so offensichtlich, dass man sie auch ohne Pflastersteine erkennt. Eine Brücke über den Fluss Savone, vage Erinnerung, dass Horaz über sie gegangen ist. Bienen auf den Robinien, Luftdruck 1017 Millibar – genau wie in Albano Laziale –, eine mörderische Hitze und das Falernerfeld will kein Ende nehmen. Keine einzige Bar, kein Brunnen. Keine Stelle, wo man verweilen könnte. Hier gibt es einen einzigen Tyrannen: die Arbeit.

Nach dem Niemandsland liegt plötzlich die Masseria Sant'Aniello vor uns: eine Halle mit dreitausend Büffeln im Besitz der Azienda Garofalo. Auch hier kann ich mir die englischen Schönlinge auf klassischer Bildungsreise nicht vorstellen. Nicht mal Goethe, der in der Kutsche und mit einer Börse voller Zecchinen reiste, kann ich mir hier vorstellen. Wir sehen einen Süden, den vielleicht nicht einmal die Einheimischen kennen. Wir komponieren nach allen Regeln der Kunst eine italienische Rhapsodie, wir rühren ein Amalgam aus Archäologie, Recherche, Landschaft, Ethnologie und persönlichen Eindrücken an und ich frage mich, wie ich es zu Papier bringen soll.

Das Labyrinth hat uns auf eine harte Probe gestellt: Es ist Zeit, etwas zu trinken und an einen Abschluss zu denken. Wir bleiben stehen und vor dem einzigen Wohnhaus der Masseria werfen wir einen Blick auf die Karte.

Wie ein Blitz kommt der Besitzer herausgeschossen. „Was macht ihr da?"

„Wir gehen zu Fuß über die Appia, wir kommen aus Rom."

Der Ausdruck des anderen verändert sich, lächelnd zeigt er auf die Allee, die in perfekt östlicher Richtung verläuft. „Das dort", sagt er, „ist die Appia."

„Ach. Sie sind der Erste, der das weiß."

„Wenn ihr nach Capua wollt, müsst ihr gerade bis zur Elektro-Schaltanlage gehen, dann biegt ihr nach rechts ab und nehmt die Brücke über den Kanal bis zur nächsten Masseria; nach dem Gehege findet ihr die Linie zwischen den Feldern wieder."

„Danke, allein hätten wir das nicht geschafft."

„Freut mich, Garofalo Giuseppe. Wir machen das seit fünfzig Jahren. Aber kommen Sie herein, trinken Sie ein Glas kaltes Wasser."

In der Küche bietet er uns Stühle an, holt einen Krug aus dem Kühlschrank und legt drei große Zitronen auf den Tisch.

„Wir bieten den Vorbeikommenden immer etwas an. Dann teilen wir sie zur Arbeit ein …"

„Erzählen Sie mir etwas über diesen Betrieb."

„Der Boden hier ist sehr gut. Richtung Villa Literno ist er sogar noch besser, aber auch verseucht. Rosa! Komm mal her. Rate, woher diese Herrschaften kommen?"

„Wir kommen aus Rom, Signora."

„Zu Fuß? Warum? Trainieren Sie für den Jakobsweg?"

„Der Jakobsweg interessiert uns nicht. Dort laufen alle wie Schafe. Wir sind Anarchisten, wir gehen dorthin, wo es uns gefällt."

„Um Himmels willen, ihr geht zu Fuß über das Land! Das macht niemand mehr! Aber kosten Sie wenigstens diese Süßspeise. Meine Mutter hat sie gemacht. Sie heißt Migliaccio."

„Signora, hören Sie auf, sonst bleiben wir wirklich hier."

Büffel und Sklaven

Nervöse Büffelherden traben auf den Weiden der Masseria Sant'Ermine, die wie auf einer Autobahn mit Leitplanken umzäunt sind. Sie haben uns gewittert, wie infolge eines jähen Windstoßes schrecken sie immer wieder hoch. Aus der Ferne erinnert Geruch an Großwild, nicht an Massentierhaltung. Kluge, muskulöse, dunkle Tiere, die Hörner sind mitten auf der Stirn angewachsen, ihr Scheitel wirkt fast wie vom Friseur gezogen. Sie haben alle den Stall verlassen, sie reagieren auf jedes Signal aus der Umgebung und schwanken zwischen Neugier und Ängstlichkeit. Muhend und überaus vorsichtig kommen sie näher und halten uns die feuchten Nasen hin. Ein Niesen reicht und alle galoppieren in einer Staubwolke davon, in Richtung einer nicht existierenden Savanne. Leichter Wind, große weiße Wolken, Sonne im Zenit, die Bilder am Boden flimmern, es ist beunruhigend menschenleer. Am Rande eines Robinienwäldchens fotografiert Riccardo eine afrikanische Szene, eine Tränke am Tanganjikasee.

Wir befinden uns im Herzen des Falernerfeldes und die Appia ist völlig verschwunden. Das Land, die Urbarmachung und die Landreform haben sie verschluckt. Wir navigieren auf Sicht, in einem Meer von elektrisch gelbem Raps, in dem hin und wieder ein Baum steht. Im Osten, in einer Entfernung von einem Dutzend Kilometer, der lange Kamm des Monte Tifata, ein tausendjähriger Ankerpunkt, ein Vorgebirge des Apennin mit einem Diana-Tempel, der mittlerweile zur Kirche Santa Maria in Formis umfunktioniert wurde. Auch da oben gibt es eine unglaubliche Dichte an antiken Funden: Man braucht nur auf die Bodenplatte eines Windrads oder einer Relaisstation zu steigen und schon tauchen Inschriften und Kapitelle auf. Im Gebiet von Teano hat man Glasfaserkabel verlegen wollen und ein Stück der Via Latina gefunden. Nun werden die Rapsfelder von Weizenfeldern abgelöst: Der Weizen ist niedrig und silbrig, noch nicht reif, dazwischen zitternde Mohnblumen.

Büffel, Mohn, Schatten. Wir gehen wie in Zeitlupe, in einer Blase des Schweigens. Straßen und Autos sind weit weg. Das Zwitschern der Amseln ist verstummt, das Gras verschluckt das Geräusch der Schritte und auch der glühende Wind zwischen den Bäumen ist verebbt. Ich stelle fest, dass sich auch die Farben wie durch ein Wunder verändert haben. Das blendende Licht der Sonne ist jetzt ein Vollmond, ein Mittag im Negativ. Die Mohnblumen sind schwarz und der Weizen schneeweiß. Vielleicht ist auch die Zeit stehengeblieben. Die archäologischen Funde sind verschwunden und das macht die Vergangenheit noch deutlicher sichtbar. Unter unseren Sohlen pulsieren unzählige Spuren, die unsere Vorgänger zurückgelassen haben.

Spartakus. Ich frage mich, ob auch er hier ist, mit seinen sechstausend Gekreuzigten. Wer weiß, ob man das Schreien der Verurteilten in der Stille auf dem Land noch immer hört. Ihre Stimmen meiden das kaudinische Joch des Schreibens. Sie vertrauen sich vielmehr Erzählungen an, werden von Generation zu Generation mündlich überliefert und graben sich ein wie Rillen in Vinyl, sie hinterlassen Spuren, die nur den Wanderern auffallen. Am Gipfel des vom Zweiten Weltkrieg durchsiebten Monte Pasubio im Trentino hört man nachts noch immer, wie die Seelen ein Fest feiern. Wenn man in den aufgelassenen Dörfern rund um Verdun die Ohren spitzt, hört man bei Regen die Glocke der Pfarrkirche, die Stimme des Schmieds oder den Hammer des Flickschusters. Manchmal sind die Spuren noch eindeutiger. Im Gras am Monte Grappa liegen noch immer Patronenhülsen und die Knochen der Gefallenen. An der Isonzofront zischen die Felsen sogar nach einem Jahrhundert noch bei Gewitter und ziehen die Blitze an, weil sie so viel Eisen haben schlucken müssen.

Einbildung? Mag sein, aber das ist egal. Die Laterna magica beschwört die Geister des Südens herauf, verwandelt unser Gehen durch die Weizenfelder. Vielleicht beschwören die Mohnblumen, die auch auf den Feldern Flanderns blühen, das Symbol der Gefallenen aller Kriege herauf, das Gespenst des Todes in all seinen schrecklichen Einzelheiten. Die Eisennägel, die Fackeln, das Pech. Die sorgfältige Inspizierung des Ortes durch Richter und Henker, die Pfähle, die am Rand der Straße in einer gewissen Entfernung voneinander errichtet wurden, damit die Gekreuzigten einander sehen konnte, die Querbalken – *patibulum* genannt –, die von den Legionären verteilt wurden, die Ankunft der in Ketten gelegten Sklaven, das Auspeitschen, die am Boden liegenden Körper, die

Nägel, die in Handgelenke und in Fußknochen geschlagen, die Körper, die ganz oben auf den *stipes* gehievt wurden, damit der Boden nicht von dem Verräter besudelt wurde.

Wie die Exekution der Feinde während der Triumphzüge ist auch die Bestrafung mit Absicht öffentlich, sie wird zum *exemplum.* Wenn Untermenschen die Regeln brechen und den sozialen Frieden stören, wird ohne viel Aufhebens ein Exempel statuiert. Und dann der Todeskampf, die endlose Nacht, die Fackeln, die die Schatten der Gekreuzigten in die Felder verlängern. Hunde und Wölfe kommen aus den Wäldern und zerfleischen die unteren Körperteile der Wehrlosen, die vom Geruch des Blutes angezogenen Krähen vollenden das Werk, die Kreuzesabnahme, die Kadaver verwesen, und der Verkehr auf der Straße geht ungehindert weiter, niemand kümmert sich darum, denn keiner der Sklaven ist *cives romanus*, es gibt keinen Grund, Mitleid zu haben oder sich aufzuregen.

Gladiatoren im Piccirillo-Stadion

Bei einer Tankstelle vor Brezza, einem Dorf an der grünen Schlange des Volturno, schütten wir gierig Bier in uns hinein und ziehen endlich die Schuhe aus. Geschafft. Wir haben den Ariadnefaden zwischen Sinuessa und Capua gefunden. Die befreiten Füße dampfen im mittäglichen Windhauch, sie haben ihre Pflicht getan. Wie ein Stethoskop haben sie den Boden abgehört, sie haben die Gespenster heraufbeschworen und ihre Geschichten registriert. Aber eine spiritistische Sitzung ist extrem anstrengend, und jetzt sind wir so müde wie ein Wahrsager nach der Prophezeiung. Die große Stille auf dem Land liegt hinter uns; nun hören wir wieder Klänge außerhalb und in uns. Der Brustkorb dehnt sich aus und zieht sich zusammen wie ein Blasebalg, setzt ein Geräusch wie von einem Wasserfall frei, das Herz schlägt wie eine Trommel. Eine große, schwierige Querung.

Capua liegt unterhalb eines Mäanders mit unverwechselbar elliptischer Linie. Eine Brücke führt über den Fluss, sie hat nichts mehr mit der originalen Brücke zu tun. Der Hauptpfeiler hat zweitausend Jahre standgehalten, doch 1943 haben ihn die Deutschen auf dem Rückzug gesprengt. Dann der Gnadenstoß: der Wiederaufbau in Beton. Von hier an verläuft die Appia wieder sichtbar und gerade, sie durchquert die Ebene genauso herrisch wie die Pontinische Ebene. Sie verläuft entlang einer schnurgeraden Linie in ostsüdöstlicher Richtung, an ihr liegt der längste und vielleicht auch chaotischste Ballungsraum Italiens. Von Capua nach Santa Maria a Vico, unterhalb der Kaudinischen Pässe, befindet sich eine fünfundzwanzig Kilometer lange, stark befahrene Asphaltstraße, sie führt durch Santa Maria Capua Vetere, die Peripherie von Caserta, San Nicola la Strada und Maddaloni. Nördlich davon die ersten, von Steinbrüchen ausgehöhlten Erhebungen des Appenin. Im Süden Aversa und das neapolitanische Hinterland, weiter weg im Südosten der Schatten des Vesuv.

An der Rezeption des Hotels Capys fühlt sich Herr Francesco Chianese von unserem Besuch so geehrt, dass er darauf besteht, von seinem persönlichen Kampf für die Geschichte zu erzählen – in einem Gebiet, dem die Geschichte egal ist, weil es hier eine Überfülle an antiken Funden gibt oder weil es vielleicht selbst lebende Geschichte ist. Goethe sagte, wenn man verstehen wolle, wie man zur Zeit der Römer oder Griechen lebte, müsse man in den Süden Italiens fahren. Nirgendwo sonst gibt es eine derartige Vermischung von Antike und Moderne wie im Gebiet um Caserta. Es ist nahezu unmöglich, das eine vom anderen zu unterscheiden, und deshalb nimmt fast niemand mehr die Ruinen zur Kenntnis. Schlimmer noch: die Antike wird als Hindernis und Übel erlebt statt als Ressource.

Der wackere Hotelangestellte schwimmt gegen den Strom, er erinnert seine Mitbürger an Spartakus, gräbt vergessene Heiligenstatuen aus, die nun wieder bei Prozessionen getragen werden, veranstaltet im Amphitheater von Capua Vetere Schaukämpfe mit muskulösen jungen Männern in Römerkostümen, Führungen im Königspalast von Caserta. Ganz zu schweigen von den Ausflügen des Freizeitvereins der Eisenbahner auf die alte Straße, von den Fußballmatches der Gladiatorenmannschaft im Piccirillo-Stadion oder den Gladiatorenkämpfen, die in einem Schaukasten im Museum neben dem Amphitheater nachgestellt sind. Rührende Versuche, den Mythos am Leben zu erhalten. Doch letzten Endes, sagt er achselzuckend, bestünde das Problem darin, „dass es hier zu viel Antike" gäbe.

Warum nicht die Via Claudia?

Appia. Warum eigentlich Via Appia? Alle anderen römischen Straßen sind nach der „gens" des Erbauers, nicht nach seinen Nachnamen benannt. Via Emilia kommt von Marcus Emilius Lepidus, Via Flaminia von Gaius Flaminius Nepos. Warum heißt die nach Appius Claudius benannte Straße nicht Claudia? Vielleicht weist das auf eine besonders starke Persönlichkeit, auf einen Personenkult oder einen überaus brutalen Aufsteiger hin. Aber wer war der Erbauer der Straße zwischen Rom und dem antiken Capua nun wirklich? Warum trug er den Beinamen Caecus, der Blinde? In meinen Notizen wimmelt es von geheimnisvollen Hinweisen. Vielleicht war er geblendet worden. Vielleicht hatten ihn die Götter gestraft, weil er in Rom unerwünschte Kulte eingeführt hatte. Vielleicht hatte er bei einem Ritual einen Fehler begangen. Vielleicht war er aufgrund einer Krankheit blind, vielleicht von Geburt an. Blind wie Homer, dessen Geschichten mündlich überliefert wurden. Blind, weil er ein Seher war und in die Ferne blicken konnte. Blind, weil nur ein Blinder sich eine derartig obsessiv gerade Linie einfallen lassen konnte, die sich nicht um Höhenlinien kümmert.

Bei seiner Ämterlaufbahn, dem *cursus honorum,* wird einem schwindlig. Zensor, Diktator, Quästor, zweimal Konsul, zweimal kurulischer Ädil und Prätor, dreimal Interrex und ebenfalls drei-

Rom, Via Appia – „Die Idee gebar die Linie, und die Linie wurde zur Straße.“

Rom – „Wie soll man von einer sechshundert Kilometer langen Straße erzählen, wenn das Schönste schon am ersten Tag passiert?“

Rom, Via Appia

Villa dei Quintili, Rom im Hintergrund

Römische Appia – „Der *Raccordo Anulare* ist nur einen Steinwurf weg."

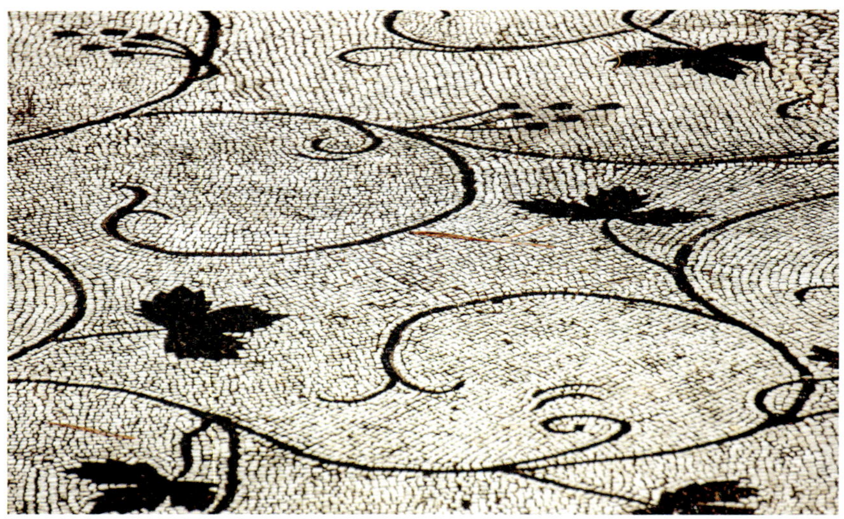

Cisterna di Latina – „Cisterna–Terracina: die längste geradlinige Straße Italiens“

Mosaik bei Capo di Bove – „Hier war bereits ein Parkplatz geplant.“

Terracina – „Schreiben mit den Füßen“

Blick von Terracina auf den Monte Circeo

Das Forum von Terracina

Murales in Terracina

Rast in Monte San Biagio – „Erstes Gebot: Ehre deine Füße."

In Richtung Fondi – „‚Fahnen' im Wind beim Mausoleum von Galba"

Itri

„Itri, Tarantella der Kuhglocken beim Almauftrieb“

mal Militärtribun. Außerdem hat er die erste moderne Straße Europas und das erste römische Aquädukt bauen lassen, das ebenfalls seinen Namen trägt, er hat Siege über die Etrusker, die Sabiner, die Samniten vorzuweisen, drüber hinaus ist eine Rede von ihm überliefert, in der er sich gegen einen unwürdigen Frieden mit Pyrrhos aussprach. Aber damit nicht genug: Mithilfe eines Freigelassenen stahl er einen Gerichtskalender und veröffentlichte Prozessformeln, die bisher den Priestern vorbehalten waren. Wie konnte ein Blinder ein derart aktives Leben führen?

Aufgrund seiner Blindheit und seiner zahlreichen Ämter stellen wir ihn uns zur Zeit der Errichtung der großen Straße bereits als alten Mann vor. Doch er war damals gerade mal dreißig Jahre alt. Er stand erst am Anfang seiner Karriere. Zahlreiche Quellen beschreiben ihn als Abkömmling einer „sehr grausamen" und reichen Patrizierfamilie, als von vielen kritisiert, wenn nicht gar gehasst, als harten Mann ohne Freunde, der seine *domus* als Autokrat verwaltet. Aber woher kam dann seine Macht? In Rom war es unmöglich, ohne eine Legion von Gönnern und Unterstützern so eine Stellung zu erreichen. Worin bestand also das Geheimnis von Appius Claudius? War vielleicht gar die Straße, auf der wir auf Schusters Rappen unterwegs sind, der Grund für seine Macht?

Es beschleicht uns der Zweifel, dass Sinn und Zweck dieses gewaltigen Bauwerks, das die Staatskasse leerte, kein militärischer und auch kein ökonomischer war, sondern Klientelismus. Die mächtigen Familien, die entlang der Appia wohnten – Tribus mit vergessenen Namen wie Scaptia, Pomptina, Oufentina, Teretina und Falerna –, profitierten in Bezug auf Wohlstand und Sicherheit enorm von der Straße, unvorstellbar, dass sie ihrem Erbauer nicht zu Dank verpflichtet gewesen wären. Ganz zu schweigen von den Adeligen aus Capua, die immer schon Verbündete Roms gewesen waren und die sich jetzt in einer Entfernung von nur fünf Fußmärschen von Rom befinden und ihre Beziehung zur *gens Claudia* festigen können, der Appius angehört. Ein Zusammenschluss von Familien.

Dank dieser neuen Straße, die in sehr kurzer Zeit mithilfe von Sklaven und Zwangsarbeitern *(damnatio in opus publicum)* fertiggestellt wurde, erreicht dieser Mann, der in Rom sehr wenige Verbündete hat, einen Konsens außerhalb Roms. Dank dieser Straße erreichen seine Unterstützer schnell die Stadt und können an Versammlungen teilnehmen. In gewisser Weise ist das nichts Neues unter der Sonne. Auch heute ist der Süden voller Straßen, die auf Staatskosten gebaut wurden, nur um Wählerstimmen zu kaufen. Aber das zyklopische Bauwerk von Appius Claudius überlebt seit zweitausend Jahren, es erweckt den Eindruck von Nützlichkeit und flößt Respekt ein, und wenn die Italiener nicht Italiener wären, wäre es sogar noch intakt.

Aber vielleicht ist ausgerechnet die gerade Linie – die derart perfekt war, dass das Pionierkorps des Militärs im geeinten Italien sich beim Anfertigen von Karten noch immer der Grabdenkmäler bediente – der Schlüssel zur Macht? Eine Linie zu ziehen, ist ein heiliger, oder besser ein königlicher Akt, er verleiht dem, der ihn vollführt, einen erhabenen Status wie Romulus, der rund um seine Stadt eine Furche zog. In einem schönen Text über römisches Recht habe ich einen interessanten Zusammenhang zwischen den Worten *religio* – Religion verstanden als Regel –, *rex* – der, der die Furche zieht – und *regio* – Raum, innerhalb dessen ein Gesetzeskörper gilt – entdeckt.

Als Appius die Straße baute, hatte Rom allerdings noch keinen Beitrag zur Literatur geleistet. Ein Riesenunterschied zu Griechenland, das damals zwar noch keine anständigen Straßen hatte, jedoch Aischylos, die Sophistik und eine beeindruckende Mythologie hervorgebracht hatte. Rom ist anders. Eine Kultur von Gesetzgebern, Priestern und Ingenieuren; pragmatische Menschen, die schnell zum Punkt kommen, für die das Gesetz, das Heilige und das Setzen des Grundsteins ein und dasselbe sind. *Rex*, *pontifex* und *architectus* bezeichnen im Grunde eine spezielle Macht, die mit einer speziellen Sichtweise einhergeht, derzufolge Urbanistik und Bauwesen heilig sind. Kaum vorzustellen, wie viel Macht ein Erbauer von Straßen hat.

Wo es den Staat nicht gibt

Der Mond sinkt, schwüle Luft, Hundegekläff. Das Fenster blickt auf einen schlaflosen und zerstörten Raum. Flimmerndes Licht in Richtung Pignataro Maggiore, die größte illegale Sondermülldeponie Europas. Angeblich wurden hier Giftfässer mitsamt den Lkws vergraben, die sie geliefert hatten. Auf der anderen Seite, auf den Monti Tifatini, wo Hannibal sein Lager aufschlug, zeichnen die Marmorsteinbrüche danteske Höllenkreise rund um wunderbare Orte wie San Leucio, Sant'Angelo in Formis und Caserta Vecchia, auch sie wirken dadurch hässlich. Sie schweben über der Appia wie ein kariöser Walkiefer, die perfekte Inszenierung eines extraterritorialen Raumes, der zwar Italien ist, jedoch nicht zu Italien gehört. Widerstandsnester, wo es keinen Staat gibt. Im Osten zwischen Caserta und Maddaloni zeichnen sich schon die Zementfabriken ab, trotz der hohen Schadstoffemissionen wurden sie inmitten eines der größten Ballungszentren der Welt angesiedelt. Ihre berüchtigten Baumeister stammen aus Rom und Afragola, Halunken, denen man besser nicht in die Quere kommen sollte. Genau das tat jedoch der Gewerkschafter Franco Imposimato, Bruder des Richters Ferdinando Imposimato, der nicht zuletzt aufgrund seines Umweltengagements vom Clan der Casalesi in einen Hinterhalt gelockt und erschossen wurde. Meine Freunde aus Caserta erzählen mir, auf die Stadt würde so viel Druck ausgeübt, dass eine neapolitanische Zeitung wie *Il Mattino* das Wort „Steinbruch" nicht einmal erwähnen darf.

Nur wenige brechen das Schweigen, wie der Altbischof von Caserta, Raffaele Nogaro, der 2010 in einem mutigen Brief „die Propagandamaschine der Presse" anprangerte, die dafür sorge, dass die Bevölkerung nach anfänglichem Protest nachgäbe oder sich in Gleichgültigkeit zurückziehe. Er sprach von „Profanierung und Umweltverschmutzung", dem Auftreten von „Leukämie, Tumoren und anderen abscheulichen Dingen", die „Maddoloni zu einem einzigen Lazarett" machten.

Doch der Süden überrascht einen immer wieder, und nur einen Steinwurf von Capua entfernt befindet sich ein strahlendes Hoffnungszeichen. Der Königspalast in Carditello, der schon baufällig war und nach dem die Casalesi die Finger ausgestreckt hatten, wurde aufgrund des Engagements eines tüchtigen Kulturministers namens Massimo Bray restauriert und der Öffentlichkeit zugänglich gemacht. Eine kleine Insel staatlicher Präsenz.

Caserma Andolfato

Capua, die Wiege der kampanischen Weiblichkeit, das Land der Großen Mütter aus Fleisch und aus Stein. Sie versammeln sich in den Sälen des archäologischen Museums, Symbole der Fruchtbarkeit, und künden im Halbdunkel von ihrer tausendjährigen Herrschaft über den Mann. Unter der Inschrift SPQC – *Senatus PopulusQue Capuanus* – recken sie ihre üppigen Brüste in Richtung Corso Appio, Porta Napoli, Monte Partenio und Monte Tifata. Draußen ist es schwül und gewittrig. Die Stadt ist voller Schilder aus dem 19. Jahrhundert: Waisenhaus, *Istituto Pirotecnico Militare*, ein Gedenkstein zu Ehren von Alessio Simmaco Mazzocchi, des unnachgiebigen Priesters, der unter den Bourbonen die Ausgrabungen der Terra di Lavoro vor der Gier der Herrscher rettete.

„Schaut euch im Museo Provinciale di Capua gut um, bevor es endgültig geschlossen wird", sagt plötzlich ein älterer, eleganter Herr zu uns, dem die Antike offenbar am Herzen liegt. „Die Gemeinde hat kein Geld mehr", antwortet er, als wir ihn besorgt um genauere Erklärungen bitten, „die Provinzregierung wurde abgeschafft, die Region steckt den Kopf in den Sand, und der Staat ist sowieso inexistent. Alle reden immer nur, aber niemand unternimmt etwas für dieses Schmuckkästchen. Ihr seid aus dem Norden, ihr sollt wissen, dass es hier nicht nur die Camorra gibt. Es gibt auch Gutes. Doch das Gute wird uns genommen, und das Schlechte bleibt."

Die endlose Peripherie im Osten Capuas entlang der Appia ist mit der Vorstadt der Schwesterstadt Capua Vetere verschmolzen. Bushaltestellen, Rummelplätze, Sozialbauten, ein Saxophonist, der auf Anfrage unter dem Fenster einer Angebeteten *Besame mucho* spielt; er fragt uns, ob wir Engländer sind, dann improvisiert er eine Tarantella. Ein Typ kramt in einem Altkleidercontainer und zieht lässig an, was ihm am besten passt. Ein anderer schreit, er würde gleich die Carabinieri holen, weil Alex die Straße filmt. So sind die Menschen im Süden, jähzornig oder gastfreundlich. Nichts dazwischen.

Es ist heiß, die Luft steht. Beim Gehen muss man auf Autopilot schalten. Wir gehen langsam, regelmäßig und fast abwesend, wie Dromedare. Wie in einem Film ziehen Autohändler und Gewächshäuser an uns vorbei, Padre-Pio-Statuen, die gegen den bösen Blick ankämpfen, Schilder mit der Aufschrift AUCH SIE KÖNNEN SCHLANK WERDEN, Läden mit Brautkleidern und Hochzeitslisten, Lampengeschäfte. Und nach der Käserei der Fattorie Garofalo – dieselbe wie im Falernerfeld – erblicken wir die riesige Ezio-Andolfato-Kaserne, ein Militärgefängnis und ehemaliges Lager zur Registrierung und Ausweisung illegaler Einwanderer, das vor einigen Jahren von Immigranten in Brand gesteckt worden ist. Die Kaserne war unter den Faschisten für die italienischen Truppen gebaut worden, die nach Abessinien aufbrachen. 1943 wurde sie von Hermann Görings Fallschirm-Panzer-Division besetzt, die sie beim Rückzug in die Luft sprengte. Dann hat die wieder aufgebaute Kaserne eine absurde Phase über sich ergehen lassen müssen, die Petronius' *Satyricon* würdig gewesen wäre. In ihr wurden Offiziere untergebracht, die aufgrund psychischer Probleme degradiert worden waren, gemeinsam mit Söhnen von Camorra-Angehörigen, die natürlich vom Militärdienst befreit waren. Auf Fotos sieht man Camorra-Angehörige mit Stiernacken, die in einer bedrohlichen Stille Karten spielen, von anderen wird erzählt, dass sie nachts wie bei einer Safari auf streunende Hunde schossen. Angeblich hat ein verrückter Offizier sogar einmal den Befehl gegeben, zwei Hunde „festzunehmen", die sich zu einem Fahnenappell verirrt hatten.

In diesem aberwitzigen Mischmasch aus Elend und Adel bildet die Appia mit ihren vernachlässigten Gehsteigen und verrückten Fußgängern einen Rettungsanker. Und wir, die wir auf ihr gehen, denken, dass sogar der Verfall einen Vorteil hat: Er setzt einen wahren Sturm an Bildern und Fantasien frei. Als würde man das seit Jahrhunderten geschlossene Lager eines Altwarenhändlers betreten. In den Gesichtern der Menschen auf der Straße erkennt man Römer und Etrusker, daneben Griechen, Juden, Samniten. Ringsherum die Spuren eines überaus fruchtbaren Landes, um das jahrhundertelang gekämpft wurde. Wie auf dem Balkan hat man auch auf dem Land um Caserta das Gefühl, dass sich die Ereignisse gerade eben zugetragen haben, allerdings ist es hier noch stärker. Durch das Dröhnen des Verkehrs, die Schreie der Klatschweiber und das Heulen der streunenden Hunde hört man die Stimme der Geschichte und des vergossenen Blutes.

„Vor dreißig Jahren war die Kirche Sant'Angelo in Formis noch in einem furchtbaren Zustand", hat uns Settimio Cecconi, unser Guide am Anfang der großen Straße, erzählt. „Ein kleines Mädchen hat den Schlüssel geholt und uns in eine staubige Sakristei geführt, in der gewundene barocke Statuen in einem Haufen von mit Spinnweben bedeckten liturgischen Gegenständen aus dem 17. Jahrhundert herumstanden. Als ob man sich in der Rumpelkammer eines ägyptischen Museums einer Mumie näherte. Kein offizielles Museum hat mich je so beeindruckt. Ich hörte die Stimme der Jahrhunderte. An solchen Orten ist meine Leidenschaft für die Geschichte erwacht."

Je mehr wir uns Santa Maria Capua Vetere nähern, desto mehr erreicht das Nebeneinander von alten Steinen und Beton eine narkotische, wenn nicht gar psychedelische Dimension. Etwas Ähnliches erlebt man sonst nur im labyrinthischen Diokletian-Palast in Split, der seit achtzehn Jahrhunderten ununterbrochen bewohnt wird, oder im Dom von Syrakus, der große Teile eines griechischen Tempels inkorporiert hat. Aber hier ist das Nebeneinander der Epochen viel chaotischer. Alex filmt hundertjährige Prellsteine, an denen Mopeds angeschlossen werden, römische Architrave vor Garagen, Grabinschriften an der Tür einer Bar. Vor dem berühmten Conocchia-Grab, das von Ferdinand IV., dem *pater patriae,* restauriert wurde, wirbt ein Riesenschild für den Supermarkt Nuzzo.

Im Gebiet um Caserta sind die alten Steine dazu da, benutzt zu werden. Seit Jahrhunderten ist die Weiterverwendung eine Notwendigkeit. Die Kathedrale von Caserta, in der es von geplünderten Säulen nur so wimmelt, ist bloß das eklatanteste Beispiel. „Die Appia", sagen wiederum andere, und man kann ihnen nicht völlig Unrecht geben, „darf man nicht nur in den Marmorsteinen und im *opus reticulatum* suchen. Vor allem ‚spricht' die urbanistische Anlage. Die Linie. In Santa Maria Capua Vetere ist Rom im Straßennetz präsent. Steigt auf den Hadriansbogen hinauf und ihr werdet verstehen. Nirgendwo im Norden ist das Neue derart von Antikem durchdrungen. Wir sind nicht so kaputt wie die Via Emilia, die nur noch aus Lkws, Kreisverkehren und Fußgängerinseln besteht."

Die Wehklagen der Aufständischen

In zweitausend Jahren hat der Regen das Blut abgewaschen und die Erosion hat das Profil der Steine abgeschliffen, um die Sinne besser täuschen zu können, und auch heute noch besänftigt die Zeit Tag für Tag die Härte des Marmors, glättet ihn. Dennoch hört man in Capua Vetere nach wie vor das Brüllen der hingemetzelten Gladiatoren auf der gestampften Erde und die Wehklagen von Spartakus' Aufständischen. Diese Schreie empfangen uns in der grausamen Mittagssonne, am Ende des Tunnels einer endlosen und lauten Peripherie, und gleichzeitig taucht links hinter einer weiten, grasigen Ebene auch das Amphitheater auf. Hier geht die von Appius Claudius gebaute Straße zu Ende, in Form von Bögen, die im Wind aufragen wie die glatt geschliffenen Gipfel des Ahaggar-Gebirges in der Sahara und nahezu die Kompaktheit einer geologischen Formation haben. Die Mauern sind sogar den Mauern des

Kolosseums überlegen, des Circus', den die Kaiser angeblich nach dem Vorbild des Kolosseums in Capua bauen ließen.

Trotz der jahrhundertelangen, mehr oder weniger legalen Plünderung ist Capua Vetere noch immer voller Schätze. Der Hadriansbogen, der Kryptoportikus, das Aquädukt, die Villen, die Grabdenkmäler, das archäologische Museum. Dennoch halten hier nur wenige die Ausgrabungen für eine wunderbare Ressource. Nur Romantiker glauben, dass man den alten Steinen mehr abgewinnen kann als Geld für eine Eintrittskarte. Das Vorurteil hält sich hartnäckig und das Ergebnis ist allgemeiner Verfall. Das gilt sogar für den Königspalast in Caserta, einem mit Versailles vergleichbaren Kunstschatz. Man erzählt, dass Touristen hier mitten im Sommer in der prallen Sonne anstehen müssen, dass sich im Park illegale Händler herumtreiben und mächtige Politiker die Gärten und Brunnen für ihre Privatpartys nutzen. Ein Mafiaboss besaß offenbar sogar den Schlüssel zum Park, um darin seine Joggingrunden zu drehen, und eine Gruppe von Jugendlichen hat die Diana-Quelle zum Schwimmbecken umfunktioniert.

Dennoch gibt es im Süden immer wieder wunderbare Ausnahmen. Menschen wie Bruno Zarzaca, der uns in seinem Lokal in den Ruinen mit einem duftenden Teller Auberginen mit gesalzener Ricotta betört. Er hat ein Bio-Restaurant mit gut ausgestattetem Infopoint auf die Beine gestellt und ist damit sehr erfolgreich. Sein Programm ist ganz einfach: Er bietet den Touristen eine nicht nur kulinarische Einkehr und lässt sie nicht uninformiert durch die schöne Stadt irren. Die italienischen Marketingstrategen haben ihm natürlich davon abgeraten, vor ihm hatte auch noch niemand diese Idee. Und so konnte Bruno – ich sehe ihm zu, während er lässig die Köche und Kellner instruiert – von Konkurrenten und Camorra ungestört agieren. Heute kann er sich rühmen, dass die Anzahl seiner Gäste in der *Arena Campana* von neuntausend auf fünfzigtausend im Jahr gestiegen ist, er hat sich gegen die Konkurrenz von Catering-Giganten und Restaurantketten durchgesetzt.

Während wir durch die großen Glasfenster auf den schönsten Teil des Amphitheaters blicken, hören wir den Wehklagen derer zu, die die alten Steine beschützen. „Hier halten uns sogar die Architekten für Nervensägen", klagt die Archäologin Diletta Colombo im Namen ihres Berufsstands; gemeinsam mit ihrer Kollegin Ida Stanislao bietet sie uns an, uns ein Stück weit zu begleiten. Sie sagt, die Stimmung sei geprägt von einer Art Angst vor den archäologischen Funden beziehungsweise einer Art Hohn. „Sind Sie nicht stolz darauf, einen Supermarkt unmittelbar über einer römischen Straße zu besitzen?", hat sie einmal einen Unternehmer aus dem Ort gefragt. Und er hat geantwortet: „Was bedeuten Ihrer Meinung nach ein paar Pflastersteine unter der Erde? Hier haben alle eine römische Straße im Keller."

Der Stier und der Skorpion

Der Gott mit dem rotblauen Umhang, auf dem sich gelbe Sterne befinden, wartet im Halbdunkel auf mich. Seit zweitausend Jahren steht er hier mit dem Messer in der Hand, verewigt im Augenblick der rituellen Tötung. Während sich das Auge allmählich an die Dunkelheit gewöhnt, tauchen die Details auf. Der Kopf des weißen Stiers, der an den Nüstern hochgezogen wird, der verwirrte Blick des Tieres, das Schwert, das seine Halsschlagader durchschneidet, der Skorpion, der in seine Hoden beißt, während ein Hund den Blutstrahl aufleckt, die Schlange. Einen Augenblick lang glaube ich, allein im Mithräum zu sein, allein vor der unterirdischen *Tauroktonie* in Capua Vetere, weit weg vom wimmelnden Leben an der Oberfläche. Doch neben mir stehen zwei Fackelträger mit phryigschen Mützen und heiligen Zweigen, auch sie in leuchtenden Farben an die Wand gemalt. Und da ist auch noch ein nackter Adept mit verbundenen Augen, der von einem strengen Priester in weißer Tunika an der Hand durch das Halbdunkel geführt wird.

Was für eine Fülle an Symbolen; Appius Claudius ist unermesslich weit weg. Nichts in dieser Höhle erinnert an die strenge Religion zu Beginn der Republik. Das Mithräum ist aber auch eine Zäsur auf unserem Weg. Es erzählt von der düsteren Macht der Priester, die mit dem Einfluss Persiens und des Orients wiederkehrt und mit der zuvor unvorstellbaren Idee einhergeht, die Macht sei gottgewollt. Ich stehe vor einem geheimnisvollen Ritus aus der Zeit nach der Römischen Republik: die Liturgien einer Geheimgesellschaft, die mit der Initiation einer Elite im Schatten des Kaiserthrons einhergingen. Mithras, der Doppelgänger Jesus', der wie er in einer Höhle geboren wurde: ein in düsteren Katakomben gepflegter Kult, der von Kaufleuten und Legionären ebenfalls auf der Via Appia nach Rom gebracht wurde wie das Christentum.

In der Dunkelheit höre ich Soldaten, Sklaven, Kutschen vorbeiziehen, Barbaren, Vandalen, Sarazenen, Staufer. Aber vielleicht sind es auch nur die Lebenden oben, die zu Mittag einen kompakten Schatten werfen. Von der *camera obscura* des Mithräums an die Wand geworfen, sehe ich das Negativbild der Straße, die sich aufs Neue entfaltet, zum Notenblatt, zum Teppich von Bayeux wird, die sich mit Stimmen, Klängen, Tonarten, Schreien füllt. Doch der Anblick hält etwas absolut Neues bereit. Auf der Straße ziehen nun nicht mehr ausschließlich die Legionen in Richtung Peripherie. Unsere Marschrichtung ist nicht mehr die der sich ausdehnenden Macht. Jetzt strömen alle Richtung Hauptstadt. Eine Flutwelle. Die Straße in umgekehrter Richtung. Rom wird Griechenland, Orient, Libyen, Euphrat, Nil.

Ich ahne, jetzt beginnt eine Reise gegen die Fahrtrichtung. Ab dem antiken Capua müssen wir uns gegen einen gegenläufigen Strom durchsetzen, eine Strömung, die nicht die Sonne sucht, sondern zum Sonnenuntergang drängt. Die Reisenden aus der Vergangenheit gehen nicht länger an unserer Seite, sondern kommen uns entgegen. Ein Haufen Leute. Ich sehe sie schon kommen, sie schubsen uns, zwingen uns, Stöße mit dem Ellbogen auszuteilen. Ich sehe Peter und Paul müde und argwöhnisch auf der Straße

Richtung Urbs gehen, mit der Botschaft des Neuen im Herzen, das aus dem Osten kommt. Der Leichnam des Augustus, der mitten im August in Nola gestorben ist, der nach Rom zurückkehrt und wegen der Hitze nachts transportiert wird und tagsüber in Basiliken und Tempeln ruht. Die Prozession der Dekurionen der Stadtverwaltungen und der Kolonien, die ihn auf den Armen durch die Menge tragen. Die Gesänge, die Fackeln, der Schritt der Soldaten, das Heulen der Hunde, die Fliegen. Und wieder Vergil, der in Brindisi stirbt und in Posillipo begraben wird, das sich ausbreitende Band der Straße, das der Dichter in Gesellschaft von Horaz beschritten hat. Ein gewittriger Himmel, ein Trauermarsch von Mahler, ein Nocturne von Richard Strauss. Echos, Widerhall, Töne und Klänge, die von der Großen Straße gebündelt werden.

WIND
Von Capua Vetere nach Venosa

Peripatetiker in der Irpinia

In dem Augenblick, in dem wir Appius Claudius hinter uns lassen und die zweite Teilstrecke, die von seinen Nachfolgern gebaute Verlängerung nach Benevent, in Angriff nehmen, beginnt uns der Süden zu folgen. Mein junger alter Freund Marco Ciriello, der aus der Irpinia stammt, begleitet uns mit Rucksack, rotem Bandana und guter Laune in Richtung des gebirgigen Samnium. Er ist Journalist und Schriftsteller und bewegt sich auf dem schmalen Grat zwischen Sport und Kultur, Fußballliga und Reportage. Im Umgang mit ihm ist Vorsicht geboten, denn er ist Peripatetiker und außerdem Zyniker, gnadenlos im Urteil und blitzschnell im Dialog. Doch von diesem Trapezkünstler erhalten wir die Schlüssel, die Sprache, die Energie und die Tarnung, die wir unbedingt brauchen, um uns in schwierige Situationen zu wagen, die uns Dummköpfen aus dem Norden sonst nicht zugänglich wären. Auf seine Weise sanktioniert auch er die Veränderung, die im Gange ist. Die Hellenisierung der römischen Straße.

Vor dem x-ten Herrenfriseur bitte ich den Einheimischen, mir das Geheimnis der männlichen Eitelkeit zu erklären, die immer deutlicher spürbar wird, je weiter man Richtung Südosten geht. Kein Vergleich zur Zahl der Damenfriseure. Zweifellos ist der Friseur in Kampanien eine wichtige Informationsquelle, eine Pilgerstätte, wie es sie an anderen Orten der Halbinsel nicht mehr gibt.

Ich habe eine Glatze, ich verstehe nicht, warum die Männer im Süden ihren Haaren eine derart hysterische Aufmerksamkeit schenken. Ich verstehe nicht, wie sich diese weibliche Eitelkeit mit dem Machismo vereinen lässt, der in diesen Breiten überall an den Tag gelegt wird. Von Rom abwärts gibt es keinen jungen Mann, dessen Frisur nicht der eines Fußballstars ähnelte. Sogar die Carabinieri haben Gel im Haar.

Die Erklärung des Hirpiners ist überraschend. „Hier äußert sich der Mann mithilfe des Kopfes. Der Friseur im Süden ist nahezu ein Priester, er ist der Einzige, der dein Gesicht berühren darf, außer ihm würde man niemandem diese Geste der Unterwerfung gestatten. Im Süden streichelt man allenfalls das Gesicht eines Kindes. Nie das eines Erwachsenen. Wenn ich, der ich jünger bin als du, dein Gesicht berühre, will ich dich unterwerfen, damit sage ich dir, dass du schwächer bist als ich. Also werde ich es nie tun. Aber der Friseur hat nicht nur etwas Sakrales. Der Friseur dekliniert die Moden. Er meißelt deinen Kopf und erfüllt deine Wünsche. Die Männer äußern sich mithilfe des Kopfes. Vor allem die Jungs. Bis sie die sexuelle Reife erreicht haben, probieren sie alles aus. Bei den Mädchen ist es anders, sie experimentieren nicht. Sie sind zurückhaltender beim Haarschnitt, sie haben mehr Klasse, mehr Stil, sind weniger vulgär. Die Frau ist überall reifer als der Mann."

Wirrwarr

Sogar vom Flugzeug aus sieht man den Verlauf der Appia Antica zwischen Capua Vetere und Maddaloni. Man braucht nur über den Punkt zu fliegen, in dem die Bahnstrecke Neapel–Caserta die Autostrada del Sole kreuzt. Allerdings hat die Appia sich nicht freiwillig in diesen Wirrwarr begeben. Das Ministerium für öffentliche Bauvorhaben hat dafür gesorgt, dass unüberwindbare Bahngleise der Appia den Weg versperren und die Hauptverkehrsader des Landes sie in Nordsüdrichtung auf Stelzen überquert. Für den

Fußgänger ist das eine Katastrophe, er ist gezwungen, einen komplizierten Umweg durch eine feuchte Unterführung und über eine endlose Rampe zu machen; wehe dem, der es wagen sollte, das edle Wort „Brücke" für diese Betonklötze zu verwenden, über die wir gehen müssen, wir, die einzigen Fußgänger, während uns die Autofahrer scheele Blicke zuwerfen, als wären wir illegale Flüchtlinge.

Die Linie, wo ist die Linie? Am Ende der Umkreisung glauben wir, am Ziel zu sein, doch nein, da ist noch eine abgesperrte Straße. Wir klettern über Schranken, nehmen das Naturrecht in Anspruch, einen Durchschlupf zu benutzen. Auch hier, auf der längsten geradlinigen Straße Italiens, kommt man nur weiter, wenn man die Straßenverkehrsordnung bricht. Ein Umweg von einem Kilometer und zweihundert Metern, um eine Eisenbahnlinie zu überwinden. Doch es wird noch grotesker: Auf einer desolaten Straße gelangen wir in eine menschenleere Industriezone mit schweren Eisentoren. Landwirtschaftliche Genossenschaften, Autohändler, Straßenverkehrsamt, Rummelplatz. Das einzige Lebewesen ist ein riesiger, zotteliger Schäferhund, den man hinter einem Gittertor vergessen hat, er bettelt darum, gestreichelt zu werden, und heult, als wir weitergehen.

Die einzige Straße, auf der man ohne Hindernisse vorankommt, ist die Statale 87 Napoli–Caserta, die hinter Baracken auftaucht. Zur Linken sehen wir auch den Königspalast der Bourbonen, er stiehlt unserer Straße eindeutig die Show. Nur der Name des Dorfes gleich danach, San Nicola la Strada, gibt ihr die Vorherrschaft zurück, auf dem Stadtwappen befinden sich deutlich sichtbar ein Stück Straßenpflaster und ein Meilenstein. Die alten Tuffsteinhäuser sind verwahrlost und hinfällig, es ist sinnlos, die Straße in den Steinen zu suchen. Es gibt nur die Linie. Immer wieder unterbrochen, doch sie ist da. Halte durch, alte Appia. Führe uns aus dem Labyrinth hinaus.

Pinien, ein paar Reste brachliegenden Landes, dann die Türme der alten Oskerstadt Calatia. Hinter einem Gehege die Spuren der Stadtmauer gleich neben dem *decumanus maximus*. Antike, von Flechten bedeckte Steine zwischen unserer Straße und den ersten Erhebungen des Apennins. Doch kein Schild sagt uns, was wir schon seit geraumer Zeit wissen, nämlich dass die Stadt dem Untergang geweiht ist. In Calatia sollen die Pfeiler der Hochgeschwindigkeitsbahn Rom–Bari errichtet werden. In Maddaloni und Umgebung hat es einige Proteste gegeben, doch umsonst. Angesichts derartiger Umweltverbrechen sind selbst Brandschriften wie die von Antonio Cederna machtlos. Man kapituliert.

Wir begegnen einem Mittelschullehrer aus Marcianise, er heißt Tommaso Rossano und geht mit dem Schritt eines Träumers. Als er vom Sinn unserer Reise erfährt, beschließt er, für seine Klassen Wanderungen entlang der Appia zu organisieren. Es ist doch verrückt, murmelt er, dass Leute aus dem Norden kommen und uns erklären müssen, wo wir wohnen. „Mein Großvater", erzählt er, „ging mit mir in die Berge in der Umgebung und erklärte mir, was die Steine bedeuteten. Er hat mir erklärt, dass unsere Geschichte abseits der großen Straßen liegt ... Nur in der Schule kann man die Liebe zur Landschaft entzünden. Geschichte und Landschaft sind der Kern des Tourismus, sie sind so eng miteinander verbunden, dass man sie nicht trennen kann. Was verbindet Geschichte und Geografie besser als die Straße?"

Der Herr Professor erzählt, dass der Club Alpino von Caserta in der Provinz schon seit einiger Zeit ein engmaschiges Wegenetz erstellt, und er zeigt uns eine Website – TransCasertana –, die Wege, Viehtriften und Saumpfade kartografiert. In diesem Gebiet kämpfen viele gegen Verwahrlosung und Gedächtnisschwund. Ich begreife, dass unsere Reise ein Weckruf ist.

Ein kaltschnäuzig serviertes Bier

„*Vaffanc* …“

Ein Kleinlaster mit vier Arbeitern überholt uns, daraus ertönt der italienische Fluch schlechthin. Lang, moduliert, in Fis-Dur. Und wir antworten mit einer fröhlichen „*Evviva*“-Salve. Wir wissen, der typisch italienische Ausruf ist nicht unbedingt eine Beleidigung. Der Fußgänger ist eine Anomalie, er erweckt Leidenschaften und ein Spektrum an Gefühlen zum Leben, das von Neugier bis Argwohn reicht. Ein dem Fußgänger zugerufenes *vaffa* ist somit schwierig zu deuten. Es bringt Überraschung angesichts des Unglaublichen zum Ausdruck, Mitleid mit jenen, die keine Reifen haben, den insgeheimen Neid des Pendlers auf alle, die Zeit haben. Aber auch Unsicherheit. Wer sind die da?, fragen sich die Leute: Herumirrende Einwanderer oder reiche Snobs, die eine exzentrische Idee hatten?

Marco murrt: „Ich stelle oft fest, dass Fußgänger feindselig behandelt werden. Als ich zu Fuß durch die Basilikata gegangen bin, bin ich oft beschimpft worden. Manche Autofahrer haben sogar das Fenster heruntergekurbelt, um mich zu beleidigen. ‚Geh lieber arbeiten‘, haben sie mir zugerufen. Dabei war das doch Arbeit … doch sie sahen nur das Vergnügen. Seit einem Jahr habe ich kein Auto mehr, und die Leute bieten mir immer wieder ein Auto an. Jeden Morgen lege ich vier Kilometer zurück, um Zeitungen zu kaufen, dabei empfinde ich ein Gefühl der Freiheit. Es ist wunderschön, und allmählich empfinde ich das Autofahren als ein Problem. Dabei lese ich die Zeitungen gar nicht mehr gern, vielleicht kaufe ich sie nur noch, um vier Kilometer zu Fuß gehen zu können.“

Im Agriturismo La Masseria in der Gemeinde San Marco Evangelista außerhalb von Maddaloni erhalten wir die Bestätigung, dass unser Gehen die Leute vor den Kopf stößt. Als sie an der Rezeption sehen, dass wir zu Fuß kommen, ziehen sie eine Schnute. Darauf waren sie nicht gefasst, wir haben es am Telefon auch nicht angekündigt. Sie begrüßen uns nicht einmal mit dem üblichen „Wer seid ihr, woher kommt ihr?“, sondern behandeln uns gleich wie arme Schlucker. „Hier könnt ihr die Rucksäcke nicht abstellen, hier essen die Leute zu Abend“, sagen sie und nehmen nur ungern unsere Dokumente entgegen. Wie auf einer Fähre im Tyrrhenischen Meer, wo jede Frage, sogar nach der Nummer der Kabine, als lästig empfunden wird.

Überall in Europa kommt das Auto aus der Mode, überall besinnt man sich auf die Natur und die Landschaft. Nur hier ist das Auto noch immer ein Prestigeobjekt. Wenn man nicht motorisiert ankommt, ist man entweder ein armer Schlucker oder ein Idiot. Wir tragen die Rucksäcke weg, ist schon recht. Die Zimmer sind noch nicht fertig, ist auch recht. Wir trinken derweil im Freien ein Bier, das uns ein mürrisch dreinblickender Kellner serviert, und kaum dürfen wir unsere Zimmer betreten und stehen unter der Dusche, klopft der Rezeptionist an die Tür, um uns um eine Vorauszahlung zu bitten. Man fürchtet offenbar, wir würden uns auf Französisch empfehlen.

Die Gastfreundlichkeit der braven Bauern in der Terra di Lavoro ist verschwunden. In der Luft liegt eine feindselige Arroganz, wie sie auch die Kellner im kommunistischen Jugoslawien an den Tag legten, Hirten und Krieger, die sich nur widerwillig zur Kultur der Dienstleistung hatten bekehren lassen. Marco hält die Angestellten im Agriturismo noch immer für Hirten. Cowboys, die zu dir sagen: Hau ab, du störst die Tiere.

Ganz anders beim Abendessen: freundliche Kellner, rascher Service, Pizzen und seltene gebratene Fische, wie zum Beweis, dass das Essen immer das Beste an den Italienern ist. Die Götter nehmen als schweigende Präsenzen neben uns als Tischgenossen Platz.

Mitternacht. Wir kehren in unsere Zimmer zurück. Draußen donnert es, Reifen quietschen auf dem Parkplatz, Pappelsamen wirbeln im Scheinwerferlicht der Autos.

Wie gut, dass wir unsere Straße haben. Ich klammere mich an sie wie an einen Rettungsring im stürmischen Meer. Meine Orientierungsparanoia sorgt dafür, dass ich sogar im Schlaf weiß, wo sie sich in Bezug auf das Bett befindet. Jetzt ist sie links hinter mir, auf acht Uhr. Die Appia lässt mich nie im Stich. Sie ist mein Kompass. Vor allem in solchen Nächten, voller Hundegebell, voller Lärm, voller Nichts.

Maddaloni

Am Morgen weckt uns festliches Glockenläuten, gefolgt von Böllerschüssen. Die ganze Appia bis zu den Kaudinischen Pässen kracht, klingelt, lärmt. Was ist los? Wir schauen auf den Kalender. Heute ist Muttertag, und die italienische Mama ist, wie man weiß, keine gewöhnliche Mama. Im Süden ist die Mama sogar noch außergewöhnlicher, denn im Süden ist das Göttliche weiblich und die Mama wird in jeder Hinsicht der Muttergottes gleichgesetzt. Das weltliche Fest ist religiös geworden. Es ist Sonntag, aber in Maddaloni sind alle Blumengeschäfte geöffnet und die Kirchentüren stehen weit offen, überall stehen Grüppchen von Männern, gebrechliche alte Mütterchen werden auf die Piazza getragen. Jesus ist an einem solchen Tag zweitranging, sogar der aufdringliche Padre Pio gerät ins Hintertreffen. Heute gibt es nur sie, ein Feuerwerk an Blumen und Schlagern wie beim Kinder-Songfestival.

Der unregelmäßige Rhythmus des Gehens ergibt sich nicht aus der Notwendigkeit, die Straße zu suchen, hier ist sie deutlich zu sehen. Er ergibt sich aufgrund der vielen kleinen Szenen am Straßenrand, die die Mitglieder der Truppe abwechselnd zum Innehalten zwingen. Alessandro schafft es nicht, alles zu filmen: Hin und wieder bleibt er sogar einen halben Kilometer zurück, und dann ist es, als würde sich ein unsichtbares Gummiband zwischen uns fast bis zum Zerreißen spannen. Unser Gehen auf der Appia wird von allen beobachtet, es bilden sich Schlangen und Grüppchen. Und es ist eine Wonne, einem kampanischen Bauern zuzusehen, wie er verblüfft zur Kenntnis nimmt, dass Menschen aus dem Norden kommen, nicht um zu erobern, zu richten, klug daherzureden, zu fordern, die eigene Moral durchzusetzen oder mit dem kalten Blick des Anthropologen zu beobachten, sondern um zuzuhören, zu sehen, zu teilen. Demütig zu Fuß. Marco behauptet sogar, dass seit dem Anthropologen Ernesto de Martino niemand mehr eine solche Reise durch den Süden, zu den Menschen, unternommen hat. Ich kann mir gar nicht vorstellen, in Bezug auf die Straße eine historische Leistung vollbracht zu haben. Doch ein hartnäckiger Zweifel beschleicht mich. Seit unserem Aufbruch habe ich keine Anzeichen entdeckt, dass jemand vor uns den Weg zurückgelegt hat.

Das Zentrum von Maddaloni ist dicht bevölkert. Überraschenderweise steht hier eine österreichisch anmutende Kirche mit Zwiebelturm, der aus der Schule des Vanvitelli stammt. Alles erinnert an Garibaldi: ein Gedenkstein, auf dem einen der Held der Beiden Welten anblickt wie durch ein Loch in der Mauer, das Lokal der Stadtkapelle, des Chors und des lokalen Radfahrclubs. Auf glänzenden Lava-Pflastersteinen aus dem 19. Jahrhundert verwandelt sich eine imposante Gruppe von Pensionisten in Sakko und Krawatte vor dem Pro-Loco-Vereinslokal in ein Empfangskomitee. Sie bemühen sich nach Kräften, uns den richtigen Weg zu weisen, doch jeder sagt etwas anderes. Wir kennen den Weg ganz genau, aber genau das ist das Schöne. Eben weil wir wissen, wohin wir gehen müssen, verstehen wir ihr Bemühen: Sie fürchten, dass wir uns zu sehr anstrengen, und wollen uns aus Sympathie auf Abkürzungen locken, die in die Irre führen.

Wenn es aber passiert

Montedecoro, Messercola. Santa Maria a Vico, Crisci. Entlang der letzten Dörfer in der Ebene verläuft die Straße in Richtung des astronomischen Ostens: eine horizontale Abfolge von Bildern, Orten, Wortfetzen. Stau, sonntägliche Kirchgänger, das Tal wird immer enger. Ave-Maria-Läuten. Ein Fußballmatch mit Einheimischen. Padre-Pio-Kindergarten. Spielhalle. Islamischer Kulturverein

Ennour. Ein Denkmal für die Einwanderer der Valle Caudina, dann noch ein Denkmal, das den Flickschustern und Tagelöhnern gewidmet ist, dann in Santa Maria a Vico wieder ein merkwürdiger, birnenförmiger Glockenturm.

Gut, dass die Füße wissen, was sie zu tun haben. Sie spüren die Straße unter dem Asphalt. Sie spüren, dass es unzählige Stellen mit abgesunkenen Pflastersteinen gibt. Sie sind überall. In Messercola auf dem Anwesen Zi' Michele. In Santa Maria a Vico unter dem ehemaligen Palazzo Palermo. In Acqua Vitale, bei Kilometer 233 der Appia Nuova. Doch da hebt die Straße ab und gewinnt im Wind an Höhe. Das Barometer zeigt 1022 Millibar, klare Luft nach einem Gewitter. Endlich tauchen wir auf. Wir atmen tief durch. Endlich sind wir dem anoxischen Bereich entkommen, vergleichbar einem Meer bei Flaute. Ein letztes Bier noch und ein einziger Wunsch: schneller zu gehen, dem Rhythmus der Schritte zu lauschen. Auch Alex, der für gewöhnlich der Letzte ist, weil ihm die Kamera Zusatzarbeit abverlangt, schließt auf. Jetzt schweift der Blick über bestellte Felder, Traktoren, Zypressenreihen, Menschen im Overall am Rande der Straße.

Ich würde gern aus der Perspektive einer Drohne unser Gehen von Dorf zu Dorf beobachten, das Trippeln des Quintetts entlang des einundvierzigsten Breitengrads zwischen dem Monte Taburno und dem Kamm des wilden Partenio-Massivs, mit dem Kegel des Vesuv in der Ferne und der Rampe, die im Osten zu den Kaudinischen Pässen hinaufführt, wo die Römer von den Samniten vernichtend geschlagen wurden. Und irgendwann erhebt der Blick sich tatsächlich, erreicht unglaubliche Höhen, erfasst mit einem Mal die Ebene mit den Gewächshäusern und Büffeln, die sich in Wald, Gebirge, Weizen- und Tabakfeld verwandelt; er erfasst die Metamorphose der Appia, die die uralten Viehtriften der Hirpiner, Daunier, Lukaner, Messapier kreuzt. Ich spüre, dass auch die Erzählung sich ändert, sie löst sich von Erklärungen, versinkt endgültig in der Landschaft und wird von der Zukunftsschau zur Retrospektive, beginnt den Fluss der Zeit zu durchdringen.

Der Hinterhalt bei den Kaudinischen Pässen durch die Samniten bevölkert die lokalen Legenden. Vor fünfzehn Jahren gab es im Apennin sogar ein Revival der Samniten ähnlich dem der Kelten in der Poebene. Wenn man heute Jugendliche aus der Gegend um Benevent fragt, als was sie sich fühlen, antworten sie nach wie vor wie aus der Pistole geschossen: „Als Samniten!" Und wenn man sie fragt: „Was habt ihr gemacht?", antworten sie feierlich im Chor: „Die Römer verdroschen!" Sogar der Name Hannibals wird gerne gehört, er taucht in den Namen von Orten auf, wo man ihn nie vermutet hätte. Von Albalonga bis hierher ist das Verhältnis der italischen Völker zur Kapitale von Feindseligkeit geprägt. Wir folgen einem Weg, auf dem eine zweitausendjährige Rechnung beglichen wird.

Mit dem Handbuch Lorenzo Quilicis in der Hand steigen wir zu dem Pass hinauf, wo die Römer in den Hinterhalt gelockt wurden. Die Anordnung der landwirtschaftlichen Betriebe zur Rechten und zur Linken, der Klöster und Kirchen ist ein Abbild der Anordnung der römischen Villen und Bauernhöfe. Es beschleicht uns der Verdacht, dass die Straße im Vergleich zum Land ringsherum wenig zu bieten hat. Wir gehen durch Wälder, an einem Fußballfeld, einem Feldweg und einem Bach entlang, der in ein Auffangbecken mündet, auf der sinnlosen Suche nach einer Stelle, die nicht einmal die Archäologen genau kennen. Die Männer von Gaius Pontius hatten sich an jenem schicksalsträchtigen Tag im Jahr 321 v. Chr. da oben auf den Berghöhen verschanzt, entschlossen zu kämpfen. Ihre Anführer und gewiss auch ihre Frauen hatten sie zum Kampf angestachelt, sie hatten zu ihnen gesagt, die Legionen erwarteten, dass „Blut floss und Fleisch zerfetzt wurde".

Die Schlucht, der Fluss und die Berge sind ein perfekter Resonanzraum, um Titus Livius' *Ab urbe condita* laut zu lesen. *In eum campum via alia per cava rupem Romani demisso agmine …* Nachdem die Römer mit dem ganzen Heer auf einer in den Fels gehauenen Straße zu der Lichtung hinabgestiegen waren, „wollten sie augenblicklich in die zweite Schlucht eindringen, mussten jedoch feststellen, dass sie von Baumstämmen und großen Felsblöcken versperrt war“. Auf den kurzen Augenblick der Verwirrung folgte nicht nur eine Niederlage, sondern vor allem Schmach. Die Konsuln und Soldaten mussten halbnackt durch ein von Speeren gebildetes Joch gehen, „zwischen den bewaffneten Feinden, die sie beschimpften und verhöhnten“, dann kehrten sie schmachvoll nach Rom zurück.

Ich habe gelernt, dass Bücher nicht reichen, um die Vergangenheit heraufzubeschwören, es braucht auch die Suggestion des Ortes. Auf den Kaudinischen Pässen steht die Zeit auf beinahe unerträgliche Weise still. Dreiundzwanzig Jahrhunderte sind nur ein Windhauch. Im Dorf Arpaia, am Ende des Anstiegs, stehen Seite an Seite ein Denkmal für die Gefallenen des Ersten Weltkriegs und ein Stein zum Gedenken an das vom samnitischen Sieger auferlegte „Joch“, und dazwischen der Eingang des Heimatvereins, wie um uns zu sagen, dass der Mythos zählt und nicht die Geschichte und dass die Zeit beim Mythos nicht zählt. Auf der anderen Seite der Straße, bei Nummer 156, schmücken zwei wunderbare, fast unversehrte Meilensteine den Innenhof einer Anwaltskanzlei, als ob ein Maurertrupp sie gerade eben hingebracht und einzementiert hätte.

Wartung der Füße

Starker Wind auf der geraden Linie in Richtung Montesarchio, dem antiken Caudium. Es ist an der Zeit, eine Rast im Gras zu machen. Irenes Füße schmerzen noch immer, sie beißt schon seit einer Weile die Zähne zusammen. Jetzt willigt sie ein, sich verarzten zu lassen. Doch schließlich ziehen wir alle unsere Schuhe aus. Der Mittag liegt hinter uns, der Körper verlangt seine Rechte. Wir liegen auf dem Feld, die religiöse Stille der Körperpflege senkt sich auf uns.

Die Füße haben ihren eigenen Dekalog. Erstes Gebot: Ehre sie ohne Unterlass. Sie tragen den ganzen Körper, ohne sie würde man nicht die Welt sehen. Zweites Gebot, hör ihnen zu: Obwohl sie nichts sehen und in Schuhen eingesperrt sind, senden sie eine Unmenge an Informationen. Sie wissen, wo die Straße ist, nicht der Kopf weiß es. Drittens, pflege sie. Sobald eine Stelle auch nur ganz leicht brennt – das erste Anzeichen einer Blase – klebe ein Pflaster darauf. Viertens: Wasche und erfrische sie bei jedem Bach. Du brauchst nichts anderes, weder Cremen, noch Wundersalben. Fünftens: Widme dich ihnen jeden Abend nach dem Gehen, damit sie am nächsten Tag nicht leiden. Sechstens: Kauf dir gute Schuhe, möglichst aus Leder. Ideal wären Sandalen, außer bei Dornbüschen. Siebtes, achtes Gebot usw.

Im Schatten eines Kastanienbaumes, mitten im grünen Samnium, sagt Riccardo seinen Dekalog auf. Seit Tagen beobachte ich, wie er am Abend seine hoch erprobten Füße pflegt. Er wendet gut zwanzig Minuten dafür auf. Als Wanderer hat er eine riesige Erfahrung: alle italienischen Küsten, die Alpen, der Apennin, Skandinavien von Göteborg zum Nordkap und andere franziskanische Routen. Die letzte und originellste Reise hat er mit seiner Lebensgefährtin Anna Ratello unternommen und in einem Buch (PasParTu, Edizioni dei Cammini) beschrieben: eine Italiendurchquerung, wobei die Route Tag für Tag davon bestimmt wurde, wer ihnen Essen, ein Bett, Zeit und Gespräche bot. Ein schöner Ansatz, um ein Netzwerk der Besten Italiens zu erstellen.

Beim Gehen hinterlässt Riccardo keinen besonderen Eindruck. Er geht methodisch und ruhig vor sich hin. Er hat keine beeindruckenden Sprunggelenke. Weil er sich bei einem Fahrradunfall den Oberschenkelknochen gebrochen hat, hat er noch immer Knieprobleme. Doch er geht unaufhaltsam, ruhig, unbeeindruckt von Hindernissen. Er weiß – und ich würde sagen, er ist sogar stolz darauf –, dass er den Ariadnefaden der Reise in der Tasche hat. Er ist von uns allen am Leichtesten, und auch sein Rucksack ist der Leichteste. Alles an ihm ist das Ergebnis einer obsessiven Suche nach Leichtigkeit. Schuhe wie Federn (offenbar sind hundert Gramm weniger an den Füßen wie ein halbes Kilo weniger auf den Schultern), Titanbesteck, das vom Wind fast weggeweht wird, eine winzige Klappschere, mit der er umgeht wie mit einem Amulett, so wenig Wechselwäsche wie nur möglich. Und kein Wasser in der Flasche: Getrunken wird nur, wenn Gott will.

Lange Schatten in Caudium

Die mittelalterliche Festung Montesarchio, das antike Caudium, erhebt sich in der kaudinischen Ebene zwischen den Bergen, endlich haben wir Blick auf das Ganze. Nicht nur auf die Appia, sondern auf das komplexe Gewirr der Höhenlinien der Halbinsel, ein Labyrinth, das keine Autobahn je wird zähmen können. Während die gerade Linie im Gegenlicht funkelt wie geschmolzene Bronze, zählt uns Marianna Franco, eine leidenschaftliche Archäologin vom römischen Denkmalamt, die archäologischen Stätten auf, die aufgrund fehlender Mittel fast alle wieder versunken sind: originales Pflaster von Maddaloni bis Arpaia. Eine riesige Villa am Fuße des Monte Taburno, teilweise von einem Friedhof bedeckt. Und außerdem Tavernen, die Bauernhöfe geworden sind, *mansiones*, an denen der Zahn der Zeit nagt. Die abenteuerliche Reise dringt endlich in Terra incognita vor.

Hundert Meter von der Festung entfernt, auf einem steilen Hang über der Ebene ein finsterer Turm, in dem sich einst ein bourbonisches Gefängnis befand. Ein freundlicher Wächter führt uns in ein zugiges, finsteres Labyrinth von fensterlosen Zellen; Türangeln und Riegel knirschen, die Fenster „blicken" auf einen Platz in der Mitte, der von einer Kuppel überdacht wird wie das Agamemnon-Grab in Mykene. Die berühmte griechische Vase mit dem Raub Europas darauf ist offenbar hier gefunden und von Unbekannten gestohlen worden, dann ist sie Paul Getty in die Hände gefallen, der sie dem rechtmäßigen Eigentümer zurückerstattet hat.

In einer der Zellen saß der Patriot und Risorgimento-Held Carlo Poerio, „der hier unter schrecklichen Qualen von der Zukunft Italiens träumte". Aber all das ist in Vergessenheit geraten. Der Turm hat sich der Zeit angepasst, er prostituiert sich als Abschussrampe für Drohnen und Hintergrund für Hochzeitsfotos.

Als am Abend die Schatten länger werden, stößt Giuliana Tocco Sciarelli zu uns, die ehemalige Chefin des Denkmalamts von Kampanien und Apulien, die dafür gesorgt hat, dass die Appia zur Gänze unter Denkmalschutz gestellt wurde. Seit der Abreise, seit der Begegnung mit Rita Paris in Rom, aber vor allem seit Capua Vetere wechseln die Hohepriesterinnen der Steine einander ab, beobachten uns wohlwollend und lassen uns an ihrem Wissen teilhaben, ohne uns als Eindringlinge zu empfinden. „Die Straße wurde umso länger, je größer und bedeutender Rom wurde", erklärt uns Giuliana. „Ab Benevent steht sie für den endgültigen Sieg über die Samniten und schließlich die Ausdehnung der Republik in den Mittelmeerraum."

Ich frage mich, was von dieser Ausdehnung übergeblieben ist. Wenig oder nichts. Hier scheint nicht nur Rom, sondern sogar Neapel eine andere Welt zu sein. Warum fühlen wir uns so weit entfernt von allem, während wir doch im Zentrum von allem sind, im Herzen des *mare nostrum*? Hat der Norden den Süden von sich weggeschoben, oder hat der Süden sich vom Rest der Halbinsel entfernt? Ich spüre, dass unsere Reise die Frage des Südens aus einem neuen Blickwinkel stellt, einen Kontakt und eine Verbindung wiederherstellt, wie sie kein Hochgeschwindigkeitszug, keine Autobahn herstellen können. Wir überfliegen nicht das Gebiet, wir dringen in es ein. Wir horchen uns geduldig die Argumente der hier beheimateten Völker an, ohne ihnen die Ausflucht des Selbstmitleids zu gewähren.

Ein Fenster auf die Zeit

Als wir mit TV-Kamera und Notizblock im Archäologischen Museum in der Festung Montesarchio ankommen, erwachen die Wächter, die schon Feierabend machen wollten, aus ihrer Lethargie. Es ergibt sich eine komische Situation. Eine Angestellte vollbringt das typisch kampanische Kunststück, den Ärger über die Störung in eine vehemente Verteidigung von Regeln zu verwandeln, die nur in ihrem Kopf existieren.

„Mit dem Mikrofon dürfen Sie hier nicht hinein", sagt sie mit ärgerlicher Stimme zu Alex. Und als der Regisseur sie fragt, wo das Verbot geschrieben steht, antwortet sie: „Keine Ahnung, aber irgendwo steht es."

Giuliana Tocco Sciarelli begleitet uns, beziehungsweise die Person, die dafür gesorgt hat, dass das Museum von oben bis unten renoviert wurde, aber da die Wächterin sie hartnäckig nicht erkennt und sich gegen unseren nicht angekündigten Überfall wehrt, beschließt die ehemalige Chefin des Denkmalamts, sich zu erkennen zu geben. Die Angestellte begreift, dass sie sich in eine Sackgasse manövriert hat, und findet einen Ausweg, indem sie noch ein Meisterwerk vollbringt.

Wie angesichts der Lieben Frau vom Rosenkranz in Pompeji wechselt sie augenblicklich von Feindseligkeit zu Bewunderung. „Professoreeeeeessa Toooooochoo", brüllt sie beinahe wie in einem Melodram, „ich freue mich so, Sie wiederzusehen, ich habe ja so oft Dokumente unterschrieben, die Sie geschickt haben, Sie werden doch verstehen, dass ich diesen unangekündigten Besuch nicht billigen konnte", blablaba.

Das wunderbare Intermezzo stimmt uns auf die Wunder ein, die nun folgen. Das Museum ist ein wahres Schatzkästchen. Es zerstört das Bild der Samniten als kriegerische Bauern, wie man es uns in der Schule beigebracht hat, und ersetzt es durch das Bild einer großen, hochentwickelten Kultur. Die hellenischen Gefäße mit den roten Figuren darauf, die man hier gefunden hat und die in halbdunklen Nischen – Fenstern zur Vergangenheit – sorgfältig beleuchtet ausgestellt werden, zeigen eine Welt, für die das Göttliche etwas außergewöhnlich Einfaches und Freudiges war. In den Kratern – Gefäßen – mischten die Samniten der Antike Wasser und Wein, das war wohl die Grundlage ihrer Gastfreundschaft.

Aber vor allem auf den Urnen gehen das Fest und der bacchantische Genuss Hand in Hand mit den Göttern und den zinnoberroten Helden auf schwarzem Grund. Nicht einmal in den Museen in London und in Berlin habe ich Derartiges gesehen. Die Samniten müssen wirklich ein großartiges Volk gewesen sein. Aber wenn das alles stimmt, wenn es wahr ist, dass – wie Cicero schrieb – der Vater des Siegers bei den Kaudinischen Pässen mit Platon und Archytas aus Tarent über Philosophie diskutieren konnte, dann kann die römische Herrschaft nicht daran schuld sein, dass dieses Land von Gebirgsbewohnern sich aufgegeben hat und Anonymität und Marginalität anheimgefallen ist.

Es wird Nacht. Wer weiß, wo Cocceius' Villa ist, fragen wir uns, während wir im Licht eines safrangelben Mondes ein Wirtshaus suchen und die Zwergohreule im dichten Laub der Linden überirdisch piept. Wir wissen, dass die lustige Truppe Horaz, Vergil und Mäzenas in Caudium einen Stopp eingelegt und ein unvergessliches Fest gefeiert hat, das von einem Kampf des Messius Gacker mit dem Gecken Sarmentus gekrönt wurde. *Hinc nos Coccei recipit plenissima villa, quae super est Caudi cauponas.* Dann nahm wirtlich uns auf Cocceius' gesegnetes Landgut, über den Schenken gelegen von Caudium. Caudium war eine Stadt voller Villen und Wirtshäuser, und die Erinnerung an das lateinische Gastmahl scheint nur dazu da zu sein, unseren Appetit zu steigern. Horaz weist uns schließlich den richtigen Weg.

Im Hintergrund einer kalten und klaren Bergnacht, einer apenninischen Nacht, während über Capua noch ein oranger Schein zu sehen ist, tauchen vor den Toren der Stadt ein Licht und ein Schild auf, und hinter dem Schild mit dem verführerischen Namen Basilico ein samnitisches Abendessen, wie es sich gehört. Eine dunkelhaarige und strenge Kellnerin mit dem Blick eines Wolfs serviert uns Leckerbissen – frittierte Moschuskraken in Folie, Kartoffelkroketten, Pizza fritta, Taurasi-Wein und mehr –, inmitten der schweigenden Hirpiner eilt sie zwischen Küche und unserem Tisch hin und her, während draußen die letzten Böller zu Ehren der Mütter krachen.

Ranunkeln und wilder Knoblauch

Zwölfte Etappe, Luftdruck 1025 Millibar, Sonnenschein und Bergluft. Irene hat einen Blumenstrauß gepflückt und ihn an ihren Rucksack gebunden. Zarte blaue Flachsblumen, eine im Windhauch zitternde rote Mohnblume, das Köpfchen eines Löwenzahns, eine Duftwicke wie eine zyklamfarbene Orchidee. Bei genauerem Hinsehen ist auch das Nachtblau des Immergrüns dabei, das Schneeweiß der wilden Möhre, die die Form eines Schirms hat, und das leuchtende Violett einer Knoblauchblüte, wie der finale Knall eines Feuerwerks.

Auf den folgenden Etappen wird das Sträußchen sich entsprechend den jeweils blühenden Blumen Tag für Tag erneuern: eine wunderbare botanische Synthese des Wegs und der fortschreitenden Jahreszeit. Wir werden auf Irenes Rucksack auch noch die silbrig violette Ähre des Salbeis sehen, das gelbe Schwert des Ginsters, die rosa Quaste des Klees, das goldgelbe Köpfchen der Ranunkel und die violette Ähre der Traubenhyazinthe. Die einzige Frau des Trupps geht ruhig vor sich hin und feiert den Frühling. Bei jedem Schritt verströmt sie Ruhe.

Die Appia ist jetzt nicht mehr geradlinig, sondern folgt älteren Wegen, weit entfernt von Menschenmassen schlängelt sie sich um den Fluss Corvo und die Bahnstrecke Neapel–Benevent, bohrt sich ein wenig zögerlich in die von Bauernhöfen übersäte alte Region der Samniten. Auf den IGM-Karten befinden sich unzählige Anwesen: ein Hinweis darauf, dass die Region in Hinblick auf Ernährung einst autonom war. Ich lese geheimnisvolle Toponyme: Maccabei, Confini, San Leucio. Griechische, jüdische, langobardische Anklänge. Beltiglio, Ripabianca, Squillani. Bourbonische Pflastersteine, mehr recht als schlecht von Asphalt bedeckt, Brennnesseln, Leitplanken, über die wir klettern müssen. Auf dem brachliegenden Land wimmelt es von essbaren Pflanzen: Traubenhyazinthen, Spargel, Hopfenknospen, Kaktusfeigen, Taubenkropf-Leimkräuter, wilder Fenchel, wilde Feigen. Wenn ich das Menü ergänzen und Holunder- und Akazienblüten im Teig braten und vielleicht auch noch eine Handvoll Kirschen stehlen könnte, bräuchte ich keinen Proviant.

Unser Gehen gestaltet sich nun einfacher: Auf den asphaltierten Strecken, wo die Appia Antica mit der Appia Nuova übereinstimmt, werden wir von den Autofahrern respektvoller behandelt. Wir gehen aufrecht, gutgelaunt, fröhlich. Auch der Panzer Alex ist nun leichtfüßig unterwegs, und abgesehen von dem unverwüstlichen Riccardo ist er der Einzige, der keine Blasen hat. Wind, *vento*, Benevent. Die Römer haben gut daran getan, die Stadt nach dem Sieg über Pyrrhus von Maleventum in Beneventum umzubenennen. Wäldchen mit krummen, sich aufplusternden Akazien. Am Himmel ziehen Wolken, die so weit auseinanderliegen wie Inseln. Gut zwanzig amerikanische und russische Satelliten behalten uns im Auge und weisen uns darauf hin, dass wir genau auf halbem Weg zwischen Rom und Brindisi sind.

Zuerst grüßt man

Es ist die Etappe der großen eingestürzten Brücken. Brücken sind die ersten Opfer des Kriegs. Zwischen Montesarchio und Benevent haben die Deutschen auf dem Rückzug 1943 einige gesprengt, unter anderem drei römische, alle auf der Via Appia. Sie hießen Tufara, Apollosa und Corvo und standen seit zweitausend Jahren da. Ihre edlen Überreste wären noch zu sehen, wenn da nicht so viel Schilf und Gestrüpp wäre. Es wäre einfach, sie instand zu setzen, doch auch hier haben die Menschen offenbar vergessen, dass sich unter diesen wunderbaren Bögen die lokalen Götter verbergen. Die heutigen Samniten sind sich nicht bewusst, dass sie in einem Arkadien wohnen, das vielleicht sogar noch schöner als das der Griechen war, und kümmern sich nicht um die Pflege der alten Steine. Die Bosnier haben keinen Augenblick gezögert, die alte Brücke von Mostar im ursprünglichen Zustand wiederherzustellen. Hier denkt niemand an Restaurierung. Der Asphalt verbirgt sorgfältig jede Spur der alten Straße.

Um das römische Pflaster der großartigen Apollosa-Brücke zu sehen, muss man durch einen Wald von Erlen und Robinien, Schilf und kleinen, von friedlichen Nattern bevölkerten Tümpeln ins Bett des Flusses Corvo hinuntersteigen. Über die Böschung bis hinunter zu den Ufern mit den weißen Kieseln fließt über zehn Meter eine Kaskade von Pflanzen, doch sie bedecken nicht den Sockel der Brückenpfeiler. Eine Oase der Stille, die man nur widerwillig verlässt. Zum Teufel mit dem Zeitplan. Wir würden gern etwas essen und ein Fußbad nehmen. Ein Stück hinter der Brücke weisen ein Weiler mit alten Häusern und der – hundertprozentig römische – Ortsname Taverna drauf hin, dass die Appia Vecchia und die Appia Nuova hier ein weiteres Mal ineinander übergehen.

Die Tür einer interessanten, baufälligen kleinen Kirche steht offen, ich beuge mich hinein, doch ein Alter schreit mich an: „Verschwinden Sie, das ist mein Eigentum!“ Ich antworte umgehend: „Erstens sagt man Guten Tag. Zweitens ist hier überhaupt kein Schild. Drittens kümmern Sie sich schlecht um die Kirche, falls sie wirklich Ihnen gehört“. Der Einheimische, der uns eindeutig für herumirrende illegale Einwanderer gehalten hat, wird darauf etwas freundlicher und rechtfertigt sich: „Die Region gibt mir kein Geld für die Renovierung.“ Ein Fußmarsch ist ein wunderbarer Sensor für den Charakter der Menschen.

In einem kleinen Laden gleich dahinter, der Getränke, Eis und Tabak verkauft, rettet eine Verkäuferin, die sich für uns vierteilt, die Ehre des Benevent. Sie bringt Stühle, damit wir im Freien, im Schatten des Hauses, sitzen können, und ein Tablett mit Bierflaschen.

Das ist bereits griechische Gastfreundschaft, weißes Tischtuch, Blick aufs Meer und eine Karaffe eiskalter Ouzo. Drinnen ist die Zeit in den Fünfzigerjahren stehengblieben. Auf einer Konsole liegen ein Leitfaden mit Anleitungen, wie man mithilfe von Träumen die richtigen Lottozahlen erraten kann, und eine Sammlung von Fürbitten an diverse lokale Heilige. Das Rauschen des Flusses und der vorbeifahrenden Littorina-Eisenbahn machen den Genuss des Aufenthalts perfekt. Wunderbare Stille. Mir fallen zwei Verse aus Robert Louis Stevensons *Songs of Travel* ein: *Home no more home to me, whither must I wander? / Hunger my driver, I go where I must.* Sobald ich mich wieder in Bewegung setze, erzeugen die Schritte auch die richtige Musik, damit ich sie singen kann.

Benevent – wer erinnert sich daran? – stand unter päpstlicher Oberhoheit und war somit eine Insel relativer Toleranz inmitten der bourbonischen Repression. An der Grenze zum Königreich Neapel steht ein Turm namens „Epitaph“, er erinnert an den vor den Toren Fondis; etwas weiter weg befinden sich ein Haus und ein Garten mit Bohnenbeeten, ein Herr grüßt uns freundlich und fragt uns, wohin wir gehen. Auf dem gutbestellten Boden ein Schild, auf dem steht: A TOCCÁ SO SEMPRE I STESSI, A TIRÁ SO SEMPRE I FESSI. Es herrschen immer dieselben, es schuften immer die Trottel.

„Greift zu, Signora, nur keine falsche Scheu“, sagt er zu Irene und reicht ihr eine Handvoll Bohnen.

„Vielen Dank. Was seid Ihr von Beruf?“, antwortet Irene, die automatisch die Anrede „Euch“ übernommen hat.

„Ich war vierzig Jahre lang Fernfahrer.“

„Ach! Wie Ihr seht, gehen wir zu Fuß.“

„Woher kommt Ihr?“

Aus Rom.

Homerisches Lachen.

Wir fragen: Was bedeutet die Appia für Sie?

„Pferde! Hier in diesem gelben Haus war eine Taverne mit Stall für den Pferdewechsel. Schon die Römer haben hier Rast gemacht."

Wir haben es mit einer transparenten Form der mündlichen Überlieferung zu tun, beziehungsweise mit einer seit zweitausend Jahren intakten Funktion – Poststation mit Pferdewechsel.

Der Herr der Bohnen würde sich gern noch länger mit uns unterhalten, doch seine Tochter ruft ihn streng, das Mittagessen sei fertig. Er zögert, möchte noch ein paar Worte wechseln, doch nach einer Minute kommt die Matriarchin heraus. „Alfredo! Rein mit dir! Der Tisch ist gedeckt."

Alfredo geht achselzuckend hinein, doch zuerst wünscht er uns noch eine gute Reise.

Benevent erwartet uns, der Name passt perfekt zu den sanften Hügeln, dem kühlen Sonnenlicht und den dahineilenden Wolken an einem spektakulär schönen Tag. Der Weg in die Stadt führt bergauf und bergab, die Appia verlässt die befahrene Straße und verläuft nach unten links, hinter der Eisenbahnstrecke ist die Straße zum Glück abgesperrt. Der Sonnenuntergang zeichnet lange Schatten auf die Weizenfelder, ein schwarzes, galoppierendes Pferd, krähende Hähne und in der Ferne der Schatten des Monte Taburno, der einem Schlafenden gleicht. Kleine Villen mit Kletterrosen und Wacholderbüschen, die Reste eines Mausoleums, das von vertrockneten Blumen gekrönt wird, und ein vergessenes Kruzifix. Ich spüre das Glück des Reisens, wenn man täglich die Koffer aus- und einpackt. Nach einer spielerisch leichten Etappe wie dieser kann ich die Gedanken mühelos ordnen, und die Kartografie des Geistes verzweigt sich wie ein Baobab, der die ganze Welt bedeckt. Was für eine Befreiung, nach dem Kuddelmuddel rund um Caserta.

Dann gehen wir auf dem Ponte Leproso über den Sabato-Fluss, eine Eselsbogenbrücke, die erfreulicherweise Fußgängern vorbehalten ist: bourbonische Bögen auf kräftigen römischen Quadersteinen. „Calatrava würde das nicht schaffen", feixt der zynische Ciriello. Wir befinden uns an der großen Weggabelung.

Das Gerüst am Trajansbogen heult im Wind. Windböen zerren an den Planen, sie knattern wie Klüversegel bei einer Halse. In dem wunderbaren marmornen Bauwerk spukt es offenbar, die ganze Provinz Benevent scheint uns den Sinn ihres Namens offenbaren zu wollen. Aufs Neue führt uns eine Frau, die Archäologin Luigina Tomay, die von ihren Kollegen von uns erfahren hat, zu den Wundern der Vergangenheit. Kaum haben wir die Rucksäcke abgestellt, sind wir schon mit ihr oben, in einem Labyrinth von Leitern und Dalmine-Rohren, und sehen einen römischen Triumphbogen aus so großer Nähe wie noch nie zuvor. Wir dachten, der Denkmalschutz würde ihn für uns unerreichbar machen, doch nun stehen wir im senffarbenen Licht des Sonnenuntergangs Auge in Auge mit Priestern, Tribunen und Legionären,

„Was die Funde aus der Römerzeit anbelangt, ist dieser Triumphbogen nur die Spitze des Eisbergs“, erklärt unser Guide. „Der Großteil ist verborgen und wurde in anderen Gebäuden weiterverwendet. Ihr werdet sehen, in der Via San Filippo besteht eine mittelalterliche Fassade fast ausschließlich aus zufällig zusammengewürfelten römischen Resten.“ Zu Zeiten des Römerreichs war Benevent das Herz Italiens, die samnitische Bevölkerung auf Augenhöhe mit Rom. Dieser Triumphbogen würde reichen, um Roms Bedeutung zu verstehen. Der Marmor ist von weit, vielleicht von der Insel Paros, hierher transportiert worden, und die Bilder auf dem Fries sind beeindruckend plastisch. Ein Stier beugt den Hals und ein Mann mit nacktem Oberkörper ersticht ihn mit dem Messer, während andere das Tier festhalten. Das Volk mit den Kindern im Arm, die Alimentation bedürftiger Kinder. Der endlose Triumphzug Trajans, des „optimus princeps“, nach dem Sieg über die Provinz Dakien. Man hört nahezu die Trommeln.

Luigina Tomay ist eine harte und zähe Frau. Wenn man nicht hart und zäh ist, wird man in dieser Gegend nicht respektiert, vor allem nicht, wenn man Archäologin ist und die Nase in alle Bauarbeiten steckt. Sie führt uns in einen nicht weit entfernten Langobardentempel, wo eine weitere beeindruckende Frau, Carmen De Luca, das Museum des Trajansbogens leitet. Hier sind wir endlich vor dem Wind geschützt und Luigina erzählt, was ihr auf dem Herzen liegt: die sehr begründete Angst vor einem Sinneswandel, der bewirken könnte, dass der Apennin kulturell völlig ausgetrocknet wird. „Ein archäologisches Museum ist keine Pinakothek", sagt Luigina entschieden. „Man kann die archäologischen Funde nicht dem Business zuliebe aus dem Boden holen. Unser Reichtum besteht im Detail. Schaut euch die Lager mit den antiken Funden in Montesarchio an: Material für fünfzig Museen. Ein ungeheurer Reichtum, der erst aufgearbeitet werden muss. Ich will die Logik des Zentralismus nicht akzeptieren, die zu einer Verarmung der weniger bedeutenden Teile Italiens führt."

Der Trajansbogen in Benevent zwingt uns zu einer Entscheidung. Die Marmorbastion steht am Anfang der Appia Nummer zwei, Appia Traiana genannt, die kürzer ist und entlang der Küste nach Brindisi führt, während die ursprüngliche Appia durch die Berge der Irpinia und der Basilikata verläuft. Eigentlich spräche alles für die neuere Straße: der besser sichtbare Straßenverlauf, die wunderbar erhaltenen Meilensteine, die Denkmäler, die Angaben von Lorenzo Quilici. Doch wir suchen nicht die einfache Lösung. Wir wollen die Nummer Eins finden, auch wenn sie nur noch eine Linie im Weizenfeld oder reine Hypothese ist. In einer Bar im Freien prosten wir auf die gerade Linie, die nicht vom Weg abweicht, die Samniten mit ihren bronzenen Profilen promenieren derweil auf dem Decumanus, das Pflaster glüht im Gegenlicht und das letzte Licht der Sonne zeichnet lange Schatten wie in den weißen Nächten im hohen Norden. Vor den schon dunklen Häusern wirbeln die Pappelpollen im letzten Licht, ein funkelnder Schneefall außerhalb der Saison.

Aglaia McClintock – wieder eine Frau – ist ein hybrides Wesen: römische Kompetenz, griechischer Vorname, keltischer Nachname und neapolitanische Leidenschaft. Als Tochter einer italienischen Mythologin und eines schottischen Archäologen ist sie erblich vorbelastet, sie verwandelt das Abendessen bei Nunzia – einem traditionellen beneventischen Lokal – in eine *disputatio* über den Sinn der Dominante. Beim Gehen über die Große Straße haben mich Zweifel beschlichen, die am Abend, bei einer Flasche Aglianico, ans Tageslicht treten wie ein Lavastrom. Aglaia ist Dozentin für römisches Recht an der Università del Sannio. Ich habe sie vor Kurzem in Neapel kennengelernt, in ihrem Haus in Posillipo steil über dem Meer, an einem sehr sonnigen Vormittag, als die Tramontana wehte und unterhalb ihrer Terrasse die Brecher an Land schlugen. Ihre Leidenschaft für die Antike war mir sofort sympathisch.

Ein Zweifel quält mich seit Beginn der Reise. Wenn Romulus Remus nur deshalb getötet hat, weil dieser über die noch niedrige Mauer der eben gegründeten Stadt sprang, dann beruht die Gründung Roms auf einem Brudermord. Mit welchem Recht darf Rom sich dann rühmen, eine Zivilisation des Rechts begründet zu haben? Und was bedeutet die von Romulus gezogene Furche? Nur die Grenze der Stadt oder noch etwas anderes? Die Linie, die Furche, das Recht, die Straße. Um die Reise fortsetzen zu können, muss ich diesen Knoten lösen, der unser Gehen behindert.

„Genau darum geht es", antwortet Aglaia, „Rom entsteht aufgrund seiner Grenzen. Wer drinnen ist, ist Bürger, wer draußen ist, nicht. Remus macht sich über die von seinem Bruder begründete Macht lustig und überschreitet die Linie, die festlegt, wer drinnen und wer draußen ist. Romulus setzt eine Norm, eine Regel, das Recht ist für alle gleich, und selbst die Strafe muss für alle gleich ausfallen, sonst würde man amoralische Vetternwirtschaft erzeugen. Wenn Romulus Remus nicht getötet hätte, hätte er nicht die *civitas* gründen können. Durch den Mord schafft er hingegen die

Grundlage für eine souveräne zentrale Macht. Das Recht darf nicht mit einer Ausnahme beginnen! Der römische Gründungsmythos führt auf drastische Weise vor, was es bedeutet, dem Gesetz zu gehorchen. Er macht klar, wie das korrekte Verhalten angesichts vieler Alternativen zu sein hat."

Eine windige Nacht in Benevent. Die Böen dringen in die Gassen ein, heulen in den Rauchfängen, pfeifen in den Fensterspalten. Die Frau mit dem Namen einer der drei Grazien verteidigt hartnäckig ihren Standpunkt. Ihre italienische Gestik steht in keinem Widerspruch zum Aussehen einer Tochter des schottischen Heidelands. Geduldig öffnet sie mir die Tore der Antike.

„Es gibt immer einen guten Grund, aus Rücksicht auf die Familie oder auf die Gefühle, das Gesetz zu umgehen. Die Geschichte wiederholt sich, als Brutus, der erste legendäre Konsul, der den letzten etruskischen König verjagt hat, seine Söhne hinrichten lässt, weil sie sich gegen die noch junge Republik verschworen haben. Wir wissen aber auch, dass ein anderer Brutus seinen väterlichen Freund umbringt, weil er glaubt, er sei ein Tyrann geworden und bewege sich außerhalb der Legalität."

„Diese Geschichte überzeugt mich nicht. Auch die Bibel beginnt mit einem Brudermord, Kain bringt Abel um. Warum ist Kain auf immer und ewig verdammt, während Romulus die Gunst der Götter gewinnt?"

„Die Erzählung von Kain und Abel hat einen ganz anderen Hintergrund. Romulus und Remus stehen vor dem Gesetz. Kain und Abel haben es mit dem Transzendenten zu tun. Romulus wendet das Gesetz an, das auf Blutsbande keine Rücksicht nehmen darf. Kain ist ein Mörder."

Inzwischen hat die Wirtin Nunzia eine Schüssel *Troccoli allo scarpariello* auf den Tisch gestellt, Spaghetti mit quadratischem Querschnitt, mit einem Sugo aus Tomaten, Basilikum, Käse und Peperoncini.

Jetzt bin ich dran. „Mein Vorurteil ist stärker als ich und stärker als deine Argumente. Beim Kampf zwischen Nomaden und

Sesshaften bin ich auf der Seite der Ersteren, auch wenn in beiden Fällen – der Bibel und dem Gründungsmythos von Rom – derjenige unterliegt, der den Bauern und den, der die Furche gezogen hat, herausfordert. Ich verabscheue den, der die Linie zieht: Er ist ein Vorläufer des Enclosure Movement, aufgrund dessen die Völker im Industriezeitalter verarmt sind. Die Bibel gibt mir recht: sie behauptet das Vorrecht des Hirten. Rom hingegen lobt den, der Grenzen zieht. Ich bin immer auf der Seite der Bibel, auf der Seite von Moses und Abraham."

„Du darfst das römische Recht nicht allzu negativ sehen. Ich gebe dir recht, dass einige Konzepte vielleicht nicht mehr zeitgemäß sind. Doch das Recht, das die Römer geschaffen haben, sperrt einen nicht in einem Gehege ein, sondern es öffnet Straßen, die davor nicht begangen wurden. Ohne Regeln ist ein Leben in der Gemeinschaft nicht möglich, jeder würde machen, was er will, und immer eine Rechtfertigung für sein Tun finden. Zum Beispiel: Ich habe jemanden umgebracht, weil der andere böse war, weil er es verdient hat, weil er mich betrogen oder beleidigt hat oder weil er ein Ausländer ist. Das römische Recht hat den Frauen eine in der Antike einzigartige Autonomie und Selbstbestimmung verliehen. Die Gesellschaft ist zwar patriarchal, aber viel weniger chauvinistisch als die griechische. Sie gestattet die Integration der Plebejer in das politische System, die Inklusion der Verbündeten usw."

„Einverstanden, ich habe begriffen. Aber wenn ich keine Linien überschritten hätte und über Zäune geklettert wäre, hätte ich die Appia nicht wiedergefunden. Ich habe sie überschritten wie einst Remus. Ich bin auf der Seite von Remus. Was für ein Unterschied besteht zwischen den illegalen Zäunen, die man überall auf der alten Straße findet, und Romulus' Furche? Eine göttliche Genehmigung?"

„Ich sage ja nicht, dass alles perfekt ist. Doch das Gesetz ist ein Hebel, der es sogar dem Schwächsten erlaubt, sich Geltung zu verschaffen. Sonst würde das Gesetz des Stärkeren gelten, es gäbe nur Diebstahl und Raub."

Nunzia, die Herrin des Feuers, unterbricht unser Gespräch und setzt sich voll Autorität an unseren Tisch. Sie hat die Rucksäcke gesehen und fragt uns, ob wir über den Frankenweg gehen. Aus ihren graublauen Augen blickt sie uns mit dem herrischen Lächeln einer großen apenninischen Mutter an. „Nein, Signora, wir gehen über die Appia, das ist etwas ganz anderes." Statt einer Antwort serviert sie Polpette und pikante rote Salami.

Frau Professor geht wieder zum Angriff über.

„Der Gründungsmythos ist sehr komplex und erwähnt auch den Zusammenschluss verschiedener Völker, er besagt auch, dass Rom als Zuflucht von Banditen entstanden ist. Stell dir vor: die Stadt, in der das Recht entstand, das dann von ganz Europa übernommen wurde, war eine Zuflucht für Verbrecher."

„Das wusste ich nicht. Aber sag mir: Gehört der Akt, eine Furche zu ziehen, zum Recht oder zur Religion?"

Mittlerweile steht eine Flasche Taurasi-Wein auf dem Tisch, die Ankündigung, dass wir bald vom Thema abdriften werden, doch Aglaia hält stand.

„Es ist ein hoch symbolischer Akt: unterschiedliche Länder werden so vermischt. Auf diese Art und Weise schafft man aufgrund der Vermischung ein neues Land. Maurizio Bettini, ein Rechtshistoriker, sagt, es handele sich dabei um einen kosmogonischen Akt, der über die normalen Gründungsrituale hinausgehe. Die Böden zu vermischen bedeutet, auch die Menschen zu vermischen, die nach Rom kommen, um hier Asyl zu finden. Diese Version des Mythos besagt, dass die römische Kultur nicht auf Ausschluss, sondern auf Öffnung beruht."

Ich lasse die Waffen sinken. Die Vorstellung, Rom sei ein rechtsfreier Raum und Zuflucht von Banditen gewesen, gefällt mir. Die Vorstellung, dass ein Flüchtling durch den Sturm geht, eine Hütte sieht, klopft und aufgenommen wird, hat etwas Antikes. Der *templum*. Der heilige Kreis, der dich rettet. Das Wort Zuflucht, das in den Sprachen des östlichen Mittelmeers denselben Namen hat wie das Heilige. Barak. Die Baracke. Das auch Hannibal

Barkas und Barcelona zugrunde liegt. Der Wein hat den Kreis geschlossen. Aglaia hat gewonnen, aber ich tue so, als würde ich an einen ehrenwerten Waffenstillstand glauben.

Brennnesseln und Dornen

Der Morgen darauf: überall Schwalben, windgepeitschtes Wiesenland, klarer Himmel und der kupfergrüne Flaum der Weizenfelder; die einzelnen Mohnblumen darin leuchten im Morgenlicht wie Nachttischlämpchen. Wir brechen früh auf, hinter Benevent liegt Terra incognita, und der Tag verspricht Komplikationen. Auch der detailreiche Führer Lorenzo Quilicis kapituliert. Wir haben nur wenige sichere Hinweise auf die Straße, vielleicht auch nur einen: eine baufällige römische Brücke über den Fluss Calore. Außerhalb der Stadt ist das Gelände ein Labyrinth aus Hügeln und Bauernhäusern, und unser Weg verwandelt sich in eine Folge von Versuch und Irrtum. Riccardo konsultiert die Karten, dann das GPS, dringt in Dornengestrüpp ein, gleichmäßig wie ein Dieselfahrzeug und zugleich leicht und exakt wie ein Zahnarztbohrer. Er kapituliert und taucht wieder auf, versucht es aufs Neue, immer wieder bewältigt er selbst die schwierigsten Strecken, bis der Kompass ihm bestätigt, dass wir uns auf einer Linie mit dem Decumanus von Benevent befinden.

Ohne seine ligurische Sturheit würden wir wohl nie ans Ziel gelangen. Ich bin ihm unendlich dankbar. Mein ganzes Leben lang habe ich andere geführt, mir oft unnötige Verantwortung aufgehalst. Wenn es regnete, war es immer meine Schuld, und wenn der Weg schwierig und die Betten in der Raststation hart waren, beschwerte sich die Truppe bei mir. Es ist eine unendliche Erleichterung, dass ich nicht „spuren" muss.

In uns erwacht ein Urinstinkt, der sogenannte Orientierungssinn. Aufgrund des Gehens sind wir in die Haut von Straßenbauern geschlüpft; unsere Füße haben eine Reihe von Regeln verinnerlicht, die uns selbst auf einem Gelände ohne erkennbare Spuren helfen, den Weg zu erraten. Eine Regel lautet, dass die Römer eine unglaubliche Fähigkeit darin besaßen, immer jene Linie zu finden, der sich keine Höhenlinien entgegenstellten. Das bedeutet, dass man lang das Spiel der Isohypsen beobachten muss, bevor man sich entscheidet. Man muss beobachten, wie konvex sie sind, wie sehr sie dem Wind ausgesetzt sind, wie fest der Boden ist.

Eine andere Regel lautet, immer wie besessen die gerade Linie zu suchen, was auf hügeligem Gelände ein ständiges Auf und Ab bedeutet. Wenn die Römer sich zwischen Kurven und Serpentinen und einem bergauf und bergab führenden Weg entscheiden mussten, entschieden sie sich immer für letzteren. Doch die Legionen durften auch nicht in einen Hinterhalt wie bei den Kaudinischen Pässen geraten, deshalb mussten sie wenn möglich auf dem Bergkamm marschieren, von wo sie die beste Sicht hatten. Auch die Nähe zu Quellen und zur Versorgung mit Proviant war wichtig. Aber vor allem ließen sie sich vom Instinkt leiten, den die Navis um jeden Preis abschaffen wollen.

An dieser Stelle möchte ich kurz erwähnen, was für einen Schaden das GPS anrichtet, ein Gerät, das meiner Meinung nach nur in den von Kreisverkehren und Einbahnen zerstörten Großstädten nützlich ist. Der leuchtende, mit Satelliten verbundene Mini-Bildschirm beschränkt sich nicht darauf, die Landkarten obsolet zu machen, indem er alles zwischen Abreise und Ankunft gleichmacht und somit das Wesen der Reise vernichtet, sondern er sorgt auch noch dafür, dass lauter Menschen unterwegs sind, die besser zu Hause blieben. Ich spreche gar nicht von Extremfällen wie dem Lastwagenfahrer, der sich im Schneesturm verirrt, oder dem Führerscheinneuling, der nach einer Party in einer Schlucht landet. Die Normalität des sich Verirrens macht Angst.

Ein Freund, der in den Alpen, in Antholz in Südtirol seinen Urlaub verbringt, macht in einer eiskalten Winternacht, bei minus 20 Grad, einen Spaziergang im Wald und findet ein Auto mit einem weinenden Pärchen darin, das GPS hat sie auf eine Langlaufpiste geführt. Sie stecken im Neuschnee fest, haben sich im

Inneren verbarrikadiert und sind gelähmt vor Angst. Das schwache Web-Signal ist erloschen, die beiden wissen nicht, dass sie nur dreihundert Meter von ihrem Hotel entfernt sind. Ohne Karte wissen sie nicht, was sie tun sollen. Sie beschimpft ihn, schreit, doch er weiß nicht, wie er sich in der Realität verhalten soll, nachdem er die virtuelle Welt verlassen hat. Da tritt der Spaziergänger aus der Welt der Lebenden aus der Dunkelheit, klopft an die Windschutzscheibe, beruhigt sie und hilft ihnen, zu Fuß das Hotel zu erreichen. Er zeigt ihnen, wie einfach es ist. Man muss nur aussteigen und sich umsehen.

Ohne elektronische Prothesen sind wir so unfähig geworden, uns fortzubewegen, dass ein lebenswichtiger Instinkt, der sich in Jahrtausenden entwickelt hat, vom Absterben bedroht ist. Wir müssen standhalten, damit diese mühsam erworbene Fähigkeit nicht atrophiert. Wir sollten öfter ganz allein Orientierungsläufe machen. Roman Arens, ein deutscher Kollege und Italienkorrespondent der *Frankfurter Rundschau*, ist vor einigen Jahren mit seiner Vespa ohne Karte von München nach Rom gefahren, er hat einfach die Leute nach dem Weg gefragt. So hat er die Alpen auf Straßen überquert, die er sonst nie gesehen hätte; er hat dabei einen Schauer verspürt wie Goethe, der in der Postkutsche über den Brenner fuhr.

Heute gleicht es nahezu einem Akt zivilen Ungehorsams, wenn man mithilfe von Karten wandert. Wenn ich Karten von den entlegensten Weltgegenden kaufe oder beim IGM Tonnen von Karten im Maßstab 1:25 000 bestelle, verdoppelt das meinen Genuss. Ich bestehe auf meinem Recht, in Freiheit meinen Weg zu beschreiten, wie ein Surfer seinen Weg zwischen den Wellen zieht. Was gibt es Schöneres als einen Weg auf Grundlage der Höhenlinien zu wählen, schräg über einen Hang zu gehen, ein Hindernis klug zu umrunden, beim Gehen eine Unmenge Variablen wie Licht, Wind, die Beschaffenheit des Geländes in Betracht zu ziehen? Und was ist spannender, als sich für eine Richtung zu entscheiden, indem man einfach den zurückgelegten Weg in das Gelände verlängert, das vor einem liegt?

Mithilfe von Karten zu gehen ist Kalligrafie im Reinzustand. Das Ergebnis eines gefestigten Instinkts: Ich bin mir sicher, wenn ich nach zehn, zwanzig, dreißig Jahren hierher zurückkehrte, würde ich dieselbe Linie verfolgen, meine Füße würden sich im selben Rhythmus bewegen und auf dieselben Schollen treten. Auch hier, auf der Via Regina, ist die Karte nichts anderes als das Notenblatt, auf das ich die Partitur meiner Schritte schreibe.

Die Furt

Doch da taucht sie wieder auf. Sie hatte sich im Weizenfeld geduckt, jetzt verläuft sie wieder an der Oberfläche und hinterlässt zwischen einem Bauernhof und einem Felsvorsprung eine kaum sichtbare Spur. Irene macht sich einen Spaß daraus, mit geschlossenen Augen durch die Stille zu gehen, als lauschte sie dem Biepen eines Sonars, als würde sie zur Gänze den Füßen vertrauen. Die Appia ist ein U-Boot, das mit ausgefahrenem Periskop unterwegs ist, und unsere Reise ähnelt immer mehr einem Navigieren auf offener See. Es fehlen die Bojen, es fehlt die Angabe des Kurses, doch je höher wir steigen, desto sichtbarer werden ringsherum die Bezugspunkte. Im Nordwesten die Bastion des Matese-Massivs, in dessen Rinnen noch immer Schnee liegt, im Norden die unwegsamen Gipfel des Molise. Im Südwesten der scharfe Kamm des Partenio mit seiner Wolkenhaube. Im Südosten die strengen Monti Picentini und im Süden die finsteren Pfeiler der Monti Alburni. Vor uns, Richtung Osten, der lange Formicoso-Rücken, genau zwischen Tyrrhenischem Meer und Adria. Man peilt sie an, zieht Linien und findet seinen Schiffspunkt, es ist absurd einfach.

Gestelle zum Trocknen von Tabak, Nussbaumplantagen, Weizen und Wind. Spinnweben im Gegenlicht, an denen Tautropfen kleben. Wir gehen mit erhobenen Händen, als würden wir uns der Straße ergeben, in einem Meer von Ähren, mit Pappelpollen darauf, unsere Knie sind von Raureif bedeckt. In Gebiet von San

Nicola Manfredi wird die Appia ein Stück lang zu einem sinnlosen und menschenleeren, von Laternen gesäumten Asphaltschlauch mitten im Nichts, der 2.824.000 Euro gekostet hat, was nach Rache der Staatskasse schreit, doch das leichtgläubige Volk darin bestätigt, dass „die Bedeutung Kampaniens in Europa steigt".

Wir nähern uns dem Apennin, dem Rückgrat der Insel. In Calvi bestätigt uns ein Straßenschild mit der Aufschrift APPIA ANTICA, dass wir nicht im Dunklen tappen.

Die Stimme einer Frau aus einem Feld: „Wohin geht ihr?"

„Nach Brindisi!"

„Ganz schön weit."

„Wie heißt Ihr?"

„Teresa!"

„Wann pflanzt Ihr Tabak?"

„Jetzt."

„Seit wann arbeitet Ihr?"

„Seit ich auf der Welt bin."

Es beginnt ein langer, einfacher Abstieg zum Fluss Calore. Der Schlussstein: der Ponte Rotto, der von allen Archäologen als sicheres Indiz für die Appia gewertet wird. Doch leider steht neben der kaputten Brücke keine neue Brücke und der Weg bricht ab. Die Karte ist eindeutig: hier ist eine Furt. Es hängt allerdings vom Wasserstand ab, ob die Furt, die die Grenze zur Provinz Avellino markiert, passierbar ist. Hinter einem Bauernhaus mit großen weißen Kühen schreiten wir gutgelaunt der Gefahr entgegen. Dem Hirten, der uns besorgt fragt, ob wir zum Fluss wollen, antwortet Marco lachend: „Wenn wir nicht zurückkommen, sind wir durchgekommen. Oder tot."

Und da steht die Brücke, hinter einem Wäldchen mit hundertjährigen Pappeln. Sie steht auf einem schneeweißen Flussbett. Ein einziger Bogen ist noch intakt, der Rest besteht aus Pfeilerstümpfen, die eine rührende Würde verströmen, immerhin haben sie zweitausend Jahre lang dem Hochwasser getrotzt. Totaler Verfall. Bäume wachsen darauf und ihre Wurzeln sprengen die Steine;

wenn nicht bald etwas unternommen wird, gibt es keine Brücke mehr. In Briefen vom Anfang des 20. Jahrhunderts weisen die Bürgermeister die Denkmalschutzbehörden bereits darauf hin, dass die Brücke verfällt und ständig geplündert wird, dass Grabsteine, die in spätantiker Zeit an den Pfeilern angebracht wurden, abgetragen werden. Offenbar ist die Brücke einem unwürdigen Streit zwischen zwei Gemeinden zum Opfer gefallen, man konnte sich nicht darauf einigen, wer für Restaurierung und Instandhaltung zuständig ist.

Doch der Verfall erzeugt eine Ästhetik, eine Schönheit, die von den Übeltätern ablenkt und nahezu verleitet, sie freizusprechen. Wie betäubt steht man vor der Ruine einer verfallenen römischen Brücke und denkt, dass der Zauber des Ortes ausgerechnet vom Verfall der alten Steine herrührt. Wie Goethe und Baudelaire, Chateaubriand und Walter Benjamin beginnt man vor den Gespenstern einer untergegangenen Zeit, die in Weizenfeldern oder in Flussbetten stehen, über die Vergänglichkeit nachzudenken. Wie kann man sich von romantischen Gedanken à la klassische Bildungsreise verleiten lassen, fragt man sich dann, nachdem man so viele Missstände gesehen hat? Ich bin Italiener, nicht Deutscher oder Franzose – und als Italiener leide ich wie ein Hund, wenn ich sehe, dass in meinem Land die Erinnerung mit Füßen getreten wird. Und doch auskultiere ich gerade wie ein Arzt die eingestürzte Brücke und sage mir, dass eine Ruine besser als ein Museum ist und dass ein restauriertes Bauwerk niemals einen derartigen Schauer erzeugen würde wie diese einsame, verfallene Brücke.

Immer dasselbe: Das Opfer deckt den Täter, der es vergewaltigt und verletzt hat, es verschweigt die Schlampigkeit, die Verbissenheit, den Ausverkauf der Wurzeln. Auch hier wandern wir durch eine zauberhafte Landschaft, so allein, als befänden wir uns in einem afghanischen Tal, in einer wunderbaren Oase mit bebenden Pappeln, wie sie Bruce Chatwin und Peter Levi so gut beschrieben haben. Das Wasser ist grün, kalt, reißend, sauber. Ein Wunder. Kleine Inseln aus Pappelblüten treiben darauf. Und der Wasserstand ist niedrig genug, dass wir mit bis über die Knie aufgerollten Hosenbeinen durchwaten können. In einem prekären Gleichgewicht betasten wir mit den Fußsohlen argwöhnisch das steinige Flussbett, die Furt wird Taufe, Kommunion. Sie bestätigt das absolute Primat des Fußgängers.

„Ich komme mir blöd vor und bin zufrieden", flüstert der einzigartige Ciriello, während er auf dem Kies des anderen Ufers in ein Wurstbrötchen beißt. Alessandro liegt barfuß an der Wasserlinie, wie Gulliver nach dem Schiffbruch am Strand von Liliput, er hat Bilder à la Indiana Jones aufgenommen und schnarcht jetzt ganz leise. Auch unser Guide ist zufrieden. Er weiß, dass wir heute nur noch den Aufstieg zum Mirabella-Pass vor uns haben.

„Sag die Wahrheit", sage ich zu Riccardo, „wie viele haben diese Reise vor uns unternommen?"

„Niemand. Wir sind die Ersten. So viel ich weiß, ist in letzter Zeit kein Archäologe über die ganze Appia gegangen. Und über die Appia kann man nur zu Fuß gehen."

Ich habe ihn noch nie so selbstsicher erlebt.

Wir wissen nur von einem, der vor uns denselben Weg zurückgelegt hat. Francesco Maria Pratilli, ein verdienstvoller Sohn Santa Maria Capua Veteres, legte im 18. Jahrhundert die Straße zu Fuß und zu Pferd zurück und beschrieb die Reise ausführlich in seinem Buch *Della Via Appia, riconosciuta e descritta da Roma a Brindisi.* Anno Domini 1745. Danach so gut wie nichts mehr.

Zu wem gehört ihr?

Eine Stunde später, als wir durch die Felder zur Gemeinde Mirabella Eclano hochsteigen, während die Landschaft immer wieder von blitzartigen Visionen – ein gelbes und unerreichbares, frischgezapftes Bier – erleuchtet wird, überholt uns ein ebenso gelber Schulbus, der Fahrer beugt sich aus dem Fenster und fragt, ob wir zufällig über die Via Appia gingen.

Woher wissen Sie das, fragen wir verblüfft.

„Vor vierzig Jahren, als die großen Traktoren in Betrieb genommen wurden, sind hier haufenweise Pflastersteine aufgetaucht. Grabsteine, Teile von Gräbern. Im Vallone dei Morti findet ihr bestimmt welche."

Im Tal des Todes?

„Ja, wir nennen es so, weil man dort einen Haufen Gräber gefunden hat."

Aber warum sind Sie sicher, dass es die Appia ist?

„Unsere Alten wussten es. Und sie hatten es von ihren Großvätern erfahren. Und vor fünfzehn Jahren ist ein Professor mit seinen Schülern extra hergekommen, um die letzten Stücke der Straße zu suchen."

Ein Archäologe würde eine mündliche Überlieferung überhaupt nicht beachten. Wir hingegen schon. Manchmal ist sie die einzige Spur, und der Busfahrer bietet uns eine, während er gutgelaunt eine Schar unbändiger, hungriger Kinder auf dem Heimweg im Zaum hält. Er ist ein sympathischer Typ mit schneeweißem Schnurrbart und schneeweißer Gaucho-Mähne. Er hat sogar einen schönen Namen, Michele La Vita. Unsere Reise beruht auf Indizien, und jede Spur ist wertvoll. Der Hinweis des Fahrers ist eine gute Spur.

Etwas später finden wir im Ort Cifurio ein altes Haus mit dem Rest einer tragenden Wand, die eindeutig auf starkem römischen Pflaster ruht. Nicht weit davon entfernt, im Ortsteil Casapiatto, in einem Garten mit englischem Rasen, Reste römischen Pflasters, Fragmente in Holzschuppen, unter den Gestellen zum Trocknen von Tabak, am Rand der Felder. Hinter einem Bauernhaus mit einer großen Dreschmaschine und einem Dutzend kläffender Hunde filmt Alex zwei kompakte Rahmen von Gräbern, daneben liegt ein schöner Fußball. Aber inzwischen befinden wir uns im antiken Aeclanum, fünfzehn Meilen von Benevent entfernt. Die Menschen schauen uns verdutzt an, als wären wir Radrennfahrer beim Giro d'Italia. Das Staunen angesichts der Mühe gilt allerdings nicht den Rädern, sondern den Füßen.

„Wer seid ihr? Zu wem gehört ihr?"

In der Bar der Shell-Tankstelle, zwei Kilometer vom Mirabella-Pass entfernt, sieht ein Lkw-Fahrer, dass wir uns nicht auf die Richtung einigen können, und mischt sich ein. „Wenn sie ein Mausoleum auf ihrem Feld fänden, wären die Leute hier imstande, es in einer Nacht verschwinden zu lassen. Die Menschen haben eine Heidenangst vor der Straße der Römer. Wenn sie alte Steine finden, fürchten sie Probleme und Kosten. Sie lassen sie sofort verschwinden, ohne was zu sagen, sie verlassen sich darauf, dass niemand mehr die alte Straße kennt."

„Nun, wir werden sie daran erinnern", wagen wir zu erwidern.

„Da habt ihr aber alle gegen euch, lasst es lieber bleiben! Viele haben schon aufgegeben … Hier gibt es mächtige Leute, die sich mehrere Hektar Land mit Gräbern kaufen und dann keinen Euro für Ausgrabungen ausgeben wollen."

Die sanierte Appia könnte Touristen anlocken, erwidern wir. Und dann stellen wir die dümmste Frage: Wie erklären Sie sich diese Vernachlässigung?

„Muss ich Ihnen das auch noch erklären! Die Erhaltung ist kein lukratives Geschäft. Man baut schlecht, um dann mit der Renovierung auch noch was zu verdienen. Deshalb geht Italien den Bach hinunter. Aber jetzt muss ich los. Guten Weg!"

Unsere Liebe Frau von den Steinen

Mirabella. „Im Dorf befinden sich die Ruinen von Aeclanum", hat man uns von Rom aus am Telefon mitgeteilt, wo man unseren Marsch über die Königin der Straßen mit Argusaugen beobachtet. „Eine Archäologin erwartet euch, um euch den Ort zu zeigen." Doch wir sind erschöpft, haben zu viel Bier getrunken, wir haben keine Lust. Noch eine versunkene Stadt, noch eine Unterrichtsstunde: wie langweilig. Doch es bleibt uns nichts anderes übrig, wir haben schließlich eine Mission.

Als wir die Ruinen von Aeclanum erreichen, kommt uns eine leichtfüßige Elfe mit einer Kaskade roter Haare entgegen. Sie heißt Sandra Lo Pilato, ist sympathisch, brennt vor Leidenschaft und zwingt uns zur Kapitulation. Ein Hoch auf die Archäologinnen! Gefügig lassen wir uns über die Reste einer ehemals großen Handelsstadt führen, die dank der Appia entstanden ist.

Von hier hat man einen großartigen Blick auf die Berge. Innerhalb der Mauern befinden sich zweiundzwanzig Hektar archäologische Ausgrabungen, allerdings sind erst fünf Prozent erschlossen. „Die Appia hat für den Reichtum der Stadt gesorgt", sagt Sandra Lo Pilato und zeigt im goldenen Licht des Sonnenuntergangs auf eine aus Peristylen, Öfen, Wannen, Epigraphen, Säulen, Mauern aus *opus incertum* bestehende Szenerie. „Die Pflastersteine wurden schon in der Spätantike weiterverwendet ... Schon damals wurde geplündert ... Am meisten schmerzt jedoch, wenn man sieht, dass eine Ausgrabung Wind und Wetter ausgesetzt ist. Wenn man etwas nicht bewahren kann, sollte man es gar nicht erst ausgraben."

Unglücklicherweise weisen wir Unsere Liebe Frau von den Steinen auf die Geschichte mit den Mausoleen hin, die angeblich in einer Nacht verschwinden. Das ist natürlich ein Märchen, doch wie Sandra sagt, mit einem Körnchen Wahrheit. „Als man in Taurasi einen Weinberg umstach, tauchten Pflastersteine auf. Doch ein paar Tage darauf, als den Archäologen endlich der Zugang gewährt wurde, waren sie weg. Das Traurigste ist jedoch, dass man Funde wieder zuschütten muss, weil kein Geld für die Erhaltung da ist."

Das Rückgrat des Stiefels

Am Mirabella-Pass trennt sich die Appia zwischen Fabriken und Supermärkten von der Statale 90, zweigt nach rechts ab und gewinnt wie nie zuvor an Höhe. Kurven! Mit einem Mal ist die gerade Linie – von der die Straße bisher nur einmal, bei Kilometer hundert, beim Felsen von Terracina, abgewichen ist – nicht mehr das oberste Gebot. Die Straße folgt einer Reihe von Kehren auf dem offenen Land und erreicht den Bergrücken Formicoso, einen Hügel, der in der Vergangenheit ein Hort von Banditen war und den Beginn des Apennins markiert. Über fünfzig Kilometer ist sie identisch mit der gewundenen Statale 303, die sich wiederum an noch älteren Wegen orientiert, an tausendjährigen Viehtriften und Trampelpfaden.

Unsere alten IGM-Karten im Maßstab 1:25 000 zeigen eine ungeheure Dichte an Ortsnamen, ein Beweis dafür, dass hier seit Jahrtauenden an allen Ecken und Enden Landwirtschaft betrieben wurde. Was für Namen! Aria delle Corde, Montesicco, Toppolo dei Venti, Stoccafierro, Venticano, Fontana Pisciariello. Es gibt sogar eine Hannibal-Taverne. Das Land hat ein gutes Gedächtnis.

Mit dem Wind steigen wir hinauf, der Luftdruck war noch nie so hoch, 1026 Millibar.

Wir sind schon Richtung Adria unterwegs, das Blickfeld wird weiter, wir sehen neue Berge wie neue Inseln. Zu denen, die wir schon in Benevent angepeilt hatten, gesellen sich neue: der Schatten des Gargano in Nordosten und der Vulkankegel des Vulture im Südosten. Dieser offenbart die plutonischen Kräfte im Bauch des Apennins: Mefite, Pesthauch und Vorhof der Unterwelt, Erdbeben, die von Persephone, der Göttin der Unterwelt, verursacht werden.

Mittlerweile sind wir zu sechst. Nach Marco ist auch Sandra, die junge Archäologin aus Mirabella Eclano, zu uns gestoßen. Sie hat alles stehen und liegen gelassen und folgt uns nun mit wehenden Halstüchern, so glücklich wie ein Windhund, dem man die Leine abgenommen hat. In einer komplizierten Topografie – Dörfer auf Bergkämmen und Kuppen namens *coppoloni* – bekommt unsere Reise fast die Dimension eines Fluges. Wir sind hoch oben in Weizenfeldern, die von dem Gott Boreas, der die Stuten befruchtet, gut bestellt werden; ein weißes Pferd mit langer Mähne kommt am Zaun entlanggelaufen und begleitet uns mit seinem Fohlen.

Leicht wie Segelflugzeuge gleiten wir durch Wiesen und Ähren, die Grillen machen Krach, sie zirpen hier auch untertags. Die Statale 7, die wir in Benevent verlassen haben, ist schon weit weg, sie verläuft unten rechts, in Richtung Sant'Angelo dei Lombardi. Auf der anderen Seite die mythische Viehtrift Pescasseroli–Candela. Windräder und Relaisstationen kündigen an, dass wir uns der schneebedeckten Wasserscheide des Stiefels nähern, wo der Wind Stürme und Magnetstürme erzeugt.

Ein Radfahrer namens Guido überholt uns und beginnt ein Gespräch auf Englisch.

„Where are you going?"

„Sag uns lieber, wohin du mit dem Rad fährst!", antworten wir umgehend.

Zu Fuß gehende Italiener! Der Radfahrer kann es kaum glauben. Vor lauter Glück umarmt er uns, und um seine Heimatliebe unter Beweis zu stellen, zählt er die Berge auf, die vom großartigen Balkon der 303 aus zu sehen sind.

„Schaut her, das ist der Terminio, weiter drüben ist der Calvello. Im Hintergrund, oberhalb von Pescopagano, seht ihr den Toppo di Castelgrande, und gleich dahinter den Muro Lucano. Unten, in Richtung Eboli, die Quelle des Calore. Aber schaut euch diese einsame Spitze an: Das ist der Eremita."

Wir sind wirklich im Zentrum der Welt. Unter uns der stiergleiche Ofanto, der in die Adria fließt und – wie Horaz schrieb – das Land überschwemmte wie die Legionen Cäsars Germanien. Auf der anderen Seite das Ufita-Tal, das sich Richtung Benevent und Tyrrhenisches Meer schlängelt.

Ich frage den Radfahrer: „Sind wir deiner Meinung nach verrückt, diesen Weg zu Fuß zurückzulegen?"

„Aber nein, ihr könnt euch glücklich schätzen. Am liebsten würde auch ich nicht mehr ins Büro gehen und euch begleiten. Ich würde zu meiner Frau sagen: Wir sehen einander in einem Monat."

Sein Blick schweift in Richtung der dürren Berge Apuliens, unserem Ziel. Liebe und Neid im Reinzustand.

Ohne Bar kein Dorf

Wir befinden uns auf einer Höhe von neunhundert Metern. Wir gehen über schmale Feldwege, die sich wie Schlangen um die Statale winden, begleitet vom Rauschen der Windräder und dem Summen der Bienenstöcke. Hinter einer Kurve wartet mein Freund Vinicio Capossela auf uns, ein launenhafter und großzügiger Sänger, den man auf uns aufmerksam gemacht hat. Er taucht ganz plötzlich auf, wie ein *Bravo* aus einem Roman Manzonis, und stellt uns einen ersten Hinterhalt. Gemeinsam mit Michaela Molinari ist er aus dem Ofanto-Tal zu uns heraufgekommen, er hat den perfekten Körper eines Marathonläufers und gesellt sich zu uns, um ein Stück Weg gemeinsam mit uns zurückzulegen.

Plaudernd gehen wir, Sokratiker und Peripatetiker, Richtung Osten. Eigentlich sind wir zu acht, eine schöne Prozession, doch in Wirklichkeit sind wir mehr. Tausende Augen folgen uns, hinter den Vorhängen an den Fenstern, auf Feldwegen, hinter den Windschutzscheiben der Autos. Zwischen Mirabella und der Grenze Apuliens weiß die ganze Statale 303, dass wir kommen. Verdammt, this is South Italy, ein Gerücht verbreitet sich schneller als der Wind. „Bei uns gibt es keine *omertà*", sagt Luca Pugliese, ein Cantautore aus der Irpinia, der ebenfalls gekommen ist, um den Forschungsreisenden Respekt zu erweisen. „Inzwischen wissen alle, dass ihr zu Fuß nach Brindisi geht."

In der Bar in Frigento werden wir von einer Truppe beleibter, sesshafter Wirtshausbrüder in Beschlag genommen, die neugierig auf uns sind. Auf dem Land ist die Bar das absolute Zentrum, hat uns Ciriello erklärt. Wie die Kirche. Ohne Bar kein Dorf. Die Bar dient als Gericht, Schule, Sozialzentrum, Informationsbüro und vieles mehr. Manche haben das Studium in der Bar absolviert. Kartenspielen ist eine Schule fürs Leben. Du lernst zu überleben. Und außerdem dürfen die Frauen nicht herein. „Meine Großmutter ist in einem Abstand von zehn Metern stehengeblieben, sie hat jemand anderen hereingeschickt, um zu verhandeln."

Tatsächlich sitzen nur Männer an der Tür. Sie sehen zu, wie wir die Rucksäcke abstellen und etwas zu trinken bestellen, dann beginnt ein Typ mit Brille und Bart ein Gespräch mit Irene. „Signorina, hier fahren wir sogar aufs Klo mit dem Auto" sagt er, mit einem Anflug von Selbstironie.

Das Ausmaß an Selbstironie ist offenbar hoch, was für das Dorf spricht. Die Truppe hat die Frage „Zu wem gehört ihr?" ausgelassen, sie hatte genug Zeit, uns einzuordnen. Augenblicklich entsteht Vertrautheit.

Aus dem Augenwinkel sehe ich zwei junge Männer, sie haben Vinicio erkannt und verbreiten die Nachricht per SMS.

Wir verdrücken uns, bevor man uns noch um ein Selfie bittet.

Das wilde Tier im Weizenfeld

Im Dorf Carlo Gesualdos wird uns klar, dass wir über die Schwelle einer archaischen, mit Gespenstern bevölkerten Welt treten. Die zinnenbewehrte Burg auf den Hügeln, von der aus die Straße unten gut sichtbar ist, bewahrt die Legende eines Mannes, der zugleich Komponist von Madrigalen und Mörder war: die Legende des „Musikerfürsten" Carlo Gesualdo. Er hatte in Neapel seine Frau und ihren Liebhaber umgebracht, weil er sie in flagranti ertappte, dann hatte er die Leiche der Frau zerstückelt und war auf das Schloss seiner Ahnen geflohen, um sich der Rache ihrer Verwandten zu entziehen.

Marco erzählt, dass Strawinsky von der Geschichte fasziniert war und in den Ruinen des Schlosses Inspiration suchte. Jahre später kam auch der Regisseur Werner Herzog. „Das Außergewöhnliche daran ist die Haltung der neapolitanischen Adeligen: Sie warfen dem Adeligen nicht so sehr vor, seine Frau umgebracht und zerstückelt zu haben, sondern es eigenhändig getan und die Tat nicht einem Diener befohlen zu haben. Sich die Hände mit Blut besudeln: das war eines Fürsten nicht würdig. Er hatte sich nicht beherrschen können und rasend vor Eifersucht seine Frau zerstückelt. Mir gefällt dieses Madrigal sehr gut, es heißt *Beltà poi che t'assenti* … das passiert auch uns, nicht wahr? Wir verlieren die Schönheit und finden sie vielleicht wieder. Ohne uns zu beklagen."

Gespenster also. Kaum sind wir in den heißen Stunden des frühen Nachmittags allein auf dem Land, beschwört Vinicio, der sich inmitten der Legenden, Götter und Gespenster seiner Heimat sehr wohl fühlt, Geister herauf. Wie ein Zauberer flüstert er archaische Formeln, und im Nu flattern Gespenster um uns herum. Satyre, die unter Bäumen schlafende Mädchen schwängerten, der Dämon des Mittags, der allen, die sich vom Schlaf übermannen ließen, den Geist aussaugte, der Schrei des Mähers, der beim Mittagsläuten um Vergebung bittet, weil er Mutter Natur mit der Sense Schmerz zufügt und „ein Opfer bringen will, um sie zu entschädigen". Ganz zu schweigen von dem wilden Tier im Weizenfeld, „das sich zwischen den Sensen schlängelt, immer flüchtet und immer nur von jeweils einer Person gesehen werden kann".

Vinicio erzählt und beschwört, beschwört und erzählt, wobei er an seinem Bart unter dem Panamahut zupft, und dabei lässt er Dinge fallen wie der Kleine Däumling Brosamen. Das Handy, den Hut, dann die Zigaretten und schließlich eine CD, die man ihm gerade geschenkt hat. Auf diese Weise markiert er nicht nur unbewusst den Boden, sondern bindet auch die Menschen an sich. Er ist schon fünfzig, führt sich aber auf wie ein ewiger Teenager, und auf diese Weise bewirkt er, dass sich Heerscharen von Schutzengeln um ihn kümmern.

Auch Sandra ist auf Du und Du mit dem Jenseits. Als wackere Archäologin kennt sie die Geheimnisse der schwefeligen Götter des Jenseits, und deshalb besteht sie darauf, uns zum Krater Mefite zu führen, aus dem noch immer stinkende Dämpfe dringen und wo die gleichnamige italische Göttin zu Hause ist, die für Fruchtbarkeit sorgt und die Pforte zwischen Leben und Tod bewacht. Hier gibt es europaweit die größten gasförmigen Emissionen, die nicht vulkanischen Ursprungs sind: Der Krater stößt angeblich mehr

CO_2 aus als Stromboli und Vulcano zusammen. Wir müssen einen langen Umweg machen, doch es lohnt sich. „Geht ja nicht hin, es ist tödlich", hatte mich vor Jahren eine alte Frau aus Rocca San Felice gewarnt, als ich sie nach dem Weg zum Lago d'Averno fragte. Sie hatte ihre Gründe, denn kurz davor war eine deutsche Touristin gestorben, die sich dem Krater zu sehr genähert und die giftigen Dämpfe eingeatmet hatte. Dann starb ein italienisches Paar, das Gesteinsproben suchte.

Wir sehen zu, wie die Archäologin furchtlos an einem Schild mit der Aufschrift LEBENSGEFAHR vorbeigeht, an dem der Wind rüttelt; ihre Bluse und ihre kupferroten Haare wehen im Wind wie die einer Hexe, und ihr folgt ein streunender Hund, der sich jedoch angesichts des fauchenden Kraters zurückzieht. Wir haben es mit etwas zu tun, das unendlich weit von Rom und seinen Legionen entfernt ist. Wir haben es mit dem stampfenden Motor der Jahrhunderte zu tun. Weiter hinten verweste Kadaver von Wildschweinen, Füchsen und Hunden. Die Vierbeiner sterben noch vor den Menschen, weil sie am Boden schnuppern, mit der Schnauze tief unten sind, wo sich das meiste tödliche Gas befindet. Wer weiß, vielleicht ist das der Nabel der Reise: der übelriechende Miasmen verströmende Schlund in der Irpinia, der wie ein Schlangennest zischt, grollt und silbergrauen Schlamm speit.

Miscallà

Bei der hochstehenden Sonne wird die Entfernung nicht in Kilometern, sondern in Bierflaschen gemessen. Je später es wird, desto mehr Bierflaschen nehmen wir uns zu trinken vor. Und da es in Borgo Le Taverne keine Bar gibt, plündern wir das erste Lebensmittelgeschäft, das uns nach der Ankunft unterkommt, und funktionieren es per Erlass zum Proviantlager um. Wir requirieren alle Stühle und stellen sie auf die Terrasse, von der aus man auf das Ufita-Tal blickt, ein Dutzend Flaschen wird aus dem Kühlschrank geholt, ein Kilo Brot wird geteilt und eine ganze Salami aufgeschnitten, dann essen und trinken wir, im Gedenken an Horaz' Reise, dessen Route mittlerweile nicht mehr der unsrigen entspricht: Er war ewas tiefer in Richtung Canosa di Puglia unterwegs, auf einer nicht überlieferten Route aus der Zeit des Augustus.

Fünfte Satire, erstes Buch: „Jetzt begann mein liebes Apulien mir die bekannten Berge zu zeigen, die der Atabulus dörret", wo „Wasser bezahlt allhie, doch Brot ist gar so vortrefflich". Auf der Terrasse des Lebensmittelladens haben auch wir eine tolle Fernsicht, auch wir sehen im Nordosten das von der Sonne ausgedörrte Apulien, in dem das einzigartige Prisma Sant'Agata aufragt, eine Pyramide, die halb Berg und halb Dorf ist. Capossela ist glücklich, er hat beschlossen, mit uns zu Abend zu essen und auch noch zwei Freunde einzuladen, und außerdem den braven Mischlingshund Crocco, einen Findling ohne Schwanz, der den Namen eines Banditen aus der Irpinia trägt. Er wird ihn sicher eng bei Fuß halten, angesichts der vielen streunenden Hunde auf dem Land.

Als ich etwas später an der Spitze der Gruppe ins Ufita-Tal hinuntergehe, wo wir in einem alten Bauernhaus übernachten werden, begegnet Marco einem Hirten mit einer Herde und einigen Hunden, er wechselt ein paar schnelle Worte, die vieles erklären.

Die Hunde bellen und der Hirte fragt den Eindringling: „Hast du keine Angst vor Hunden?"

Marco: „Nein, ich habe keine Angst."

„Dann bist du ein Guter." Die Spannung hat sich gelockert. Der Hirte antwortet mit Respekt auf die Furchtlosigkeit des Fremden, außerdem beruhigt ihn sein bekannter Akzent.

„Wie viele Schafe hast du?"

„Achtzig."

„Dann bist du der Gute."

„Nein, du bist der Gute, weil du zu Fuß gehst und sparsam bist."

„Gleich kommen meine Freunde mit einem Hund. Pass auf deine auf."

„Ich habe neun Hunde."

„Achtzig plus neun: mit dir sind das neunzig Lebewesen."

Der Hirte lacht herzlich und befiehlt dem Anführer der Meute: „Sei brav."

„Wohin geht ihr eigentlich?"

„Auf der Appia Antica nach Brindisi."

„Dann bist du entschieden ein Guter."

Das ganze Gespräch kreist um das mehrmals wiederholte Adjektiv „gut", das hier absolut nicht sanft und gefügig, sondern vielmehr stark, tapfer, eigensinnig bedeutet. Bei diesem Wortwechsel wird mir klar, dass mein ganzes Schreiben nichts anderes ist als eine mühevolle Suche nach der ursprünglichen Oralität, ein Versuch, die Stimmen der Orte aufzunehmen.

Und schon sind wir auf dem Anwesen der Ricciardi, wo uns frische Laken und ein im Licht das Sonnenuntergangs rauchender Kamin erwarten. Der Abend in der Ufita-Ebene ist herzzerreißend schön. Das letzte Sonnenlicht fällt auf die Dachpfannen, auf eines der letzten traditionellen Dächer, die nach dem Erdbeben in der Irpinia noch intakt sind. Die drei Jahrhunderte alten Mauern haben standgehalten. Schweigen, Zikaden, ein Hund in der Ferne, unsere Wäsche hängt im Wind an einer Schnur, die man zwischen zwei Pfosten im Garten gespannt hat. Ein außergewöhnlicher Ort, wie geschaffen für Menschen, die sich anhand von Losungen erkennen.

Marco sitzt auf einem Korbstuhl auf der Veranda und erklärt uns, wie er sich Vierbeinern nähert. „Am wenigsten fürchten muss man sich vor dem Schäferhund, er ist es gewohnt, die Herde zu verteidigen, und solange man sich auf der anderen Straßenseite befindet, greift er nicht an. Er kümmert sich mehr um Tiere als um Menschen. Der streunende Hund muss dich jedoch als Anführer anerkennen, deshalb muss man ihn anbrüllen. Man hat mir ein Wort beigebracht, bis jetzt hat es zwischen Neapel und Catania immer funktioniert: ‚*Miscallà*'. Man muss es jedoch unfreundlich und gebieterisch brüllen, man darf nicht zu freundlich sein. Außerdem muss man einen Stock in der Hand haben, um ihnen zu zeigen, dass man bereit ist zuzuschlagen. Das funktioniert immer. Ich weiß, dass Tierfreunde das nicht gern hören, doch wenn man auf der Straße allein mit einem Hund ist, wird der Hund dich als Autorität anerkennen und sich davor hüten, dich anzugreifen."

Miscallà. Ein aus drei Silben bestehender Zauber. Keine Ahnung, ob das nicht die Anrufung des Gottes des Dschihad ist, die ein Pirat aus der Barbagia, ein Kaufmann aus Syrien oder ein türkischer Scherge auf Raubzug im Tyrrhenischen Meer aufgeschnappt hat. Das Geheimnis von herumirrenden, deformierten und in die Alltagssprache des Volkes aufgenommenen Worten. „Wenn man in Neapel ‚hau ab' sagen will", bestätigt Marco, „schreit man ‚*fatt'allà*'. Vielleicht hat es denselben Ursprung."

„Schleicht euch, ihr Gesindel"

Die Linie durchschneidet geduldig die Kurven der Statale, knabbert sie Meter um Meter an, während sie die Höhenlinien auf römische Art mit dem Auf und Ab einer Achterbahn bewältigt, bei dem einem schwindlig wird. Hin und wieder eine Tränke oder ein Brunnen, Spuren antiker Viehtriften. Im Apennin wie auch in den Alpen werden die Routen vom Vater an den Sohn überliefert, und wenn man fragt, wie weit die Überlieferung zurückreicht, lautet die Antwort: bis zur Bronzezeit. Soweit reicht die Kontinuität der Viehtriften und der damit verbundenen Erzählungen zurück, wobei Routen und Erinnerung völlig übereinstimmen.

Marco und Vinicio haben uns verlassen, allerdings versprochen zurückzukommen, wir fühlen uns ein wenig allein. Alle fünf Minuten fährt ein Auto vorbei, Windböen erfassen uns zu Dreiviertel, sie kommen von links, elf Uhr. Als würden wir im Bett eines Windstroms gehen, das so trocken wie ein Wadi ist, oder gegen den Wind aus einem riesigen Fön ankämpfen. Wie immer eine Reise gegen den Strom, bei der man noch dazu das Zeitgefühl verliert.

Ist es Dienstag? Oder Donnerstag? Um es herauszufinden, muss ich auf die Uhr schauen. Es wird immer heißer, die Zahl der streunenden Hunde nimmt zu. Die Wasserflaschen sind schon nach der Hälfte des Weges leer, am Himmel ein elektromagnetisches Zucken. Eine Störungsfront nähert sich, die Panikmacher des Wetterberichts haben sie *Ferox* (grausam) getauft. Wird es regnen? Vielleicht. Riccardo bahnt sich einen Weg wie ein Wünschelrutengänger, er geht ganz in seiner Rolle auf. Ich sehe, wie er nach vorne gebeugt Höhenlinie 944 anpeilt, den höchsten Punkt auf unserer Reise.

Riesig und totalitär stehen sie oben auf dem Hügel. Dutzende, Hunderte. Antike Götzenbilder in Fantasyversion wie in den Erzählungen von Ray Bradbury. Windräder nennt man sie. Sie berühren den Himmel und sind das letzte Meisterwerk der Zerstörung. Ihre Bewegung wirkt langsam, doch wenn man sich direkt unter ihnen befindet, fallen die Schaufeln herab wie Guillotinen, wie ausgerenkte Arme scheinen sie immer wieder aus dem Gelenk zu springen. Allein die tragende Säule ist neunzig Meter hoch. Riesige Schatten, die im Weizenfeld fuchteln und zu sagen scheinen: Was macht ihr hier, schleicht euch, Gesindel. Doch die sturen Ameisen ziehen weiter, betäubt von den Salven und der damit einhergehenden Vibration, sie gehen schweigend in einem Dröhnen wie von einem startenden Jet. Die Vibration der Rotoren hat die Stimmen der Bauernhäuser und den Gesang der Ortsnamen zum Schweigen gebracht. Auf der IGM-Karte lese ich: Setoleto, Santa Marena, Contrada Murgia. Weilt noch jemand unter den Lebenden, der sagen könnte, wo sie sich befinden? Wir gehen durch eine archaische Welt mit Gärten und Weingärten, die in den letzten zwanzig Jahren zu archäologischen Funden geworden sind und an deren Stelle Windparks und die Monokultur des Weizens getreten sind. Aber die Genmutation der Landschaft hat schon in den Sechzigerjahren begonnen, als die Forstwirtschaft das Wesen des Mediterranen ruinierte und Tannen pflanzte, die allerdings nicht wachsen wollten; sie stehen noch immer verkrüppelt am Straßenrand. Dann sind die Önologen aus dem Norden gekommen und haben Weinbaumodelle eingeführt, die nicht mit dem Klima des Mezzogiorno in Einklang zu bringen waren.

Heute stehen zwischen den Aglianico-Reihen keine Ulmen mehr, die dem Wein seinen typischen Geschmack gegeben haben. Die Kastanien, die besten der Irpinia, sind krank geworden. Dann kam der Tabak, der sich mittlerweile nicht mehr rentiert, an dessen Stelle aber nichts anderes angebaut werden konnte, weil er den Boden verseucht hat. Zu allem Überdruss wurden nach dem Erdbeben Kirchen neu gebaut, die aussehen wie UFOs, sinnlose, nie bewohnte Häuser; Straßen und wunderbare Straßenwärterhäuser hingegen verkommen. Das Verschwinden der Heiligen – der Beschützer der Orte und Wegweiser – hat die Verwüstung besiegelt. Die Bewohner der Irpinia trauten sich nicht einmal, den neuen, nach dem Erdbeben 1980 erbauten Orten einen Namen zu geben. Bisaccia Nuova, das auf unserem Weg ein paar Kilometer vor Bisaccia Vecchia liegt, wurde „Piano regolatore“ – Flächenwidmungsplan – genannt, und die Menschen hier kennen es nur unter diesem Namen. Wir betreten das Dorf wie in einem Western von Sergio Leone: starker Wind, Staubwirbel, hier und da schlafende Hunde. Oben auf dem Hügel eine Relaisstation, die sich als Glockenturm entpuppt, wie zum Beweis, dass auch Gott weit weg ist und mit der Vergewaltigung nichts zu tun haben will.

Es ist unvorstellbar, dass es noch eine Steigerung gibt, doch es gibt sie. Dörfer wie Laviano, Conza, Santomenna, Castelnuovo im Ofanto-Tal. Ein Glück, dass sie von unserer Straße weit entfernt sind. Mit dem Wiederaufbau haben sie sich verdoppelt. Ihr Einsturz hat bewirkt, dass neue Dörfer errichtet wurden, in denen niemand wohnen will. Alpträume aus Beton. Kirchen, die aussehen wie Raumschiffe, Rathäuser wie Diskotheken, Häuser wie Bunker, ähnlich jenen in den besetzten Palästinensergebieten. Doch wie viele Reserven an Schönheit besitzt dieses erniedrigte Land trotz allem! Die Menschen, die Stimmen, die Legenden, die Bäume, das Essen, die Höhenlinien, der Ausblick überleben inmitten der Zerstörung. Und die Straße. Unsere Straße. Der sich schlängelnde Faden, der sich mit dem Asphalt der Statale verbindet, sich wieder von ihm löst, Höhe verliert, abhebt wie ein Flugzeug und den Orten Sinn gibt. Egal, dass von der Appia oft nur der Name bleibt. Doch wenn auch der Name verschwindet, löst sich die Irpinia in Nichts auf.

Gewitter über Aquilonia

In Bisaccia Vecchia stellen wir fest, dass uns ein Holländer, der noch verrückter ist als wir, mit einem Abstand von zwei Tagen vorausgeht. Wir lesen seinen Namen im Hotelregister – Willem Cornelis Dekker, Jahrgang 1952, aus Rotterdam –, und einen Augenblick lang haben wir die Schnapsidee, uns zu beeilen, um ihn einzuholen. Doch an der Rezeption rät man uns davon ab. Der macht fünfzig Kilometer am Tag, doppelt so viel wie wir. Jemandem nachzugehen ist immer ein eitles Unterfangen, denn ein Weg ist der Inbegriff der Begegnung. Man muss niemandem nachgehen, allenfalls kommen die anderen einem entgegen. Und tatsächlich ist Vinicio wieder da, er ist eben erst aus Calitri gekommen und stellt uns zum zweiten Mal einen Hinterhalt, er wartet in einem Wohnwagen auf uns, einer Mischung aus Schiff und Thepsiskarren, und lädt uns spontan zu einem Abendessen in der Finsternis der Irpinia ein, die Banditen hold ist.

Wenn der Barde einen zum Abendessen einlädt, weiß man zwar, wann man aufbricht, allerdings nicht, wann man zurückkommt. Das begreifen wir, sobald wir an Bord gegangen und Geiseln eines surrealen Fahrzeugs sind: Zigeunerklimbim, bunte Glühbirnen wie in einem pakistanischem Lkw, laute griechische Musik, eine jiddische Melodie im Balkankleid. Wir fahren schaukelnd durch ein Weizenfeld wie Melvilles *Pequod* im Sturm. Auf dem Foto, das im Cockpit des Wohnwagens hängt, schaut unser Chauffeur aus wie Kapitän Achab: allein und ganz in Schwarz auf der windgepeitschten Formicoso-Hochebene. Aus der Kombüse kommen Würste, mit Fenchel gewürzte *savezicchia*, Brot und ein wunderbarer Aglianico mit dem unwiderstehlichen Namen *Satyricon,* der von uns Besitz ergreift wie eine Tarantella.

Während der Wind an uns rüttelt, werfen wir am windigsten Punkt des windgepeitschten Aquilonia den Anker aus, einer Geisterstadt, die früher einmal Carbonara hieß und 1930 vom Erdbeben am Monte Vulture zerstört wurde. Die Sonne ertrinkt am dunstigen Himmel, bleich wie der Mond, und in den vom Wind ausgehöhlten Ruinen wird die Anwesenheit von Geistern nahezu spürbar. Angeblich ist auch die Mutter des hl. Petrus darunter, „ein böses Weib, das bei seinem Tod direkt in der Hölle landete". Es ist schon ziemlich kalt, am liebsten würde man sich in der Essnische verbarrikadieren. Nur Irene nimmt es mit Böen und Gespenstern auf, ein kleiner weißer Welpe lockt sie hinaus. Wir im Camper segeln bei einbrechender Nacht auf den Flügeln der griechischen Musik Richtung Ägäis, während der irpinische Barde uns an Catulls verzweifelte Liebschaften erinnert: Er schlief am liebsten in der Mittagshitze mit seiner Ipsulilla, denn das ist „die erotischste Tageszeit, die es gibt".

Unvorstellbar, dass in so einer Nacht jemand an die Tür klopft. Doch da ist Vincenzo, ein mit unserem Chauffeur befreundeter Restaurantbesitzer; er geht mit einem noch warmen Backblech an Bord und wir nehmen den ganzen Apennin durch die Speiseröhre auf. Vorspeisen, Spargel, Wildschwein, *Orecchie di gatto* (Katzenohren) mit Pilzen, wilde Zikorie, Fasan in Aglianicosauce und vieles mehr, doch der Wein löscht die Erinnerung daran. Wir sind Geiseln des guten Essens, und die Götter sitzen mit uns am Tisch, jeder in seinem jeweiligen Teller. Mittlerweile befinden wir uns auf hoher See, die atmosphärische Störung – *Ferox!* – ist genau über uns und der Wind weht höllisch stark. Ein trockener Wüstenwind, der keinen Regen verspricht. Der weiße Welpe kommt mit zwei anderen Vierbeinern, die in den Ruinen wohnen, und kauert sich unter den Wohnwagen, in der Hoffnung auf milde Gaben. Bugwärts funkeln die Lichter von Monteverde hinter den im Wind wild gestikulierenden Eichen wie ein ferner Hafen.

Nachts werde ich Kopfweh haben, ohne zu ahnen, dass am Abend darauf wieder ein Fest gefeiert werden wird.

Gehen im Gegenlicht

Unter der Hitzeglocke flüstern uns die Geister des Weizens zu, wir sollten von unserem Vorhaben ablassen. Sie sagen: genug mit diesem höllischen Kreuz und Quer, genug mit diesem äffischen Versteckspiel zwischen der im Zickzack verlaufenden Statale und der Appia. Während wir am frühen Morgen gleichmäßig ausschreiten, versuche ich Stolz an den Tag zu legen und unserem zwanghaften Drang nach Osten so etwas wie eine Philosophie abzuringen. Extravagante Gedanken wie: „Wir sind die, die im Gegenlicht gehen, wir suchen die leuchtenden Länder der Morgenröte. Wie könnt ihr uns nur mit den Pilgern auf dem Jakobsweg vergleichen, die der aufgehenden Sonne den Rücken zukehren?“

Noch etwas benebelt vom Wein frage ich mich, ob das nur zwei entgegengesetzte Richtungen oder auch zwei entgegengesetzte Weltanschauungen sind. Wir auf der Appia gehen Richtung Brindisi, und Brindisi ist kein banales *finis terrae*, sondern eine elegante Hafenstadt. Wir sind nicht zu vergleichen mit jenen, die Richtung Westen gehen, die mit Tausenden anderen pilgern und am Ende nur Klippen am Meer vorfinden. Nicht Ithaka, nicht das Meer der Phönizier, sondern einen Stempel und eine Muschel. Wir mit der Sonne im Gesicht folgen nicht dem Strom und den Moden. Wir gehen in Richtung unruhiger Länder, wir lieben es, uns das Leben schwer zu machen. Wie in Kavafis' Odysseus gewidmetem Gedicht wissen wir, dass wir als Belohnung für unser Herumirren Geschichten von Zyklopen und den Duft von Gewürzen finden werden, Karawanen und Mysterien einer neuen Welt, die hier beginnt.

Mühsal. Alles scheint uns überzeugen zu wollen aufzuhören. Nicht zuletzt auch die Ankunft in der Stadt Lacedonia, die in der Hitze beinahe menschenleer ist: Sie wird von einem desolaten

Brunnen markiert, der – wie auf einem pompösen Schild steht – anno Domini 2011 eingeweiht wurde. Ein weiteres Schild mit den gelben EU-Sternen auf blauem Grund gibt schamlos kund, dass er mit EU-Geldern errichtet wurde. Als wir angewidert vor dem schwachen Strahl, der leeren Wanne und dem morastigen Boden um ihn herum stehen, haben wir nur einen einzigen Wunsch: schnell weg von hier. Für jemanden, der Durst hat, gibt es nichts Frevlerisches als den sorglosen und verschwenderischen Umgang mit dem kostbarsten Element. Ich sehe Bischöfe, Politiker und Stadträte vor mir, wie sie am Tag der Eröffnung des Wasserhahns mit der Dorfkapelle hier stehen. Der Teufel soll sie holen.

Ein Fest am Ofanto

Zu acht steigen wir ins Tal und zur Grenze der Basilikata hinunter, in einer Hitze wie im Irak. Hinter Marco, der sich wieder zu uns gesellt hat, gehen Giuseppe Dodaro aus Catanzaro und Andrea Goltara aus Venedig, die beiden eint ihre Leidenschaft für Flüsse. Sie sind uns unterwegs nachgekommen und haben das Auto mitten in den Weizenfeldern stehengelassen. Auf unwegsamem, dornigem Gelände gehen wir bergab, die Statale 303 liegt in einer Entfernung von zwei bis drei Kilometern zu unserer Linken, auch sie ist ein Labyrinth mit erschreckend großen Schlaglöchern.

Laut Quilicis Führer sollten wir auf einer wunderbar erhaltenen Viehtrift unterwegs sein, doch der Führer ist fünfundzwanzig Jahre alt, und in diesem Vierteljahrhundert hat die Vegetation den Weg verschluckt. Als Entschädigung sehen wir zur Linken hinter dem Colle di Candela die wüstenartige Hochebene Apuliens. Endlose gerade Linien, vom Wind abgeschliffene Kornspeicher unter einem Himmel wie geschmolzenes Blei.

Die Irpinia, die mit einem Fluss begonnen hat, geht mit einem Fluss zu Ende. Mit zerkratzten Armen und Knien erreichen wir den Ofanto, auf der Höhe einer Brücke namens Santa Venere, die im Grunde aus drei Brücken, unter anderem einer römischen, besteht und eingestürzt im Unterholz liegt. Ein Stück dahinter der Bahnhof Rocchetta Sant'Antonio – ein schlangenverseuchter Ort, der nur wegen dem Fiatwerk in Melfi noch in Betrieb ist, ein staubiger, menschenleerer, südamerikanisch anmutender Ort wie aus *Hundert Jahre Einsamkeit*, mit einem unwirschen Bahnhofsvorsteher, der trotz des Verfalls die Gesetze einzuhalten versucht. „Was macht ihr auf den Gleisen? Wer hat euch erlaubt zu filmen?"

Der Abend senkt sich herab, Schleiereulen fliegen. Die apulische Hochebene ist von roten Lichtern durchsetzt. Das sind die Windräder, die Signale senden. Der Tavoliere, sagen die aus Candela, funkelt immer wie ein Weihnachtsbaum. Wir sind müde, wir wollen nur noch schlafen. Doch da stellt uns Vinicio zum dritten Mal einen fatalen Hinterhalt. Er lockt uns aufs Neue in den Wohnwagen und entführt uns nach Calitri, um den Tag mit Gesängen und Trankopfern ausklingen zu lassen.

Die Herde wird mit Gewalt in eine Höhle voll lustiger Wirtshausbrüder getrieben, die mitten im Dorf gegraben worden ist und in der Schinken hängen; die Unterhaltung dauert bis tief in die Nacht: ein Wirbel an Liebes- und Schmähliedern, Tarantellen und Beschimpfungen, begleitet von zahlreichen Einheimischen mit Ziehharmonika, Geige und Mundharmonika.

Inmitten dieser Leute, die das Leben in vollen Zügen genießen, verschwindet die Müdigkeit augenblicklich. Sie trinken kühlen Wein und spucken Lieder aus. Vinicio bekleckert sich mit Koteletts in Tomatensauce, Sandra tanzt mit Kastagnetten, Irene schließt sich dem Chor an, der blinde Testadiuccello singt wie Ray Charles und tanzt eng umschlugen mit einer Matrone (mit den Händen sieht er offenbar besser), sogar der spröde Ciriello gibt eine Tarantella zum Besten, nachdem er ein Babà auf den Tisch gestellt hat, das so groß wie ein Neugeborenes ist und das er extra aus Neapel hat kommen lassen. Dann der Schlaf, ein tiefer Wirbel, in der Gewissheit, dass wir die Straße inzwischen verloren haben. Rom ist aus unseren Gedanken verschwunden.

Don Quijote war nichts im Vergleich dazu. Der wahre Kampf gegen die Windmühlen findet in der Basilikata, Italien, statt, zwischen dem Ofanto und Melfi. Den Anfang macht eine aus einem geheimnisvollen Grund abgesperrte Straße; es ist die Statale 303, aufs Neue sie, aber hier ist sie sogar noch desolater als in Kampanien und zur Landstraße verkommen. Niemand fährt hier mehr, die alte Viehtrift hat sie offenbar zurückerobert. Niemand außer den zerstörerischen Lkws der Windenergie. Der Verfall ist beeindruckend und unerwartet, wird bestärkt von den Ruinen eines Straßenwärterhäuschens. ANAS stand einmal darauf, doch nur der Buchstabe A ist übriggeblieben. Wie viele habe ich doch in diesem Zustand gesehen: Immer wieder frage ich mich, warum die höchsten Gerichte den Verfall öffentlichen Gutes nicht als Verbrechen anerkennen.

In einem trügerischen Schweigen, zwischen wildem Fenchel, Ginster und giftigen Steckenkräutern, die so lang wie Schwerter sind, nehmen wir am frühen Morgen den Berghang in Angriff. Noch weiß niemand von uns, dass das die härteste Etappe werden wird. Die Höhenlinien sind unruhig und unregelmäßig, als würde sich der Apennin bei der Begegnung mit der im Norden schon gut sichtbaren apulischen Hochebene ein letztes Mal aufbäumen. Der Weizen wird in Gegenrichtung gekämmt, denn nach dem Levante weht nun der Wüstenwind Favonio, die Stechmücken spielen verrückt. Es ist ein Clinch mit dem Aufstieg, dem Wind, sogar den Schafen, die wie eine Lawine zum Fluss hinunter stürzen.

„Woher kommt ihr?", fragt der junge Hirte, der ihnen lässig im Auto folgt, mit der Kappe im Nacken, sein linker Arm baumelt aus dem Fenster. Er hat hier noch nie jemanden zu Fuß gehen sehen.

„Aus dem Norden."

Aus der Überraschung wird Verblüffung. „Und wohin geht ihr?"

„Nach Brindisi."

Er lacht, gestikuliert zum Abschied und folgt hupend der Herde, die kackend zur Tränke läuft. Der Hirte im Auto und die Bourgeois zu Fuß: eindeutig eine komische Situation.

Aber schon kommt vom Fluss ein voller Tankwagen herauf, ebenfalls mit einem jungen Mann am Steuer. Er besprengt die Straße, um den Staub, den andere Lkws aufgewirbelt haben, zu bekämpfen. Rockmusik aus dem Autoradio, brennende Zigarette und offenes Fenster, um die Achseln zu belüften. Auch er hat noch nie einen Fremden hier zu Fuß gehen sehen.

Wir heben die Augen zum Hügel. Die Spur, die von Weizenfeldern und Gärten verschluckt worden ist, bricht vor einem riesigen Windpark endgültig ab. Oberhalb von uns vier Stümpfe von im Bau befindlichen Türmen, auf dem Schild steht *Alfa Wind*; obwohl noch gar nicht fertiggestellt, sind sie riesig. Achtzig Meter hoch, ganz zu schweigen von den Windrädern. Und das ist nur der Anfang. Die Hügel und Wälder, in denen Friedrich II. auf die Jagd ging, sind von der Windindustrie derart abgeholzt, dass uns der Faden des Knäuels entgleitet.

Windpark: ein schöner Name, nicht wahr? Man denkt dabei an ein Wäldchen, das von einem sanften Zephyr gestreichelt wird. Die Zerstörung bedient sich derartiger Worte, sie sind bestens dazu geeignet, naive Gemüter zu beeindrucken. In Wirklichkeit sinkt der Asphaltboden des Parks ab, neigt sich und hat Risse; wir bewegen uns am Rand großer Spalten, die tektonischen Bruchlinien gleichen. Wir haben versucht, eine antike Straße wiederzubeleben, stattdessen wohnen wir, Riss um Riss, Mure um Mure, live dem Tod einer modernen Straße bei.

Hier findet der Ausverkauf Italiens statt

1786 schrieb Goethe in der italienischen Reise über die Römer: „Diese Menschen arbeiteten für die Ewigkeit, es war auf alles kalkuliert, nur auf den Unsinn der Verwüster nicht." Und da sind auch schon die ersten Ungeheuer, schwere Fahrzeuge, ein jedes so groß wie drei Panzer. Langsam, unaufhaltsam, ohne sich um uns zu kümmern, rollen sie über die ehemalige 303 und ruinieren sie endgültig. Auch die Fahrer sind Hünen. Sie wirken wie Chefs. Doch die Chefs sind andere: ausländische Söldner mit Pianistenhänden, junge Techniker, die die Italiener schuften lassen. Junge, spöttisch grinsende Spanier fahren in weißen Kleinlastern oder im Land Rover vorbei, gebräunt und in schwarzem T-Shirt. Der Name der Firma, *Moncobra,* klingt wie aus einem Film von Tarantino. Dann die Iren. Sie werden *erection manager* genannt, weil sie imstande sind, diese riesigen Schandflecke zu errichten. Das ist der Triumph einer neuen Ausbeuterklasse auf Kosten der letzten echten Produzenten, der Bauern mit den schwieligen Händen.

Ein Stück dahinter ein Anwesen, ein Bauer kümmert sich im Schweiße seines Angesichts um seine Tomaten. Ich frage ihn, was er von den Riesen ringsherum hält, doch er gibt keine Antwort. Kaum sieht er mein Notizbuch und Alex' Kamera, igelt er ich ein, als ob ihn das alles nichts anginge, als ob der Kampf gegen die Mächtigen schon von vornherein verloren wäre. Hier würde nie eine Widerstandsbewegung entstehen, wie anderswo gegen die Tunnel der Hochgeschwindigkeitsstrecke. Genau deshalb haben sich die Herren des Windes für diesen Ort entschieden. Sie wissen, dass sie es mit einem Land zu tun haben, das den Kopf senkt. In den Neunzigerjahren des letzten Jahrhunderts wehte noch ein anderer Wind. Kampanien lehnte sich gegen die Freileitungen auf, die die Enel mit unvergleichlicher Brutalität errichtete. In Rapolla wurde ein Mast in Brand gesetzt. Es gab heftige Kämpfe, um die 380-Volt-Leitung von Maddaloni nach Matera zu verhindern. Doch das ist Vergangenheit. Der Süden versinkt in Desillusionierung und Gleichgültigkeit.

Wieder riesige Türme. Der Sockel eines Turms befindet sich gerade in Bau, er ist so groß wie ein halbes Fußballstadion. Dahinter graben Bulldozer noch mehr Weizenfelder um, und am Rand liegen große Erdhaufen, die in ferner Zukunft eingeebnet werden.

In der Ferne drehen sich ganz oben auf den riesigen Windrädern die Schaufeln von Anemometern. Angeblich ist kein Ende in Sicht, weitere Mühlen werden gebaut werden. Die wunderbar sanften Hänge rundherum besänftigen nicht, sondern lassen einen vor Wut schäumen. Man hat das Gefühl, man würde die Nase in fremde Angelegenheiten stecken, man kommt sich als ohnmächtige Fliege vor; und so sehen einen auch die Arbeiter.

„Was macht ihr hier?", fragen sie uns auf einer Baustelle.

„Wir drehen einen Film", antworten wir.

„Und wie heißt er?"

„Appia Antica".

Herzliches Gelächter.

Tapferkeitsorden

Auf den windigen Höhen tauchen zum ersten Mal Felsvorsprünge auf. Der Ofanto ist wahrlich eine Scheide zwischen zwei Welten: Nach dem Hügelland Kampaniens beginnt jetzt die raue Basilikata. Zwischen wildem Fenchel und Ginsterbüschen steigen wir bergauf, bis wir vom Gipfel eines Hügels namens Torre della Cisterna das endlose Hochplateau des Tavoliere im Nordosten sehen. Das einzige Land, das von Windrädern nicht erdrückt wird, sondern paradoxerweise in den richtigen Maßstab gesetzt zu werden scheint. Bis Tarent beginnt nun eine Reise auf einem schmalen Grat zwischen Apulien und der Basilikata. Unter uns eingezäunte Grundstücke, eine Schnellstraße und eine lange Eisenbahnbrücke, sie trennen uns von einer in der Ferne sichtbaren Spur, die eventuell die Appia ist. Wir haben uns eindeutig verirrt. Um zu ihr zurück zu gelangen, müssen wir einen weiten Umweg machen, dann folgt ein Clinch mit Stacheldraht, einer illegalen Absperrung und schließlich mit einem Röhricht, aus dem wir uns nahezu schwimmend befreien. Durstig und von oben bis unten zerkratzt treten wir nicht auf festen Boden, sondern auf dichtes Laub.

Riccardo ist unglaublich. Eine Bremse sticht ihn und er freut sich nahezu darüber. Er freut sich darüber, dass die Straße ihm Narben schlägt, denn diese Narben zeichnen auf seinem Körper eine Geografie von Linien und Punkten, die sein Gehen auf der ganzen Welt wiedergibt, wie die Narbe, die Odysseus seiner Amme Eurykleia zeigt. Riccardo hat eine dicke Hornhaut auf den Fersen, die so hart wie Marmor ist und auf der Blasen keine Chance haben. Die Kniegelenke sind nach vierzigtausend Kilometern zu Fuß abgenützt. Aufgrund eines nicht lange zurückliegenden Sturzes hat er eine Verletzung am inneren Knorpel des linken Knies. Eine Keratose auf der linken Wange aufgrund zu langer UV-Exposition, wie sie Bergführer und Matrosen oft haben. Seine rechte Hand ist infolge eines Sturzes in den Gesso-Fluss bei einer Fotoreportage in den Alpi Cuneesi schwer beschädigt, er hat nur durch ein Wunder überlebt. Die schlimmsten Verletzungen hat er sich jedoch mit siebzehn Jahren bei einem Frontalcrash mit dem Rad zugezogen: ein Bruch des Oberschenkelknochens, der mit einer Platte und vier Schrauben geflickt wurde, an seinem Ellbogen wurde der Gelenkfortsatz angeschraubt. Ganz zu schweigen davon, dass er sich zwei Sehnen eines Mittelfingers durchgeschnitten hat, was eine Naht mit vierundzwanzig Stichen und eine komplizierte Rehabilitation erforderte. Ein Wrack, könnte man sagen. Doch er geht, dass es eine wahre Freude ist.

Die Wunde, der Bremsenstich, die Narbe, der Bruch, die Verstauchung. Das kann man nicht einfach als Kollateralschaden des Gehens abtun. Das sind Tapferkeitsabzeichen und gleichzeitig eine Maut, die wir bezahlen, damit die Straße uns ihre geheimen Breschen offenbart. Ein Weg, der keine Spuren auf der Haut hinterlässt, ist nichts wert. Ich versuche, eine Bestandsaufnahme meiner Blessuren zu machen. Zweimal habe ich mir beim Schifahren das linke Bein gebrochen. Einmal bin ich auf der Straße hingefallen (weil ich blöderweise gerannt bin, um nicht zu spät zu einem Termin zu kommen), ein beidseitiger Bruch der Knöchelgelenke und ein Bruch eines kleinen inneren Knoches namens Talus waren die

Folge. Außerdem Meniskusoperationen, eine leichte Quetschung eines Rückenwirbels und zwei Operationen am Kinn wegen Hautkrebs-Vorstufen aufgrund von zu viel Sonne. Das Lästigste ist allerdings eine erbsengroße Verdickung der Mittelfußnerven namens Morton-Syndrom, die nach einem Dutzend Kilometer zu schmerzen beginnt. Aber was soll's. Ich habe diese Landkarte liebgewonnen, an der man mich erkennen kann; wie die Falten im Gesicht besagt sie, dass ich gelebt habe. Sie belegt meine Identität und beruhigt mich. Damit will ich nicht sagen, dass ich das Altern genieße: Aber es wäre eine Schande, gesund und heil zu sterben.

Irene und Alessandro – beide weit unter fünfzig – kennen solche Gedanken nicht. Vor allem die Archäologin Sandra, die jüngste der Truppe, fliegt wie eine Möwe über die Heide, ohne etwas von den Wehwehchen des Alters zu ahnen. Uns eint nur der Durst und die Anzahl der Biere, die wir trinken wollen, sobald wir am Ziel sind. Kühl, mit aufsteigenden Kohlesäurebläschen, blond, bitter und schäumend. Wir spüren sie, sie sind schon ganz nah, jetzt, wo wir Hinterhalte und Labyrinthe überwunden haben und das Gehen wie am Schnürchen läuft. Auf der IGM-Karte steht „Provinzstraße Leonessa", aber wir sehen nur einen menschenleeren Feldweg. Unter fingerdickem Staub tauchen Steinplatten auf. Ist sie das? Vielleicht. Wieder Felder und Weiden und Heideland, bis zu einem steilen, von Ginster überwucherten Tal. Wir steigen hinauf, umgeben von einem betörenden Duft. Ganz oben eine Relaisstation und zwei sehr freundliche Hunde mit hellem Fell, die Irene die Hand lecken. Dann geht es zum Kirchlein Madonna di Macera hinunter, das in Quilicis Führer eingezeichnet ist und von dem aus man einen wunderbaren Blick auf das auf die Hügel hingekleckerte Melfi hat. In dem Wiesenland davor der Adlerhorst, wo Friedrich II. die Konstitutionen von Melfi erließ und die Basilikata groß machte.

Ode an Aemilia

Sag mir, wer du bist, du, die du im Halbdunkel ruhst,
nahezu schwebend in der Krypta einer Burg mitten in diesem
Land der Oliven und des Windes. Wer bist du? Dein Name ist
nicht gewiss. Quasimodo, d'Annunzio und Pasolini haben Ilaria
del Carretto besungen, die in Lucca begraben liegt, ihr regloses
Antlitz aus poliertem Marmor, festgehalten im Augenblick des
Todes – *Jacopo della Quercia fecit* – mit dem Hündchen zu
Füßen.
Aber wer hat dir zu Ehren Daktylen gedichtet,
wer hat mit Jamben und Trochäen dein edles und sinnliches
Antlitz besungen, du Frau aus Stein, Aemilia genannt, Tochter
des Marcus Saurus und der Cäcilia, die du nur auf uns zu warten
scheinst, auf die schweigenden Wanderer im Land der Lukaner?
Bist wahrlich du es auf diesem Grab, schläfst du oder erwachst
du gerade? Bist du wirklich tot oder geschieht gerade ein
Wunder?
Ich sehe deinen rechten Arm: er ruht nicht zur Gänze auf dem
Peplos. Der Kopf scheint sich vom Kissen zu heben, doch auch
die Knie – täusch mich nicht! – beben wie in unruhigem Schlaf.
Wer dir diesen Sarkophag geschenkt – deine Mutter oder dein
Gatte – hat dich wohl sehr geliebt, in der Ferne, auf Paros oder
vielleicht in Kleinasien wurde er von einem Steinmetz gefertigt,
von Brindisi ist er hierher gebracht worden, gezogen von vier
dunklen Ochsenpaaren, über das Pflaster der Königin der
Straßen.
Bist es wirklich du, Aemilia Scaura,
die du mit achtzehn Jahren im Kindbett starbst, nachdem dein
Stiefvater Lucius Cornelius Sulla dich mit Gnaeus Pompeius
vermählt, der dich nahm, obwohl du das Kind eines anderen
unter dem Herzen trugst, um Zugang zur Welt der Patrizier zu
erhalten, der dein Geschlecht seit jeher angehört.
Doch im Grunde ist es egal, wer du bist.

Du bist die Herrin dieser Burg,
die stolz mitten in den Bergen des Apennins steht, und nur eines zählt: dein Sieg über die Dunkelheit und die Leere, dein Sieg über Thanatos, den Tod, die Erleichterung, die du bei allen auslöst, die dich betrachten. Wie Ilaria hattest auch du ein Hündchen, das von frevlerischer Hand entfernt wurde: mehr Ähnlichkeit gibt es nicht. Ilaria ist tot und du lebst.
Du wohntest, nehm ich an, an dieser Straße
über die wir Schritt für Schritt gehen, denn du wurdest in einem Marmortempel in Rapolla begraben, hier auf dem Hügel, oberhalb der Burg von Friedrich II., des Königs von Italien. Und heute, im honigfarbenen Licht des Sonnenuntergangs, schenkst du uns die Gewissheit, in die richtige Richtung zu gehen; du sagst uns, dass Rom hier herrschte, dass zwischen Benevent und dem Meer in Brindisi Kaufleute und Legionäre unterwegs waren, Schafhirten aus Epirus und Fuhrmänner aus Thrakien und Bithynien, Patrizier aus Neapel und Matrosen von den windigen Zykladen.
Du königliche Frau enthüllst uns,
dass dieses nun verfallene Land einmal der Mittelpunkt der bekannten Welt war. Ich möchte mit den Fingern durch deine im Nacken zusammengebundenen Haare fahren, dich mit einem morgendlichen Kuss zum Leben erwecken oder mit einem zärtlichen Beischlaf im Augenblick zwischen Schlaf und Wachen.
Aber der Marmor sagt, dass du schon woanders bist,
in einem anderen Schlaf und anderen Träumen, du reitest auf Meeresungeheuern und Tritonen, im schaumgekrönten Mare nostrum, gemeinsam mit Diomedes, Odysseus und Helena, inmitten von Blumenopfern, in Richtung der Sterne anderer Welten.

Die Frau auf dem Sarkophag geht mir nicht aus dem Sinn. Ihr Blick hält mich wach, lässt mich nicht los. Eine seidenweiche, unbewegliche, flüssige Nacht hat sich auf Melfi gesenkt. Ein großes Schweigen liegt auf den mondbeschienenen Weizenfeldern, auf dem erloschenen Vulkan Vulture, auf dem Kastell Friedrichs II., den glänzenden Pflastersteinen der mittelalterlichen Stadt. Schweigen auf unserer Straße, die nach den Kurven in der Irpinia wieder schnurgerade in Richtung Metapont, Tarent und dem Ionischen Meer verläuft. Kein Geräusch auf der Straße des Appius Claudius Caecus, die im Licht eines seltsamen Vollmonds dahinsegelt – ohne Zikaden und ohne das Krähen von Hähnen in den Bauernöfen, ohne den Gesang von Betrunkenen und ohne vorbeisausende Züge oder Lkws in der Ferne. *Melfi è il paese dello sconforto / o piove, o tira vento / o suonano le campane a morto*: Melfi ist die Stadt des Unbehagens / entweder es regnet oder es geht Wind / oder es läuten die Totenglocken: So habe ich einen lokalen Barden singen hören, aber heute ist die Nacht wie geschaffen für Kämpfer gegen Windmühlen wie uns.

Vor Sonnenuntergang sind wir mit der Erlaubnis Don Donatos auf den Glockenturm der Kathedrale gestiegen; der Priester ist ein adretter Typ in Sakko, mit einer Brille wie ein Banker und hübscher junger Haushälterin. Der Glockenturm war lange geschlossen und zu einer Zuflucht für Dohlen und Tauben geworden, bevor man sie eines Tages aus ihren mit Spinnweben verhangenen Nestern verscheucht hat. In der Kirche gibt es jede Menge Heilige, darunter zahlreiche Antonios und das Skelett eines Theodorus in einem Schrein des Chors, in goldener Tunika, mit Schwert und einer Maske anstelle des Gesichts. Ausnahmsweise fehlt Padre Pio, der ewige Störenfried. Über allen thront unangefochten der hl. Alexander, dessen Körper buchstäblich zerfetzt wurde wie bei einem bacchischen Ritual. Das Herz auf der einen, die Fingerknochen auf der anderen Seite und der Torso in der Mitte. Das alles in die Mauer hoch oben im Kirchenschiff eingelassen. Eine düstere barocke Choreografie mit byzantinischem Einschlag. Memento mori. Das Gegenteil der Frau in der Burg. Einen Augenblick lang denke ich, dass es im Heidentum fast mehr Hoffnung auf Auferstehung gibt als in den Kathedralen der Christen.

Die Kirche gleicht einer Tafel aus einem Anatomieatlas und der Priester bewegt sich zwischen den Reliquien mit weltlicher Lässigkeit, mit einer aufklärerischen Skepsis, die alle unsere Fantasien zunichte macht.

„Der hl. Alexander? Keine Ahnung. Wir besitzen nur einzelne Teile."

Und Theodorus?

„Ein Soldat aus dem 13. Jahrhundert, wir wissen jedoch nicht, ob es wirklich Theodorus ist und wie er hierhergekommen ist."

Tiefe Nacht, die Sterne wandern Richtung Cilento. Unser Alexander schnarcht zum ersten Mal nicht in seinem Bett, obwohl er heftig träumt – vielleicht liegt das an seinem zerstückelten Schutzheiligen oder weil er wie ein Bluthund die Nähe Apuliens riecht (wo er zur Welt kam, bevor er in die Emilia ausgewandert ist). Im Hotel *I Due Pini* – unserem Rastplatz – schlafen übrigens alle wie unter Narkose. Nur ich verdaue im Halbschlaf die allzu vielen Visionen und die allzu vielen Biere, die ich am Ende eines allzu langen Tages getrunken habe. Riccardo, ruhig wie immer, konzentriert sich auf seinen Atem. Irene umarmt ihr Kissen neben dem bereits für den nächsten Tag fertig gepackten Rucksack. Marco, mit dem Bauch nach oben und eingewickelt in sein Schweißtuch, würdevoll wie eine ägyptische Mumie. Maria Grazia, Alex' Freundin, die gerade aus dem Norden zu uns gestoßen ist, liegt mit herabhängendem Kopf auf der Matratze.

Auch Vinicio schläft. Er ist mitten in der Nacht, nach einem Konzert, gekommen und wird uns bis Venosa, Horaz' Geburtsstadt, begleiten. Auch Michaela ist wieder mit von der Partie. Ich zähle nach: In einer einzigen Nacht sind wir neun geworden. Seit einer Weile werden wir abwechselnd mehr und weniger, unsere

Gruppe dehnt sich aus und zieht sich zusammen wie der Balg einer Ziehharmonika. Neun. Ich fühle mich für den ganzen Wurf verantwortlich. Ich habe sie in dieses Abenteuer hineingezogen, wie Moses das auserwählte Volk.

Capossela ist entzückend. Im Schlaf ähnelt er einem zerrupften Wollknäuel. Neben ihm schlummert eine Flasche Aglianico mit der Aufschrift *Nocte* – die Trauben wurden wie bei einem heidnischen Ritual in einer mondlosen Nacht geerntet –, die der Hotelbesitzer Felice Mallano uns geschenkt hat, um uns alles Gute zu wünschen. Alle spüren wir, dass nun eine neue Etappe beginnt: eine Etappe der Karawanen, Wüsten und Felsen.

Kamasutra

Der Weg nach Venosa zwischen Affodillen und tresterfarbenem wildem Knoblauch beginnt mit dem bitteren Geruch von verbrannten Stoppelfeldern. Die Route verdorrt, wird zu einem reinen Begriff: zur kürzesten Linie zwischen zwei Brunnen oder zwei Schattenpausen, einem Pappelhain oder einem Wäldchen aus Flaumeichen, wo wir Kühle tanken. In dieser Gegend stimmt der mögliche Verlauf der Appia immer häufiger mit verlassenen Provinzstraßen überein, unter kreisenden Raubvögeln wird sie zu Neumexiko. In der Morgensonne gleicht Vinicios Profil dem eines federlosen Nachtvogels, eines Uhus, der aus dem Nest gefallen ist und von Menschen gezwungen wird, ins grelle Mittagslicht zu blicken.

Nur die Paarung zweier Eidechsen am Straßenrand vermag ihn aus seiner Lethargie zu wecken. Es wäre eine Untertreibung, die Sache als Geschlechtsverkehr zu bezeichnen. Das Weibchen entkommt der Umarmung, das Männchen stürzt sich auf sie drauf, klebt sich an sie, zieht sie mit den Zähnen am Schwanz, stößt mit sich selbst zusammen. Die beiden Tiere, die normalerweise immer auf der Hut sind, haben völlig das Gefühl für Gefahr verloren und ignorieren uns, während wir sie fasziniert bei ihrem Kamasutra beobachten. Alle Reptilien und Schlangen der Basilikata sind gerade brünstig. Es ist die Jahreszeit. Die Nattern sind völlig von Sinnen. Man kann sie in die Hand nehmen und sie hören nicht auf. Wir finden zwei unter einem Maulbeerbaum. Sie winden und umschlingen sich, pfeifen, trennen sich und beginnen zwischen den zerquetschten Maulbeeren aufs Neue.

Wir gehen am Rand von Feldern mit fast reifem Weizen, und Teile der Ähren dringen in unsere High-Tech-Schuhe ein, kriechen in das atmende Gewebe, schließlich sehen unsere Füße aus wie lächerliche Stachelschweine. Wir sind gezwungen, immer wieder im Schatten einer Eiche stehenzubleiben und die Schuhe abzuzupfen. Nach dem Grün Kampaniens dominiert nun Gelb. In den Wiesen liegen Heuballen. Die Maulbeerbäume sind übervoll mit reifen Beeren, wir schieben uns ganze Hände voll in den Mund und bekleckern uns bis zu den Ellbogen. Vinicio und ich spielen abwechselnd Mundharmonika. Einen k.u.k. Marsch, dann *Oh! Susanna* aus den Saloons des Wilden Westens. Brutale Hitze. Wir hüten uns davor, Bier zu erwähnen: Das macht den Durst nur noch schlimmer und rückt das Ziel in weitere Ferne. Ein ehernes Gesetz bei einer Fußwanderung.

Ein anderes Gesetz beziehungsweise ein streng einzuhaltendes Theorem betrifft das Notizbuch. Hin und wieder steckt man es in die Tasche, weil man die Hände frei haben will. Doch – verdammt! – gleich darauf geschieht etwas, was man unbedingt aufschreiben möchte. Immer das Gleiche, kaum passiert etwas, sucht man nervös nach Feder und Papier. Hält man jedoch das Notizheft einsatzbereit in der Hand, passiert merkwürdigerweise absolut nichts. Daraus lernt man: Man muss das Heft einstecken, es jedoch schnell ziehen können, wie der Cowboy seine Pistole. Es muss an einem Ort verstaut werden, aus dem es mit Lichtgeschwindigkeit herausgezogen werden kann. Schlussfolgerung: Das Notizheft ist ein Instrument, das Dynamik in die Reise bringt und dafür sorgt, dass etwas passiert. Über solchen Unsinn zerbrechen wir uns den Kopf, wir plaudern zwischen Rosmarinsträuchern, Hecken aus gelben Wolfsmilchstauden und von blauen Disteln bedeckten Wiesen.

Mohn im Weizenmeer

Fünf Kilometer von Venosa entfernt wird unsere zweitausendjährige Straße zu einer Reihe alter Telefonmasten in einer von nicht mehr erkennbaren Prellsteinen gesäumten Regenrinne, der Weg ist mittlerweile von Gestrüpp überwuchert. Das Bild dieser letzten Metamorphose hat etwas Grandioses, unsere Gefühle dabei sind kaum zu beschreiben. Links ein Tuffsteinfelsen in einem Meer aus Weizen, in dem blutroter Mohn blüht. Rechts ein brachliegendes Feld und mittendrin eine wunderbare Ruine aus Beton römischer Machart. Durch all das marschieren wir bei heftigem Wind, der Weizen steht uns bis zum Gürtel, Vinicio und Marco parlieren über Christus. Ihnen zufolge ist er nur deshalb nur bis Eboli gekommen, weil die Zigeuner, die unvergleichlichen Viehhändler, ausgerechnet hier ihr Hauptquartier hatten und ihm das Maultier stahlen.

Lange Schatten über dem Colle della Maddalena. Jüdische Katakomben, 4.–9. Jahrhundert n. Chr., ein sehr freundlicher Beamter des Denkmalamts sperrt sie uns nach Vereinbarung auf. Am Eingang ein großer Feigenbaum, der jüdische Baum schlechthin. Wer hat ihn hier gepflanzt? Die Katakomben eine einzige Überraschung. Ein klimatisierter, perfekt instand gehaltener Keller. Ein Labyrinth aus sieben, ausschließlich von Hand gegrabenen Stollen. Wieder ein ignoriertes Schatzkästlein.

Wie viele Juden gab es in Venosa? Tausende, der Anzahl der Gräber (mindestens dreitausendfünfhundert) nach zu schließen, die übereinandergeschachtelt sind wie Stockbetten. Eine blühende Gemeinde, ein Beweis, dass die Stadt sogar im Hochmittelalter ein strategisch wichtiger Punkt und die Appia noch ein wichtiger Handelsweg zwischen Latium und Apulien war, mit Verzweigungen in den ganzen Mittelmeerraum. Doch etwas ist unklar. In der Literatur gibt es keinen einzigen Hinweis auf die Existenz derart vieler Juden. Auch die Steine von Venosa sagen nichts. Die Juden haben hier nur Gräber und Grabinschriften hinterlassen. Fast eine Underground-Community. Eine spurlos verschwundene Parallelwelt.

Vor den Toren Venosas, vor der Bar *I Briganti* und ihrer schattigen Terrasse kapitulieren wir und ziehen unsere Schuhe aus und bestellen beim Schrei *„Carpe diem"* einen Imbiss mit Bier, Pizzen, gegrillten Paprikaschoten und Horaz-Zitaten. Zwischen den einzelnen Gängen erzählt uns Rocco, der einundzwanzigjährige Sohn des Besitzers – gelbe Krawatte über violettem Hemd –, dass er gern hier leben würde, denn die Stadt sei schön und es gäbe viele Kulturschätze – der Ruhm des Dichters, der Fremde anlockt, Wein und gutes Brot, den „Certamen Horatianum", den Übersetzungswettbewerb für Latinisten aus ganz Europa –, doch die Politik verdamme den Süden zu einer ewigen Rolle an der Peripherie.

Horaz? Ein Trunkenbold

Wenn man auf Ciriello nicht aufpasst, macht er Dummheiten. Die Wanderung, das Bier und die Pizzen haben ihn nicht gesättigt, wie ein Bluthund sucht er Beute. Und während Vinicio in der Bar lümmelt und mit glänzenden Augen den stiergleichen Ofanto heraufbeschwört, der sich laut Horaz durch des Daunus' Reich wälzt und die bestellten Felder überschwemmt, zischt er wie eine Rakete ins Zentrum von Venosa. Hilfe, sage ich zu mir, er hat eine Idee. Eine präzise Idee. Beziehungsweise eine präzise Frage.

Er sucht sich ein beliebiges Opfer und fragt: „Wer ist denn dieser Horaz?"

Antwort: „Was Altes."

Ein Zweiter: „Der Herr des Dorfes."

Ein Dritter: „Ein Held."

Noch einer: „Der ist tot und begraben, aus!"

Schließlich: „Ein römischer Dichter."

Da meldet sich Lokalpatriotismus: „Wir sind mit Horaz verbunden, Venosa ist vor allem wegen Horaz bekannt."

Eine Schülerin: „Es gibt da ein lateinisches Sprichwort … ich erinnere mich nicht …"

Marco, unerbittlich: *„Carpe diem?"*

„Ja, genau …"

Jetzt meldet sich ein Professor zu Wort: „Horaz ist ein Dichter, der größte lateinische Dichter. Er ist hier in Venosa geboren, doch mit zehn Jahren weggezogen, sein Vater war nämlich Versteigerungsagent und besaß die Möglichkeit, seinen Sohn nach Rom zum Studium bei Maecenas zu schicken. Vielleicht war er der erste Emigrant in der Geschichte. In einigen Schriften erinnert er sich an seine Geburtsstadt, an den Wein seiner Heimat."

Ein gutgelaunter Alter: „Horaz war ein Trunkenbold! Er liebte den guten Aglianico aus Venosa!"

Don Raffaele

Zu Raffaele Nigro würde ein Spazierstock gut passen. Ich sehe ihn auf der Promenade des Anglais in Nizza um die Jahrhundertwende vor mir, elegant gekleidet wie ein englischer Dandy, dorthin würde er entschieden besser passen als zum Vesperläuten in Venosa. Doch der Herr mit dem dichten silbergrauen Haar ist ein Sohn dieser Erde, genauer gesagt ein Sohn Melfis. Sobald er von unserer Wanderung erfahren hat, hat er sich aufgemacht, um uns in Venosa zu treffen. Mit seinem Buch *Die Feuer am Basento* hat er mich als Ersten für die Basilikata begeistert. Jetzt erkundigt er sich, ob wir alle Sehenswürdigkeiten besichtigt haben. „Die Fontana di Albero in Piano gleich neben der Appia? Und habt ihr auch von der kristallklaren Quelle von Bandusia gehört, *wert, mit Weine vermählt, mit Blumen bekränzt zu sein*? Und vom Sarkophag in Melfi?" Vinicio spielt *Pena del l'alma* auf dem verstimmten Klavier in der Hotelhalle,

Formia – „Das Teatro Augusteo in Formia, das sich in einem bewohnten mittelalterlichen Gebäude versteckt, zwischen zum Trocknen aufgehängter Wäsche und dem Duft nach Ragù.“

Sinuessa

Das restaurierte Amphiteater von Minturnae

Bauern auf den Feldern zwischen Mondragone und Capua

Amphitheater in Santa Maria Capue Vetere

„Blutroter Mohn im Weizenfeld“

Trajansbogen in Benevento

Sandra Lo Pilato in den Ruinen von Aeclanum

„Mefite, Pesthauch und Vorhof der Unterwelt“

Windräder auf dem Bergrücken des Formicoso

Ciriello zwischen Melfi und Venosa – „Schließlich sehen unsere Füße aus wie lächerliche Stachelschweine.“

„In Richtung Venosa, im hüfthohen Weizen“

Venosa, Relief an der Kirche San Domenico

Vinicio und Paolo lesen Kapitel 5 der Satiren von Horaz.

damit gibt er zu verstehen, dass er uns – ausgerechnet auf dem Höhepunkt unserer Reise – verlassen muss und es ihm leid tut. Er verspricht, uns auf Facebook zu folgen. Umarmungen und Küsse, während die Schwalben ihren Abendtriller anstimmen. Unsere Truppe zerfällt und setzt sich immer wieder aufs Neue zusammen.

Was für ein Genuss, Don Raffaele zuzuhören, wie er bei einem Glas kühlen Weißweins und Antipasti, einem Teller Taralli, seine Gedanken darlegt, während der Abend sich herausputzt und parfümiert. „Apulien und Sizilien rühmen sich der normannischen Vergangenheit, doch hierher kamen die Männer aus dem Norden zuerst." Hier stehen ihre Kirchen und Bastionen, zum Beispiel Pietrapertosa und Santa Maria di Anglona. Hier lebt der Mythos von Friedrich II., seiner Wälder, seiner Falkenjagd. „Friedrich war der Letzte aus dem Norden, der an dieses Land geglaubt hat. Der letzte große Gebieter über unser Schicksal. Er verkörpert die Sehnsucht nach einer nicht ausbeuterischen Herrschaft. Deshalb geht sein Mythos nicht unter und kehrt in diesen schwierigen Zeiten sogar gestärkt zurück."

Man serviert Orecchiette mit *cime di rapa* (Stängelkohl) und regionalem Knoblauch, der Auftakt zu einem außergewöhnlichen Reigen an Leckerbissen und Kostproben. Stark aromatischer Knoblauch, das Produkt einer bereits mesopotamischen Sonne, wie der Knoblauch, zu dem Maecenas seine Tischgenossen zwang. *Doch wenn dich jemals solch Gelüst, o scherzender Mäcenas, reizet, wünsch' ich dir, das Mädchen strecke deinem Kuss die Hand zur Wehr und rück' im Lager bis zum Rand.* Doch wir haben die römischen Meilen in den Beinen, wir sind nicht zimperlich. Gehen macht hungrig. Gehen belebt die Zunge und den Magen. Wir sind in Venosa, wir essen, wie es in Venosa üblich ist.

Ich frage Don Raffaele, ob sich im Mythos Friedrichs II. nicht eine Spur von Mystifizierung verbirgt. Eine Sehnsucht nach dem Goldenen Zeitalter, befeuert von der düsteren Gegenwart.

„Der Friedrich-Mythos wurde gewiss auch von der Literatur genährt. Vor allem Dante hat zur Legendenbildung beigetragen.

Aber es gibt objektive Gründe. Die Konstitutionen von Melfi berufen sich auf den Codex Iustinianus und kehren sich von den langobardischen Gesetzen, jenen der Franken und Normannen ab. Das freie Weiderecht und die Beschränkung der Anwendung gewisser Fanginstrumente. Seine Modernität zeigt sich auch darin, wie er Jerusalem erobern wollte, nämlich mit Geld und nicht mit Blutvergießen, was der Kirche überhaupt nicht gefiel. Er war ein weltlicher Nomade. Und ein Sammler von Völkern."

„Die Literatur hat Friedrich geholfen", erwidert Marco, „allerdings nicht dem tiefen Süden, Goethe wäre nie auf die Idee gekommen, hierherzureisen."

„Du sprichst von der klassischen Bildungsreise: Die Reisenden besuchten Florenz, Rom, Bologna, Venedig, Mailand. Goethe auf seiner Reise in das Land, wo die Zitronen blüh'n, fährt bis Neapel, dort nimmt er eine Fähre nach Palermo, kehrt nach Neapel zurück, doch er wäre nie auf die Idee gekommen, Apulien zu bereisen, obwohl sein Italienischlehrer Domenico Giovinazzi in Castellaneta in Apulien zur Welt gekommen ist. Er hatte ihn mit den Volksliedern und der Sprache Süditaliens bekannt gemacht. Die Leute, die den Mezzogiorno bereisten, kümmerten sich nicht um den Osten Süditaliens, er war ihnen egal. Heute retten ihn in gewisser Hinsicht nur der Gargano und Padre Pio vor dem Vergessen."

Gebratene Kichererbsen, pikante schwarze Salami und Primitivo di Manduria. Wir fragen, ob Friedrich auf der Appia unterwegs war und ob er der alten Römerstraße zu neuen Ehren verhalf.

„Friedrich lebte hier, er kannte jeden Winkel seines Reiches. Er weitete sein Gebiet aus, bereiste es, im Gegensatz zu Karl I., der ebenfalls ein Großer war. Er besuchte seine Kastelle: Sie befinden sich alle in der Entfernung eines eintägigen Fußmarsches. Er ist ständig in Bewegung, er muss jede Nacht an einem sicheren Ort, nämlich in einem seiner Kastelle, schlafen. Castel Fiorentino, Melfi, Palazzo San Gervasio, Castel Del Monte. Das Kastell ist das Bild der Macht des Herrschers, aber auch ein Wachtturm und ein Ort der Verteidigung. Ich bin mir sicher, Friedrich war auf seinen vielen Reisen auf den Straßen der Römer unterwegs. Bis nach Brindisi."

Im Ofen gebackene Paprikaschoten, Aglianico und Brot aus Matera. Marco stellt fest, dass es keinen Film über den Stauferkönig gibt.

„Der Zweite Weltkrieg hat seinem Bild sehr geschadet. Für die Amerikaner war Friedrich der Inbegriff Deutschlands. Die Tatsache, dass Hollywood den Stoff nie aufgegriffen hat, spricht Bände. Dabei gäbe es so viel über ihn zu erzählen, das wäre ein monumentales Epos, ich denke an Mel Gibson, an Spielberg. Es ist doch interessant, dass seine Figur in den letzten dreißig Jahren nach langem Schweigen wieder aufgetaucht ist."

„Die Anhänger der Bourbonen", wirft Irene ein, „verehren aber Franz II. von Sizilien und nicht ihn." Auf dem Tisch stehen Thunfisch und Blumenkohl aus dem Ofanto-Tal. Außerdem ein Ziegenkäse namens Casieddu.

„Manche sagen, die Bourbonen hätten so viel für Italien getan, doch dabei vergessen sie, dass sie nur dem Gebiet um Neapel ihren Stempel aufgedrückt haben. Hier in der Basilikata sind die Straßen nie instand gesetzt worden. Nach Benevent und Mirabella Eclano hieß es *Hic sunt leones*. Aus Angst vor Banditen konnte man sich dort nur tagsüber bewegen. Es gab keine Straßen, die die Adria und das Tyrrhenische Meer verbanden, in gewisser Hinsicht gibt es auch heute noch keine. Es ist sehr schwierig, von Bari nach Neapel zu gelangen, sogar die Autobahn von Candela nach Neapel ist eine einzige Kurvenstraße und weiter im Süden gibt es überhaupt nur die Jonica, die erst vor einigen Jahren fertiggestellt worden ist."

Pasta fritta, Caciocavallo podolico und Bohnen aus Sarconi. Es reicht, sagt dem Koch, dass wir satt sind!

„Das Königreich Aragonien war noch schlimmer als die italienische Steuerbehörde. Sie haben eine Spur der Verwüstung hinterlassen. Der *grassiere* war der Steuereintreiber. Sogar Jahrhunderte später habe ich mich als Kind vor ihm gefürchtet. Wenn ich mittags nicht schlafen und lieber zum Spielen hinausgehen wollte, miauten die Katzen in den Gassen und meine Mutter sagte: ‚Horch, der *grassiere* ist unterwegs … du darfst nicht hinaus.' Sogar als Student habe ich mich noch gefragt, wer denn diese *grassieri* seien, ich habe mir darunter Ungeheuer vorgestellt. Dann habe ich herausgefunden, dass es die Offiziere des spanischen Heeres waren. Was taten sie? Sie kassierten Zölle für die Schafe, die auf Viehtriften unterwegs waren, und erhoben Steuern auf Fett, *grascia,* aber nicht nur auf das Fett der Schafe und Kühe, sondern auf das Fett der Menschen. Das war die berüchtigte Familiensteuer."

„Carlo Levi hat die Isolation des Südens angeklagt", sagt Marco. „Levi kam 1935 nach Aliano, er ist vor vierzig Jahren gestorben, und sein Roman *Christus kam nur bis Eboli* ist vor siebzig Jahren erschienen. Er kam hierher und wunderte sich, dass es keine Apotheken gab, dass die Ärzte nicht in die Häuser der Armen gingen, dass die Leute nicht an die Medizin glaubten und zum Beispiel eine Leberkrankheit mit alten Hausmitteln heilen wollten. Das alles klagte er an, um zu zeigen, wie weit entfernt das Volk hier von Rom war und wie weit die Zentralregierung von diesen Menschen entfernt war. Die Staatsmacht kam zum ersten Mal in Gestalt der Savoyer aus dem geeinten Italien, die den Banditenaufstand niederschlugen, dann in Gestalt Mussolinis, und 1948 schließlich bricht das absolute Chaos aus, die Bauern besetzen das Land, es gab Tote …"

Arista, pikante Salami, Maroni aus Melfi und Greco aus der Basilicata. Wir platzen beinahe, doch nicht zu kosten, zumindest zu kosten, wäre eine Kapitulation.

„Aufgrund der amerikanischen Übersetzung von Levis Roman erfuhren die Amerikaner von diesen Zuständen, die Soziologen Friedman, Peck, Banfield kamen nach Matera … und untersuchten die Gründe der Rückständigkeit. Nach ihnen und gleichzeitig mit ihnen kam Ernesto de Martino … er fand heraus, dass die Religiosität dieses Gebiets nicht dem Christentum, sondern einem heidnischen Synkretismus folgt, der auf bösem Blick, Aberglaube und Zauber beruht."

Der Nachtisch wird serviert, wir sind am Ende des Mahls angelangt. Kaktusfeigenkompott, Strazzata aus Matera und Malvasia aus Roccanova. Wir sind völlig erschöpft, doch die Unterhaltung nimmt merkwürdigerweise weiter Fahrt auf. Raffaele Nigro erhebt sich und zeigt uns die Topografie eines Landes von Dichtern. Dorf um Dorf weist er auf sie wie auf Feuer in der Nacht. Ihm zufolge gibt es in der Basilikata eine überdurchschnittlich große Anzahl von Dichtern.

„Hinter diesen Bergen liegt das Dorf Valsinni, dort ist Isabella Morra geboren und gestorben. Ein Stück weiter oben liegt Tursi, wo Albino Pierro zur Welt gekommen ist. Noch ein Stück weiter oben rechts liegt Montemurro, die Heimat von Leonardo Sinisgalli und Maria Padula, der bedeutendsten Malerin der Basilikata. Dann kommt Aliano, wo Carlo Levi den Menschen vieles beigebracht und zur Dichtung gefunden hat. Ein Stück weiter in Richtung Basento wohnte Rocco Scotellaro, dessen Taufpate Levi war. Noch ein Stück weiter nördlich liegt Moliterno, wo Giacomo Racioppi und Ferdinando Petrucciani auf die Welt gekommen sind. Und schließlich Brienza: Hier wurde Francesco Mario Pagano geboren, der 1799 auf der Piazza del Mercato in Neapel gestorben ist. Ihnen allen ist die Poesie dieses Landstrichs zu verdanken."

Doch niemand kann die Abwanderung aufhalten, werfe ich ein. Kaffee und Amaro Lucano.

In dieser Gegend spürt man, dass die Identität schichtweise angeordnet ist. Die Griechen, die Juden, die Langobarden.

„Die Griechen haben einzelne Wörter zurückgelassen. Wir stellen zum Beispiel ein rundes, sehr weiches Brot her, das wir als *cuclo* bezeichnen, das kommt von *kuklos*, Kreis. Aber es gibt auch viele arabische Wörter: zum Beispiel der Esel, *scecco* ... *tafanario* ist der Allerwerteste, auch dieses Wort hat sarazenische Wurzeln. Ein Freund, Carmine Abate, der nach dem Studium nach Deutschland zog, hat ein Buch mit dem Titel *Vivere per addizione* geschrieben. Darin beschreibt er, dass es einen Zuwachs an Wissen und Bewusstsein bedeutet, wenn man Elemente anderer Kulturen aufnimmt.

Doch manche europäischen Länder zielen mit dem Gewehr auf die ankommenden Fremden. Hier hat man Fremden, egal ob sie vom Mittelmeer oder vom Balkan kamen, immer Asyl gewährt, man hat sie nie als Unglück gesehen."

Die Nacht knistert von Sternen und die Zikaden zirpen. Don Raffaele ist glücklich, vielleicht weil wir wie Friedrich aus dem Norden kommen.

„Ihr erinnert uns daran, dass es die Appia noch gibt. Hier hat man sie vergessen. Die Landreform und die Auswüchse der Moderne haben die Linie zunichtegemacht. Die Zäsur mit der Antike ist schrecklich. Aber für jemanden, der wie ihr die Spuren zu sehen versteht, sind sie noch immer da. Diese Straße lebt dank derer, die die Erinnerung an sie bewahren. Eure Reise ist ein politischer Akt. Indem ihr die Linie rekonstruiert, offenbart ihr die Zerstückelung des heutigen Italien."

Wir sind gesättigt mit Essen, Visionen und Worten. Horaz' Worte gelten schon lange nicht mehr, trotzdem fordert er uns zu platonischer Mäßigung auf. *Est modus in rebus.*

WEIZEN
Von Venosa nach Brindisi

Der Boden unter unseren Füßen

In Venosa endet der Apennin. Danach wird die Geschichte nur noch vom Wind diktiert. Nachdem wir ein tiefes Tal mit einem grünen Eichenhain und einem Bach durchquert haben, dringen wir in eine Art Backofen ein, eine wellige und karge Hochebene auf einer Höhe von dreihundert Metern. Die wenigen vorbeifahrenden Autos sind schon aus einer Distanz von mehreren Kilometern zu sehen, wie auf der Hochebene von Mexiko oder im staubigen Herzen Irans. Das erleichtert die Orientierung enorm. Doch es ist ungeheuer heiß, im Sommer kann die Temperatur bis auf fünfundvierzig Grad steigen. Ein unbewohntes Land, Fußgänger finden hier kaum Orientierungspunkte. Eine lange Wanderung durch wüstenartiges Land liegt vor uns, mit leeren Wasserflaschen ist das nicht zu machen.

Nicht nur die Höhenlinien, auch die geologische Karte wird mit dem Eintritt in die neue Welt homogener. Westlich des Vulkankegels Vulture, einem wichtigen Orientierungspunkt auf unserer Reise, weist die Karte kunterbunte Farben auf: ein Hinweis auf die plutonische Tätigkeit am Rückgrat der Halbinsel. Nach einer letzten Farbexplosion im Osten – der zyklamfarbene Fleck des kieselhaltigen Gesteins und die grau-orangen Streifen der lukanischen Flyschzone, die infolge der Erosion des Apennin entstanden ist – werden die Farben auf der Karte plötzlich bleich und es beginnt eine Zone mit viel jüngeren Sedimenten, die grafisch von einem ins Grünliche spielenden Hellgelb wiedergegeben werden, Richtung Adria folgt dann der große mausgraue Fleck der Murge, das Reich der Kalkfelsen.

Das bedeutet, dass der Apennin unter den Sedimentgesteinen, auf denen wir gehen, infolge einer beeindruckenden Drehung gegen den Uhrzeigersinn auf die Kalkplatte der apulischen Hochebene gestoßen ist. Die Monochromie der Karte führt uns gewissermaßen die Kontinentaldrift und den Zusammenstoß der Kontinentalplatten vor Augen. Kurz gesagt: wir bewegen uns von Eurasien nach Afrika. Afrika ist auf sein Gegenüber gekracht, hat sich wie ein Keil zwischen den Balkan und den Apennin gedrängt und schiebt sich seit unvorstellbar langer Zeit Richtung Nordwesten. Ein Rammbock, der samt Apulien und der ganzen Adria bis zur Poebene vorstößt und so aufgrund eines kaum merklichen, jedoch unnachgiebigen Drucks die Alpen aufgeworfen hat. Ich weiß nicht, wo genau, aber die Königin der Straßen quert die Linie, entlang der die beiden Platten aufeinanderstoßen.

Wenn das Grau der Murge Afrika ist, dann bedeutet das, dass Afrikas Grundfeste an die Oberfläche getreten sind. Afrika hebt sich aus dem Meer wie der Rücken einer Schildkröte. Kalkfelsen, nackt, wie Gott sie schuf. Der Rest des Panzers ist von dem grünlichen Gelb der Sedimentgesteine bedeckt, durch die, von nur wenigen Unebenheiten unterbrochen, unser Weg führt. Die einzigen wahren Hindernisse befinden sich dort, wo das blasse Gelb und das Grau aufeinandertreffen: die Schluchten – *gravine* genannt –, die von den Flüssen in Matera, Altamura, Castellaneta und natürlich in Gravina in Puglia gegraben wurden, wo jeweils Höhlensiedlungen in die Felswand geschlagen wurden.

Die Symbolik der Farben auf der Karte ist so stark, dass es uns wie Schuppen von den Augen fällt: Wir bewegen uns auf Meeresboden. Die grünlichgelbe Farbe ist eine exakte Wiedergabe der Wassermassen, die den Raum zwischen den rauen Felsen der Murge und dem unruhigen Apennin füllten; ein Meer von verfestigten

Sedimenten, das sich sanft abfallend Richtung Metapont und dem Ionischen Meer ausbreitet und auf dessen Oberfläche sich jahrhundertealte Viehtriften, Straßen, Flüsse, Wege und Millionen Schafe befinden. So, wie der Jordan in der gewaltigen Verwerfung zwischen dem See Genezareth und dem Toten Meer fließt, gräbt sich ein Fluss durch dieses kahle Reich: der Bradano, nach dem das Gebiet den faszinierenden barbarischen Namen Fossa bradanica trägt.

Die Füße sind, wie wir inzwischen wissen, Seismografen, die dem Boden unzählige Informationen ablesen können. Vielleicht verspürt der Wanderer deshalb die Faszination der Karten, die die Tiefe darstellen. Egal, ob es sich dabei um geologische, geodynamische, bathymetrische, lithostratigrafische, seismografische Karten handelt oder um Karten, die die magnetische Intensität anzeigen. Auf die Gefahr hin, dass die Wissenschaftler vor Entsetzen aufschreien, liebt der Wanderer die Karten mehr aufgrund ihrer farblichen Schönheit als aufgrund der Daten, die sie liefern. Er erfreut sich an den Farben, denn er weiß, sie sind das Ergebnis von jahrhundertealtem Wissen. Scharlach- oder Zyklamrot, von Kreuzen durchsetztes Olivgrün, Türkis, Blau mit schwarzen Querstreifen, Goldgelb.

Die Bildunterschriften, die auf geologischen Karten die Farben erklären, sind oft spannender als ein Abenteuerroman. Aus welchen Tiefen sind die Glimmerschiefer in Lagonegro emporgetreten? Wie soll man der Faszination des Flyschs in Oberhalbstein widerstehen oder dem Funkeln des Kristallins in der Silvretta? Welche scharlachfarbene Persephone versteckt sich in Kalkareniten und Glaukoniten und in den Glimmerschiefern des Aspromonte? Nein, kein Roman kann es mit der wunderbaren Geschichte der Meeresablagerungen im samnitischen Molise oder den plutonischen Felsen des Paläozoikums aufnehmen. Ich spüre, wie der Boden im Schmelzofen der Fossa bradanica sich verformt, Lava speit, kocht, raucht, sich aufbläht und bricht, Visionen und Fata Morganen hervorruft. Und dass Italien ein ruheloses Land ist.

Einsamkeit, in der Stille kreisende Falken. Der viele Kilometer entfernte Glockenturm von Venosa taucht immer wieder auf und verschwindet wie der Mast eines Segelschiffs im Ozean. In einer derart kahlen Landschaft ist schon ein einsamer Stein ein Monument. Blauer Himmel, gelber Weizen, heißer Wind. Meseta, Vieja Castilla. Momentaufnahmen wie auf dem Jakobsweg. Hin und wieder kleine Weingärten, mit Lauch, Artischocken und Ziegeln zwischen den Reihen. Und zur Rechten, immer gut sichtbar, die Bastion des Vulture, der uns als Schiffspunkt dient und nicht im Stich lässt. Irene weist mich darauf hin, dass die Pflanzen, die mit wenig Wasser auskommen, immer häufiger werden: Asphodill, eine blaue Distel namens Mannstreu, Sandthymian, Federgras. Jede Menge Fenchel mit Schnecken darauf.

Doch der König der neuen Welt ist eindeutig der Riesenfenchel. Man sieht ihn schon von weitem: alleinstehend, mit langem, holzigem Stängel und einem Schirm aus kleinen gelben Blüten. Angeblich hat Prometheus den Göttern am Olymp das Feuer gestohlen und es im Mark eines Riesenfenchels versteckt. Die Pflanze hat in Apulien eine lange Geschichte: Über Jahrhunderte wurden der Viehbestand und die Anzahl der Käselaibe in Form von Kerben auf dem Stamm eines Riesenfenchels angegeben, dieser wurde dann der Länge nach durchgeschnitten, und sowohl Käufer als auch Verkäufer bekamen eine Hälfte. Die Tiere meiden den Riesenfenchel, weil er Blutungen auslöst, doch die Menschen schätzten ihn sehr; sie fertigten Stöcke, Melkschemel und Pfeifen daraus und aus der Wurzel gewannen sie eine Art Baldrian und sogar ein scharfes Gewürz namens *assafetida*, das Knoblauch und Zwiebel ersetzte.

Die Geschichte passt sich der Geologie an: Auf diesem Stück Erde, das seit Jahrhunderten vom Schirokko ausgetrocknet und dann von der industriellen Landwirtschaft ausgelaugt wurde, hat der Großgrundbesitz triumphiert und eine Welt zerstört, die seit jeher von Millionen wilden Schafen bevölkert war. Auch die Demografie spricht Bände: In Spinazzola ist die Einwohnerzahl von dreizehntausend auf sechstausend gesunken und die Zukunftsprognosen sind erschreckend. Die auf den IGM-Karten eingezeichneten Gehöfte stehen oft leer, Gespensterburgen, durch die der Wind pfeift. Wir gehen wie im Traum. Die Sohlen der Schuhe saugen den ganzen Schatten ein, und auch wir werden zu Gespenstern des Südens. In Abwesenheit unseres Doppelgängers fühlen wir uns einsam. Ohne Schutzengel.

Aber nein, wir sind nicht allein. Ein Mann kommt auf uns zugelaufen. Wir sehen ihn in einer Entfernung von einem halben Kilometer. Er joggt, mit Kopfhörern in den Ohren. Er schaut zu Boden, betrachtet seine Füße, anstatt in die Ferne zu blicken. Er läuft wie mit Scheuklappen, er hört nicht das Rauschen des Windes im Weizen. Er sieht und hört nichts, achtet nicht auf die Landschaft, die ihm gehört. Er bemerkt uns nicht einmal.

Er sieht uns erst, als wir nur noch wenige Meter entfernt sind. Er zuckt zusammen. Er hatte keine Zeit, um uns aus der Ferne anhand unserer Körpersprache und unserer Haltung einzuordnen. Er weiß nichts über uns, fast erschrickt er. Wir hingegen hatten Zeit genug, um Vermutungen über ihn anzustellen. Staatsbeamter, aus guter Familie, Luxusauto, sehr gepflegt. Politisch korrekte Sprache ohne Akzent. Ernährungsbewusst, Antialkoholiker. Vielleicht sogar Veganer.

Ich schreie ihn an, damit er mich durch die Kopfhörer hört: „Wissen Sie, worauf Sie laufen?"

Das ist nur eine Frage, doch er hält sie für eine Drohung. Als ob ich ihn darauf hinwiese, dass er Eigentumsrecht verletzt.

Er geht langsamer und stottert. „Ich glaube schon." Nennt aber keinen Namen.

Ganz langsam geht er an uns vorbei. Dann geht alles ganz schnell. Ich rufe ihm zu: „Auf der Appia Antica!"

Er schaut verdutzt drein und läuft weiter, nachdem er, verärgert wegen der Unterbrechung, den Pulsmesser kontrolliert hat. Er hat begriffen, wir sind ein paar Idioten, die einen Ausflug machen. Er denkt: Was zum Teufel macht ihr. Hier läuft man, verdammt noch mal, man geht nicht. Er ist schon hundert Meter weg. In Wirklichkeit trennen uns Jahrhunderte.

Aus der Ferne sind der willkommene Fremde und der Feind nicht zu unterscheiden. Auch die Sprache der Römer spiegelt diese Doppeldeutigkeit wider. *Hostis* und *hospes* haben nicht nur denselben Stamm, sondern hatten ursprünglich auch dieselbe Bedeutung. Im Lateinwörterbuch wird das Wort mit „Fremder, *peregrinus* übersetzt: der, der von einem anderen Feld, einem anderen *ager* kommt. Ursprünglich hatte das Wort „Fremder" nicht den Beigeschmack von Feind oder Freund.

Im Zwölftafelgesetz, einer Gesetzessammlung aus dem 5. Jahrhundert v. Chr., wurden die Fremden als *hostes* bezeichnet, die im Schutz eines anderen, jedoch gleichgestellten Rechts standen. Erst danach entwickeln sich die Wörter auseinander, Cicero höchstpersönlich beschwert sich darüber in *De officiis*. Damit geht die strahlende und höchst zivilisierte Gleichzeitigkeit der Gegensätze zu Ende.

Romana brevitas

Die Stille kehrt zurück. Seit einer Stunde sind wir keinem Auto begegnet. Unvorstellbar, dass zu unserer Rechten oder zu unserer Linken das apulische Aquädukt, das größte in ganz Europa, verläuft, dass riesige Rohre das lebensnotwendige Nass Richtung Murge, Castel del Monte und der Küste transportieren. Ringsherum nur Staub, ein wütender Favonio trocknet unsere Schleimhäute aus. *Siderum insedit vapor siticulosae Apuliae*, so heftig drückt die Glut der heißesten Jahreszeit nicht einmal das lechzende Apulien, würde Horaz an einem Tag wie diesem schreiben.

Und die Appia? Niemand weiß, wo genau sie ist. Sie ist von der großen Viehtrift Melfi – Castellaneta verschluckt worden, in den

Feldern des großen Durstes zu einem Gespenst geworden. Vielleicht gibt es nur noch ihren Namen. Oder nur noch unseren Traum von ihr. Schon um neun Uhr vormittags ist es höllisch heiß. Wer hat uns gezwungen, Venosa, die Brunnen mit den Steinlöwen, die Täler, in denen die Frösche quaken, und die kühlen Bars zu verlassen? Die mythische Stadt – bezeichnen Sie sie ja nicht als Dorf! –, die nach Pasta fritta und Stängelkohl duftet, die stolz auf ihre Geschichte ist, voller Schwalbennester, edler Straßenpflaster und römischer Büsten auf den mittelalterlichen Mauern.

Doch plötzlich liegt die Straße wieder vor uns. Sie ist es. Es steht nirgendwo geschrieben, aber unsere Füße spüren sie. Ein paar Kilometer lang folgen wir ihr, sie verläuft entlang der Wasserscheide eines Hügels namens Isca Lunga, der an die südenglischen Kreidefelsen erinnert, auf denen die berühmten prähistorischen Wege Icknield Way und Ridgway verlaufen. Hier in der Basilikata ist das römische Straßennetz ein einziger Hohn auf das sinnlose Asphaltgewirr auf der Karte. Ein Beispiel: Die Appia zwischen Melfi und Venosa ist achtzehn Kilometer lang, die moderne Straße zweiunddreißig. Das Straßennetz des 21. Jahrhunderts ist eine Katastrophe, es spiegelt den zurückgekehrten Feudalismus in der Politik wider, das System aus Bestechungsgeldern und Gefälligkeiten, die Zersplitterung Italiens in kleine Verwaltungseinheiten und Wahlkreise. Angeblich darf ein Reisebüro in Lukanien nicht einmal auf die Existenz Tarents hinweisen, das sich in Apulien befindet, das wäre eine Schädigung der Staatskasse. Angesichts derartiger Absurditäten ist das Gehen auf der Appia eine Lebenserleichterung.

Wir steigen zum Bett des Flusses Fiumarello hinunter, der eine spektakuläre Drehung rund um uns vollführt. Im köstlichen Schatten unter der Brücke taucht Irene inmitten von Kaulquappen, Libellen und dem Rauschen der Pappeln die Füße ins Wasser. Gelobt seiest du, Schwester Wasser. Hier ist es wie bei den Tuareg. Das Wasser bestimmt den Weg. Kilometerlang war es eine Fata Morgana, jetzt wird es plötzlich real, singt, erfrischt, stillt den Durst, wird zur großzügigen Alma Mater. Am Fuße von Palazzo

San Gervasio, am Ende einer leuchtenden geraden Linie ohne einen einzigen wohltuenden Baum, nimmt das Wasser die wundersame Gestalt eines Steinbrunnens mit sechs Düsen in Form eines Busens an. Allein das kristallklare Sprudeln im Becken stillt unseren Durst.

Palazzo San Gervasio ist schon Griechenland. Die aufgehängte Wäsche trocknet sogar nachts und das Leben beginnt erst nach fünf Uhr abends. Nach den lethargischen Stunden des frühen Nachmittags strömt das Dorf ins Freie, alle Aktivitäten konzentrieren sich auf die trägen und zugleich hektischen Abendstunden, wenn die Frauen kühne Blicke werfen, der Duft des Ragù mit im Norden unbekannten Aromen sich verbreitet und die Vorbereitungen für irgendein Fest beginnen. Bei unserer Ankunft sind Vorbereitungen für das Fest des hl. Antonius im Gange – Girlanden über der Hauptstraße auf Gerüsten in arabischem Stil –, aber auch für das „Fest der Speisen" der albanischen Minderheit Arbresh. Alte Frauen sitzen am Straßenrand und füllen Körbe mit Ginsterblüten, mit denen Blumenteppiche gelegt werden, und ein Grüppchen fröhlicher, häkelnder, schwarz gekleideter Parzen wünscht uns eine gute Reise.

Beim Abendessen erklärt uns der Journalist Cosimo Forina von der *Gazzetta del Mezzogiorno* – Haare, Augenbrauen und Bart, alles aschgrau –, dass wir uns an einem der umstrittensten Punkte der römischen Straße befinden. Ein Atlas aus dem Jahr 1861 zeigt ab Venosa drei parallele Wege. Einer führt direkt nach Gravina in Puglia, ein anderer zwischen Spinazzola und Poggiorsini nach Grottelline, wiederum ein anderer – unserer – führt am Fuße des Monte Serico Richtung Masseria Tripputi, die früher einmal vom Templerorden beherrscht wurde. „Niemand weiß, welcher der richtige ist. Es gibt nicht genug archäologische Studien, um das Rätsel zu lösen."

Schakale, die auf die Dunkelheit warten

In der Stille vor dem Morgengrauen weist das Quaken der Frösche darauf hin, dass sich in der Nähe waldige Täler zwischen den wüstenartigen Höhen befinden. Erst später wird das orangefarbene Licht das Dunkelgrün offenbaren. Wie in Kappadokien wird das riesige Felslabyrinth mit all seinen Vorsprüngen zuerst vom Schreien der Esel und dem Krähen der Hähne und dann erst vom Licht der Morgenröte offenbart. Das akustische Wunder in Palazzo San Gervasio bildet den Auftakt zur nächsten Etappe. Nach den Fröschen sind die Spatzen dran. In jedem Baum findet eine wütende Auseinandersetzung zwischen Federvieh statt. Aber das ist erst der Anfang. Innerhalb von zehn Minuten rufen einander Menschen und Tiere auf vielfache Weise. Echos auf dem Pflaster, Zikaden zirpen, Laub raschelt, in der Ferne rattert ein Traktor. Die Landschaft ist kein statischer Hintergrund. Auch keine Postkartenidylle. Sie ist Licht, Wind, Salbeigeruch, Gesang. Ein gärendes Leben, das dich ruft, provoziert und Leidenschaft entzündet.

Wunderbares Innehalten vor der Aktion, bei einer Tasse Tee, mit den bereits fertig gepackten Rucksäcken, während die Welt buchstäblich an unsere Fenster drängt. Aber wie immer sind wir zu spät aufgestanden. Um sieben brennt die Sonne bereits, das weiße Licht sticht in den Augen, und die Polyphonie des Landes flaut ab und verstummt. Wir gehen über eine desolate Straße, die zum Glück für den Verkehr gesperrt ist und von Palazzo San Gervasio geradewegs in das Niemandsland des am spärlichsten bewohnten Gebietes auf unserer Reise führt. Sind das die Spuren Roms, das aus diesem Land eine riesige Kornkammer machte? Vor unseren Augen läuft ein Film ab: blaue Flachsfelder, in denen rote Mohnblumen und gelber Ginster leuchten, Afrikaner beugen sich über Tomatenstauden, Fliegenschwärme im Gegenlicht. Bis Gravina gibt es nicht einmal einen Ort, an dem wir übernachten könnten. Vierzig Kilometer wüstenartige Hochebene. Eine Landschaft wie in einer Halluzination, vielleicht lauern Schakale in der Dunkelheit.

Die Richtung ist jetzt perfekt, geradlinig, astronomisch. Es ist, als würden wir uns wie Ameisen über das Pergament der Tabula Peutingeriana krabbeln sehen. Auf dieser wunderbaren mittelalterlichen Kopie des schematisch dargestellten römischen Straßennetzes mit in Meilen angegebenen Distanzen wird die damals bekannte Welt auf einen sechs Meter langen und dreiunddreißig Zentimeter breiten Streifen reduziert; Italien verliert darauf seine schräge Lage und wird zu einem Streifen, der so schmal wie eine Sardine und ganz nach Osten ausgerichtet ist. Ohne es zu wollen, betont diese Vereinfachung den halbinselartigen Charakter Italiens und adelt ihn. Für die Deutschen mag Apulien im Süden liegen. Für uns sollte Apulien im Osten liegen, denn das ist die Richtung, in die wir uns bewegen.

In der langen jüdisch-christlichen Tradition ist der Osten auch die Himmelsrichtung der Erneuerung, des Lebens. Der Sitz des Paradieses. Sowohl für die Juden als auch für die Christen und die Moslems kam der Glaube aus dem Osten. Die Himmelsrichtung war so wichtig, dass viele antike Karten den Osten ganz oben ansiedelten. Warum also sollte man den sogenannten Mezzogiorno nicht lieber Ostitalien statt Süditalien nennen? Die Morgensonne ist vor uns, nicht zu unserer Linken. Wenn wir das zur Kenntnis nähmen, würden wir das Schicksal unseres Landes vielleicht besser verstehen, das sich in Richtung Griechenland und Kleinasien neigt und nicht etwa in Richtung afrikanischer Kolonien.

Es muss einen Grund geben, warum ich in Genua, Nizza oder Marseille das Gefühl habe, mich im Gegensatz zu Triest im tiefen Süden zu befinden. Dasselbe gilt für Bari und Brindisi, Städte, für die Neapel Süden ist und die Kalabrien den Beinamen „saudisch" geben. Sogar auf ein- und demselben Breitengrad gibt es einen unleugbaren Unterschied. Ein anderes Licht, andere Gerüche, anderer Salzgehalt der Luft, andere Stimmen, andere Speisen, andere Gesichter, unterschiedlicher Grad an Besiedlung und Durchmischung der Menschen. Die Luft, die man in den engen Gassen Genuas atmet, gleicht jener in den spanischen Vierteln Neapels und der

Kasbah in Algier, während Venedig und Bari zum offenen Meer hin gewandt sind, denselben Duft atmen wie der Bosporus, Griechenland und der Nahe Osten. All das würde deutlich, wenn wir die Karte Italiens um dreißig Grad gegen den Uhrzeigersinn drehten und wie die Römer die Adria endlich als „Nordmeer" und das Tyrrhenische Meer als „Südmeer" bezeichneten.

Brot und Zwiebel

Nach einer Kreuzung, an der großkotzige Schilder des Wasserkonsortiums verkünden, dass „nach dreißig Jahren endlich Eure Felder bewässert werden", inmitten eines Meeres von Schafen auf einer dürren Wiese, ruft ein grimmiger Mann mit blütenweißem Hemd am Straßenrand seine Hunde und grüßt uns würdevoll. Er kennt die Appia, seine Vorfahren haben ihm von ihr erzählt.

„Ihr geht also nach Gravina."

Er hat einen Schnurrbart, graue, vom Wind zerzauste Haare, eine aristokratische Haltung, knotige Hände und einen Stock, der ihm bis zur Schulter reicht. Und sogar einen schönen Namen, Mario Paradiso. Er hebt sich vor dem Hintergrund der wüstenartigen Landschaft ab wie Abraham, der seine Herden weidet.

„Hier bauen sie mit riesigem Aufwand Wasserbecken, doch es hat nie Wasser gegeben und es wird auch nie welches geben. Ich sage: Wozu ist das ganze Business gut? Es wird genauso enden wie beim Deich in Genzano, wo sie sich das Geld unter den Nagel gerissen haben … jeder nur auf seinen Vorteil bedacht … und die Menschen leiden unter den Dummheiten des Staates."

Tja, hier ist der Staat der Mann in Uniform, der dir eine Strafe aufbrummt, weil dein Misthaufen überquillt oder ein Schaf eine Erkennungsmarke am Ohr verloren hat. Doch versuch mal dem Staat zu erklären, dass die Wolle deiner Tiere unverkäuflich ist, weil die Konkurrenz aus Neuseeland mit unlauteren Mitteln arbeitet? Du musst sogar noch bezahlen, um die Wolle zu entsorgen, denn es ist verboten, sie zu verbrennen. So ist Italien, es zittert vor den Mächtigen und ist unbarmherzig mit den Schwachen.

„Hier gäbe es Arbeit für alle", sagt Paradiso wütend, „aber sie zwingen uns zu emigrieren. Auch mein Großvater musste das Land verlassen, er hat zwei Mal Pleite gemacht, obwohl er immer wie ein Hund gearbeitet hat und obwohl er das Land gepachtet hatte."

„Papa, reg dich nicht auf", sagt der junge Mann an seiner Seite.

„Meine Kinder fragen mich immer, ob sich der Süden erholen wird, und ich sage immer nein, mehr als Brot und Zwiebeln kann man ihm nicht abquetschen. Meinen Kindern geht es gut, sie haben von klein auf arbeiten gelernt. Andere liegen immer noch ihren Eltern auf der Tasche, sie müssen ihre Rechnung in der Bar bezahlen."

Zum Abschied stößt Mario einen tiefen Seufzer aus: „Gott möge euch begleiten, ich freue mich, dass ich euch getroffen habe." Seine Augen sind feucht, und in seinem Händedruck liegt das Beste des Südens.

Der heilige Geist

Am Abend bevölkert sich die Masseria Tripputi mit Fledermäusen. Das Anwesen liegt zwischen Flachs-, Weizen- und Bohnenfeldern fast an der Grenze zu Apulien, es ist eines der wenigen, die die Wüstenbildung überlebt haben und weist den ganzen Reichtum einer untergegangen Welt auf. Der bewohnte Teil ist winzig, eine Mönchsklause, im Gegensatz zum landwirtschaftlich genutzten Teil mit den dicken Mauern eines Bunkers. Die Tripputi arbeiten hier seit einem Jahrhundert. Sebastiano, der letzte Besitzer, erzählt, dass hier „früher bis zu hundertfünfzig Menschen arbeiteten, mein Großvater konnte auf rund dreißig feste Angestellte zählen." Heute ist die Zeit der großen Landwirtschaftsmaschinen und der Genossenschaften angebrochen. Sein Sohn, der in einem großen Hotel in Rom arbeitete, wurde wegen der Krise entlassen, und jetzt kümmert er sich mit seinem Vater um Bohnen, Kichererbsen und Linsen im Garten.

Wir steigen auf den Monte Serico, wo Friedrichs einsames Kastell steht. Auf dem Gipfel weht ein trockener Wüstenwind. Das Kastell ist geschlossen, doch von der Terrasse mit Blick auf die Felsen der Murge im Norden sieht man die Wolkenhaufen und Regenfronten, die über die Steinwüste ziehen. „Hier regnet es nie", murrt Sebastiano, „allenfalls hagelt es." Die Murge waren seinerzeit eine einzige Weide. Inzwischen wurde infolge mechanischen Felsabtrags der Boden eingeebnet und damit auch die Grasschicht entfernt, die das spärliche Wasser an der Oberfläche hielt. Schuld daran ist ein misslungenes Gesetz der Region Apulien aus dem Jahr 1981, aufgrund dessen EU-Gelder mit der Gießkanne verteilt wurden. Es begünstigte den Getreideanbau; bei den Viehzuchtbetrieben, für die es ursprünglich bestimmt war, kam das Geld nie an.

Ursprünglich wurden die Steine händisch entfernt; mit ihnen errichtete man Mauern, Unterstände für die Hirten und bisweilen sogar Wohnhäuser. Heute gibt es dafür ein neues, unheimliches Wort: *spietramento*, Felsabtrag. Das Diktat, das sich dahinter verbirgt, ist schlimmer als ein sowjetischer Fünfjahresplan und hat das gebirgige Apulien zu einer Wüste werden lassen. Seit den Siebzigerjahren werden der Landschaft außerdem unzählige Wunden zugefügt: Schießplätze, Nato-Raketenbasen mit Atomsprengköpfen, die nie als solche deklariert wurden, Höhlen, die als riesige Müllhalden missbraucht wurden … ganz zu schweigen von den Plünderungen in den unbewohnten Bauernhöfen. Tränken, Dächer, Steine, Skulpturen, ganze antike Brunnen wurden bei Nacht und Nebel abtransportiert und schmücken jetzt die Häuser der Reichen nördlich von Rom. Und dann die Geisterhäuser, die im Zuge der Agrarreform in den Fünfzigerjahren Kleinbauern zugesprochen und von ihnen nie bewohnt wurden.

Dennoch gibt es hier unglaubliche Schönheit. Am Zenit, über Friedrichs Kastell, steht ein Falke unbeweglich am Himmel.

Wogende, senffarbene Hügel, die hin und wieder von smaragdgrünen Tälern und schneeweißen Wadis durchbrochen werden. Hinter der unten gut sichtbaren Staumauer von Serra di Corvo – auch Serra del Basentello genannt – wirkt die Straße nach Gravina wie eine Landstraße in Anatolien, wo man einen Lastwagen schon in einer Entfernung von zwanzig Kilometern sieht, weil er so viel Staub aufwirbelt. Eine ähnliche Landschaft habe ich vor dreißig Jahren gesehen, als ich nach Erzurum im Osten der Türkei gefahren bin. Wenn man die wüstenartige Landschaft genau betrachtet, offenbart sich ein Netz von Straßen, verzweigte Spuren, die im Licht der untergehenden Sonne immer deutlicher sichtbar werden, mit unserer Hauptstraße aber nichts zu tun haben. Sie scheinen viel, viel älter zu sein und sind offenbar imstande, sie zu überleben.

Apulien ist ein Luftstützpunkt. Eine geometrische Welt offener Räume, Punkte und Linien. Wenn ich mich ein paar Hundert Meter erheben und über die Murge schauen könnte, würde ich das Straßennetz der Apulier erblicken, die unzähligen, strahlenförmig angeordneten Straßen, die von Cerignola, Andria, Terlizzi, Bitonto, Acquaviva delle Fonti, Cisternino, Alberobello, Martina Franca und noch vielen anderen Orten wegführen, und auch das dichte Wegenetz der Messapier bis zur Endstation Salento. Ich könnte Friedrichs Kastelle anpeilen – Ruvo, Altamura, Gragnone und viele andere –, die jeweils in einer Entfernung von einem Tagesmarsch liegen, ich würde das Netz der grasigen Viehtriften von den Bergen des Matese bis Tarent sehen und auch das riesige System der Tränken, Unterstände und Schafpferche, die Millionen Schafen auf ihrem Weg zum Meer Unterschlupf gewährten.

„Mein Vater sagte, von da oben sähe man das Ionische Meer", flüstert Sebastiano Tripputi am Gipfel des Berges, als habe er Angst, die Stimme des Windes zu übertönen. Und einen Moment lang glauben auch wir kurz das Blau des Meeres zu erblicken.

Sandra, die Archäologin mit den kupferfarbenen Locken, taucht am frühen Morgen auf, gut gelaunt und beladen mit den Früchten ihrer kampanischen Heimat, um uns den Weg nach Gravina zu erleichtern. Sie ist im Morgengrauen aufgestanden und drei Stunden gefahren, um zu uns zu gelangen. Wie Ceres legt sie uns jetzt Tomaten, Brot, Aprikosen und Käse aus der Irpinia zu Füßen, die das Überleben der Gruppe garantieren sollen, bevor sie mit uns leichtfüßig den Marsch in Richtung der Staumauer Serra di Corvo in Angriff nimmt, den langen Weg durch ein Niemandsland bis an die Grenze Apuliens. Unter einem grauen Himmel mit ziehenden Gewitterwolken erreichen wir den See, in diesem Licht haben das Wasser und die Täler die Farben der schottischen Highlands.

Wie am Tag davor ist die asphaltierte Straße desolat, keine Menschenseele ist zu sehen. Rundherum alte, verrostete Straßenschilder, die Patronen der Jäger haben wie üblich Spuren auf ihnen hinterlassen. Seit hundert Kilometern gehen wir vorwiegend auf Straßen, die für Autos gesperrt oder aufgrund der vielen Schlaglöcher nicht befahrbar sind. In der Basilikata und in Apulien werden alle Straßen, sogar die Feldwege, auch die Reste der alten Appia, obsessiv asphaltiert, doch dann werden sie nicht instand gehalten und binnen Kurzem werden sogar die Provinzstraßen wieder zu Karrenwegen und Viehtriften, eine Art ausgleichende Gerechtigkeit gibt sie den Wanderern zurück. Ein über uns kreisender Rötelfalke begleitet uns. Wie Friedrich II. in *De arte venandi com avibus* beschreibt, jagte er mithilfe eines solchen Falken in seinem geliebten Süden.

Gleich hinter der Staumauer die wunderbar befestigte und menschenleere Masseria Vàgnari. Dann ein Brunnen aus der Zeit der Trockenlegung, voll kühlem, kristallklarem Wasser, unsere Frauen steigen bis zu den Schenkeln hinein. Ein Anblick wie aus einem Mythos. Auf halbem Weg vor einem langen Abstieg führt uns eine Allee mit zwei Mühlsteinen am Anfang zu einem Bauernhaus mit einem schattigen Laubengang, Backofen, Tisch, Bänken und wunderbar blühenden Madonnen-Lilien, es weht eine leichte Brise. Der Besitzer ist nicht da, die einzigen Bewohner sind Hühner, Eidechsen und ein unbeweglicher Gecko, der uns ausdruckslos anblickt, während wir eine Rast machen. Nach einem kleinen Nickerchen hinterlassen wir am Türschloss ein Dankeskärtchen für den Besitzer mit unseren Namen.

Das Straßenwärterhäuschen bei Kilometer 64,269 der Statale 96, Barese genannt, könnte ein wunderbarer Rastplatz sein, und zweifellos wäre es das auch, wenn Italien Spanien und die Appia der Jakobsweg wäre. Von außen ist das Anas-Gebäude mit dem Laubengang wunderschön, doch innen ist es völlig verfallen. Abbröckelnder Putz, prähistorisch anmutende Embleme des geeinten Italiens, der Wind kriecht in die Ritzen und pfeift unheimlich. Die Gespenster der frühen Nachmittagsstunde flattern herum, im ersten Stockwerk sind Taubennester. In den Büros unten ein Durcheinander von Papieren und unbrauchbaren Möbelstücken, eine römische Wölfin feiert ihren Triumph über die Ruinen, Romulus und Remus sind von Spinnweben bedeckt.

Apropos Rom: Nach Venosa ist es sinnlos, sich auf die Suche nach den Spuren Roms zu begeben. In den Wohngebieten ist der rechte Winkel zur Gänze von mittelalterlichen Labyrinthen abgelöst worden. Die Langobarden und die Normannen haben der Architektur ihren Stempel aufgedrückt, der Einfluss der Araber spiegelt sich in den Zitrus- und Mandelplantagen, jener der Juden in den Grabanlagen. Die Stimmung hingegen ist griechisch, die Präsenz Griechenlands ist in der Sprachmelodie und in den Nachnamen spürbar, in den weiß getünchten Bauernhäusern, in der von griechischen Siedlern gegründeten Stadt Tarent, in den Gärten Metaponts, ganz zu schweigen von den trocken verputzten Mauern und den Frauen in Schwarz, von den Männern mit im Rücken verschränkten Armen, die in Grüppchen zusammenstehen, und den Gesängen in der Kirche, die eher für Archimandriten als für Priester gemacht zu sein scheinen.

Unterhalb der Kalkfelsen der Murge ist die Linie das einzig Römische: Ohne archäologischen Ballast galoppiert sie mit wehender Mähne wie die Pferde aus Massafra auf einer langen Welle goldgelber Getreidefelder, die nur hin und wieder von spektakulären Schluchten unterbrochen wird. Sogar wir werden Griechen: Riccardo mit seinen geflügelten Füßen kann nur Merkur sein; wer, wenn nicht der mächtige Hephaistos, sollte Alex sein; Sandra ist die Inkarnation Demeters, der Göttin des Getreides, und der Peripatetiker Marco Ciriello hat sich als Sokratiker bewährt. Nur Irene hat sich nicht verändert, sie trägt bereits den griechischen Namen für Frieden, er passt ihr wie angegossen.

Warum ist die Appia so eindeutig verschwunden? Seit wir in die Welt der Samniten eingedrungen sind, frage ich mich, ob die Kapitale ihr Land wirklich durchdrungen hat und ob nicht auch die späteren Fremdherrscher, selbst das geeinte Italien, dem Land fremd geblieben sind. Die Logik der geraden Linie hat einen strategischen und kommerziellen Sinn, die Straße war dazu da, um schnell von einem Punkt zum anderen zu gelangen, nicht, um das Land kennenzulernen, und so fragt man sich, ob die für Italien typische Entfernung zwischen den großen Verkehrsströmen und den erinnerungsträchtigen Orten nicht schon damals entstanden ist. Warum ignorieren unsere Autobahnen die Mikrokosmen, an denen das Land so reich ist, und kümmern sich nicht um das kleinere Straßennetz? Warum weist dagegen die Beschilderung in Deutschland und Frankreich eine innige Beziehung zum Land auf? Vielleicht haben die italischen Völker vor zweitausend Jahren die römische Straße genauso feindselig beäugt wie wir heute die Windräder.

Gravina und sein Doppelgänger

Am Ende einer langen, steppenartigen Ebene wie in Arizona, am Rande der gleichnamigen Schlucht, taucht Gravina auf. Der Gegensatz zwischen dem kalkweißen Licht der Stadt und dem tiefen Schatten in der Schlucht ist beeindruckend. Auf den ersten Blick wirkt Gravina wie Mostar mit der Brücke über die Neretva. Doch der Eindruck täuscht. Dort gibt es eine Eselsrückenbrücke, hier ein begehbares Aquädukt, einen auf den Kopf gestellten Bogen, der aufgrund eines merkwürdigen Systems kommunizierender Röhren imstande ist, die Quelle Sant'Angelo mit dem anderen Ufer zu verbinden. Aber der wahre Unterschied besteht darin, dass Gravina eine Stadt im Negativ ist: Sie ruht nicht auf tragenden Mauern, sondern ist in den Tuffstein gehauen.

Wie Dioskuren aus der griechischen Mythologie warten zwei junge Freunde Raffaele Nigros auf der Brücke auf uns, sie sollen uns in das Labyrinth der Höhlen, Brüstungen, Felsenkirchen und Keller zur Linken und Rechten des Schlundes begleiten. Sie haben vielversprechende Namen – Vito Nicefalo und Pino Navedoro –, der eine ist Kulturmanager, der andere Maler, und sie kennen die schichtweise angeordnete Stadt der Lebenden und der Toten wie ihre Westentasche. Wenn man ihnen zuhört, stellt man fest, dass die Sprache sich innerhalb weniger Kilometer verändert hat. Basentello war die Sprachscheide. Die beiden sprechen einen harten apulischen Dialekt, ähnlich dem in Bari. „Nicefalo“, erklären sie mir, sei eine Verballhornung von Niceforo, was auf griechisch „Siegesträger“ bedeutet, doch aufgrund der Neubildung kommt ein anderes griechisches Wort zum Vorschein, das genauso plausibel ist: *céfalo* beziehungsweise Kopf. Mehr Byzanz geht nicht.

Aufgrund des harten Tuffsteins in Gravina verlieren sich die Reste der Appia in einem Labyrinth von Spuren von Karrenwegen und antiken Gehsteigen. Vor zweitausend Jahren bildete die apulische Hochebene eine bereits fertige, billige Straße. Auf so einem Boden erübrigten sich Pflastersteine, es genügte, eine Straße in den felsigen Untergrund zu hauen und die Unebenheiten zu beseitigen. Theoretisch unzerstörbare Spuren: Aufgrund von Erosion und Verwehungen sind sie dennoch mit der Zeit verschwunden. Nur wenn am Morgen oder am Abend die Sonne schräg steht, taucht ein filigranes Netz von geraden Rillen wie auf der Rollbahn eines Flughafens auf. Die königliche Viehtrift ist in diesem Labyrinth die einzige plausible Spur, sie befindet sich am Fuße der Stadt, dort, wo der Fluss aus der Schlucht bricht, und verläuft Richtung Tarent, gesäumt von einigen kaum zu erkennenden bourbonischen Prellsteinen mit den Großbuchstaben R und T darauf. Die Appia ist so gut wie sicher aus diesem uralten Weg entstanden, die Zeit hat sie ihren Ursprüngen zurückgegeben.

„Seit zehn Jahren suche ich einen Pflasterstein", klagt Nicefalo, „finde aber keinen. Dabei würde es mich so glücklich machen." Vito bestätigt, dass es keinen Sinn macht, hier Rom zu suchen. Nicht einmal im Grundriss der Stadt. Das Stadtzentrum ist hundertprozentig mittelalterlich, entstanden auf einem Felssockel aus vorrömischer Zeit. Die Außenbezirke ruhen auf einem achteckigen Grundriss aus der Zeit nach der italienischen Einigung, mit den üblichen Straßennamen Via Roma und Via Vittorio Emanuele. „Wir sind keine Römer", erklärt Vito. „Bei den großen Ausgrabungen, die das Denkmalamt in Auftrag gegeben hat, sind nicht die typischen Materialien des römischen Bauwesens und auch keine Vasen aus dieser Epoche zum Vorschein gekommen. Wir haben ursprünglich zu Peuketien, dann zur hellenisierten Magna Graecia und schließlich zum Reich der Apulier gehört. Aber Römer sind wir wirklich nicht. Hier findet sich kein einziger Fußboden und kein Mosaik aus dieser Epoche."

Der aktuelle Name der Stadt scheint auf den alten Karten nicht auf. Stattdessen liegt Silvium an der Appia. Manche meinen, dass Gravina und Silvium nichts miteinander zu tun haben. Wo ist dann Silvium? Dazu gibt es jede Menge Hypothesen. Nicht einmal Lorenzo Quilici in seinem Führer gibt eine eindeutige Antwort. Andererseits gibt es hier sehr wenige Ausgrabungen. 450 Hektar

Siedlungsgebiet harren der Entdeckung. „Das sichtbare Gravina ist nichts im Vergleich zum unsichtbaren Gravina."

Laut Pietro Laureano, einem der bedeutendsten Archäologen des Mittelmeerraums, ist Gravina nichts anderes als das Gegenüber der antiken Stadt Silvium, der Nachfolgerin einer griechischen Siedlung namens Sidinon, was soviel wie „zu den Sidiniern gehörig" bedeutet: Sidinon gehörte zum Gebiet einer Stadt namens Side oder Sidion. Das griechische Wort „Side" bedeutet Granatapfel – der in Gravina immer noch so genannt wird! –, er ist ein Attribut Heras und wird mit chthonischen, in den Hypogäen gefeierten Kulten in Zusammenhang gebracht. Der Ortsname erscheint auch auf Münzen, die in einem Hügel namens Botromagno im Westen von Gravina gefunden wurden. Es ist nicht weiter verwunderlich, dass man in einer italischen Stadt die griechische Sprache findet. Die italischen Völker unterhielten Handelsbeziehungen mit den Minoern, deren soziale Struktur, einen Zusammenschluss von Clans, sie übernommen hatten. Mit der Gründung Tarents im 8. Jahrhundert v. Chr. lernten sie, sich in befestigten Stadtzentren zu verschanzen und dem Feind mit einer Mannschaft gegenüberzutreten, die aus Peuketiern und Japygern bestand. Schritt für Schritt übernahmen sie die griechische Kultur, ihre Mythen und Begräbnisrituale.

Die Bewohner vieler anderer Schluchten *(gravine)* rund um das Ionische Meer haben den Zugang zum großartigen „Oenotrien" – sprich Paestum und den griechischen Kolonien am Tyrrhenischen Meer – bewacht; aus diesen Felsstädten stammen viele antike Schmuckstücke, die im Museum in Tarent ausgestellt sind. Wenn die Erben der Felsstädte sich von Rom bedroht fühlten, gingen sie Bündnisse mit den griechischen Kolonien ein und übernahmen schließlich auch deren Schrift. Am westlichen Vorsprung der Schlucht sieht man noch die Grundrisse der Paläste aus minoischer Zeit, ähnlich jenen in Pantalica aus dem 13. Jahrhundert v. Chr. Auch dort wurden Riten gefeiert und Opfergaben am Rande der Schlucht abgelegt, an der Schwelle zwischen der sichtbaren und der unsichtbaren Welt, also zwischen Leben und Tod.

Im Jahr 306 v. Chr. eroberte Rom das von einer samnitischen Legion verteidigte Silvium und erbeutete eine beträchtliche Menge Gold und Sklaven. Doch die wilden Lukaner und Peuketier machten Rom das Leben schwer, es bekam sie erst in den Griff, als es sie am Ostufer der Schlucht und noch weiter weg, an der Appia Traiana, an den Ufern der Adria, isolierte. Genau darin besteht Laureano zufolge die Einzigartigkeit von Gravina. Aufgrund der Entwicklung des mittelalterlichen und des modernen Wohngebiets am Ostufer blieb Botromagno im Westen unversehrt. Gravina ist eine vertikal angeordnete Stadt, eine Felsenstadt mit den Häusern der Reichen oben und jenen der Armen unten. Doch ausgerechnet diese wie ein Termitenhügel angeordnete Stadt hat eine Besonderheit, nämlich dass ihre historischen Schichten nicht unter ihr, sondern horizontal gegenüber liegen.

Botromagno jenseits der Schlucht ist gewissermaßen der „Doppelgänger“ Gravinas: Eine Totenstadt gegenüber der Stadt der Lebenden. *Botros* bedeutet im Griechischen Schlucht, und deshalb kann der Ortsname – wie der *Herr der Ringe* sagen würde – korrekt als „Große Schlucht“ übersetzt werden. Ein anderes Wort für Schlucht ist *gravina*, das vom keltischen *grava* abstammt, das ein Loch oder einen Schacht bezeichnet und sich auch im Deutschen *Grab* wiederfindet „Wenn ich abends hier entlanggehe, höre ich Stimmen und sehe Fackeln hinter den Fenstern“, sagt Pino und erinnert uns daran, „dass Gravina ein Wohnort und eine uralte Kultstätte ist. Mein Großvater sagte, eines Nachts habe er menschliche Schreie und den Lärm von Karren und galoppierenden Pferden gehört. Er lief zum Pfarrer und erzählte ihm von der Vision. Ein paar Tage später fand man ausgerechnet hier zwei griechische Gräber, und niemand konnte den Großvater davon abbringen, dass die Schreie von diesem Fenster zum Hades gekommen waren.“

Am Fuße der Schlucht, wo wahrscheinlich die Via Appia verlief, liegt eine Ebene namens Terrasanta (Friedhof); hier wurden am Ende des Ersten Weltkriegs die Opfer der Spanischen Grippe begraben. „Als wir als Kinder hier Fußball spielten“, erzählen die

Dioskuren, „kamen die Gebeine der Toten zum Vorschein. Diese Nähe zum Tod hat etwas zutiefst Griechisches. Wenn man hier jemanden verletzen will, macht man es nicht direkt, sondern auf dem Umweg über seine Toten." Der Süden gehört den Verblichenen. Den *mortacci tua*, um es im römischen Dialekt zu sagen, mehr als den Lebenden. Die Lebenden sind viel zu sehr damit beschäftigt, ihn zu zerstören, als ihn als Ressource zu nutzen.

Aerostazione Ceraso

Eine Untersuchung der Carabinieri aus dem Jahr 2004 mit dem kinotauglichen Namen *Stargate* hat ans Tageslicht gebracht, dass in den Neunzigerjahren in Botromagno größere Arbeiten durchgeführt wurden, um diese einzigartige archäologische Stätte für Besucher zugänglich zu machen. Die Arbeiten haben fünfzehn Milliarden Steuergeld (in alten Lire) verschlungen und zu nichts geführt; ein Teil des Geldes verschwand in einem schier endlosen Streit zwischen der Bauleitung und der beauftragten Firma. Alles verlief im Sande: die Restaurierung der Gräber, die Wege für die Besucher, die Beschilderung, die Zufahrt, der Umbau eines historischen Gebäudes zum Gästehaus, das Forschern zur Verfügung gestellt und in dem das Besucherzentrum untergebracht werden sollte. Ganz zu schweigen von dem Band *Il parco della pietra e dell'acqua,* der gedruckt und nie ausgeliefert wurde.

Auch in juristischer Hinsicht ist das eine außergewöhnliche Geschichte. Die Staatsanwaltschaft hat ziellos Anschuldigungen erhoben, dann den Prozess in die Länge gezogen, bis Gute und Böse gemeinsam wegen Verjährung freigesprochen wurden. Außerdem hat die Firma nie eine Vertragsstrafe für die nicht durchgeführten Arbeiten bezahlt, und das konfiszierte Gelände ist völlig verfallen, mittlerweile von Gestrüpp überwuchert. 2014 haben Schülergruppen angeblich das Unkraut ausgerissen und das Gelände vom angesammelten Müll befreit, doch das zivile Engagement – von der

Zeit und der Gleichgültigkeit der Betreiber ad absurdum geführt – hat nur bewirkt, dass der bessere Teil der Bevölkerung dem Staat gegenüber noch misstrauischer wurde.

Italien hat schon seit geraumer Zeit aufgehört, sich über Missstände aufzuregen, doch im Süden ist die Unsitte, den Übeltäter nicht in Verlegenheit zu bringen, noch tiefer verwurzelt. Als Amintore Fanfani nach Geheimverhandlungen mit den Amerikanern Ende der Fünfzigerjahre einwilligte, in den Murge eine Raketenbasis mit Atomsprengköpfen zu errichten, „unter der Bedingung, dass man nicht darüber spricht“, sah ganz Apulien die fünfundzwanzig Meter langen Jupiterraketen mit einer Sprengkraft von einer Megatonne, die auf den Balkan zielten. Aber nur wenige linke Intellektuelle protestierten, sie wurden mit dem Argument zum Schweigen gebracht, prosowjetisch zu sein. Die Raketenbasis trug ja den harmlosen Namen Aerostazione Ceraso und lag friedlich zwischen der Masseria Castelli und der Masseria Santa Chiara. Wer sollte sich da noch über Botromagno aufregen. Das Engagement der Zivilgesellschaft, von Tausenden Niederlagen geschwächt, hat nicht ausgereicht, um die alten Steine zu neuem Leben zu erwecken.

Das Bacchanal

Das alte Gravina, ein perfektes Labyrinth mit kitschigen barocken Dekorationen, muss man am Abend oder früh am Morgen besichtigen, denn der Reflex des Sonnenlichts auf den mit „Kalkmilch“ getünchten Fassaden versengt einem innerhalb weniger Minuten die Netzhaut. Um drei Uhr nachmittags hat es vor der Kathedrale vierzig Grad Celsius. Drinnen im Schatten fünfundzwanzig. In den gefürchteten Stunden des frühen Nachmittags muss man sich wie eine Maus in den Löchern des Emmentalers verkriechen. Vito führt uns durch Stollengänge, betritt Höfe von Wohnhäusern und begleitet uns über steile Innentreppen. „Die Stadt ist wie Matera und Laterza schichtförmig angeordnet. Wir befinden uns auf einem Niveau, darüber ist ein anderes … bis man zur sogenannten *Ebene* gelangt, dort befindet sich der vornehmste und bequemste Teil, der Sitz der *civitas*." Vito steigt eine Treppe hinunter und erzählt, dass man so in den ärmsten Stadtteil gelangt. „Wenn die armen Leute zur Messe in die Kathedrale gingen, machten sie nicht den Umweg über die Piazza, sondern nahmen diese Abkürzungen."

Pino tritt an den Rand der Schlucht, über der kleine Raubvögel kreisen. „Die Schlucht wurde nicht zufällig gewählt, sondern wegen dem Wasser, und das seit frühgeschichtlichen Zeiten. Schaut euch die Höhlen und Felsenwohnungen gut an: Hier gibt es ein geglücktes Nebeneinander von Kultur- und Naturlandschaft. Die von der Natur geschaffenen Höhlen, die umgestalteten und sogar die, die vom Menschen in die Schlucht gehauen wurden, sind manchmal kaum voneinander zu unterscheiden." An diesem unzugänglichen Ort fühlten die Menschen sich geschützt, sie empfanden ihn „wie eine Rückkehr in den Mutterschoß", lebten hier wie in den Eingeweiden von Mutter Erde. Nicht zufällig, erzählt Pino, wurde hier ein zuerst heidnischer und dann christlicher Ritus zur Heilung unfruchtbarer Frauen vollzogen. Die Anwesenheit von Mönchen machte das Wunder möglich. Angeblich fanden hier regelrechte Bacchanale statt. Mit Gottes Segen.

„Die Pilgerinnen", erklärt Vito, „brachten Opfergaben, um in den Genuss der Gnade zu kommen, sie gingen durch Stollen, bis sie einen in den Felsen gehauenen großen Raum mit doppelter Apsis erreichten, hier gab es nur einen Eingang und eine Art Wanne. Dahinter befand sich der letzte Saal, wo der Ritus vollzogen wurde. Der Heilige Geist und Gottvater mussten die Gnade erweisen … Eine vollständige Initiation. Wie in den Katakomben des Gottes Mithras." Und als wir ihn fragen, bis wann dieser Ritus zelebriert wurde, antwortet Vito: „Bis vor fünfzig Jahren. Die Frauen feierten im Mai das sogenannte *kleine Opfer* …"

Bohnen und Zikorie, Pasta mit Platterbsen, Brot, das mit Knoblauch, Paprikaschoten, Kartoffeln und Kräutern gebacken wird. Gebratene Kräuter-Seitlinge, Salami, Pecorino, Ricotta, Rouladen mit Innereien, „mugliatelli“ genannt, und ein Käse namens „pallone.“ So geht der Abend in Gravina zu Ende, und dazu ein ausgezeichneter Wein aus den Phlegräischen Feldern, den Mauro Erro, ein Freund von Marco Ciriello – der aus beruflichen Gründen schon wieder abreisen muss –, gemeinsam mit anderen hervorragenden Flaschen gebracht hat. Als Erstes koste ich die Flasche mit dem unauffälligsten Etikett, und schon beim ersten Schluck stelle ich fest, dass ich noch nie etwas Ähnliches getrunken habe. Ein Destillat aus Liebe, Hingabe und Sorgfalt verleiht diesem Wein eine ganz besondere Note. Um mich vor meinen Freunden in Sicherheit zu bringen, die mir den Wein streitig machen könnten, behalte ich sowohl die Beobachtung als auch den Wein für mich, ziehe mich feig von der geselligen Gruppe zurück und gebe mich schweigend einer Verkostung hin, die beinahe schon an Mystizismus grenzt. *Le Volpi* steht auf der Flasche, der Name ist nicht nur ein Ortsname, sondern bezieht sich auf echte Füchse, die angeblich noch immer die Weinblätter des Signore Raffaele Moccia an den Hängen des Vulkans anknabbern, wo sich die Orakelhöhle der Cumäischen Sibylle befand.

Bevor Marco abgereist ist, hat er uns noch einen Streich gespielt. Er ist in die Werkstätte von Beniamino Loglisci eingedrungen, der als Einziger noch die legendären *cola cola* herstellt, bunte bitonale Tonpfeifen in der Form eines Hahnes, die das Wahrzeichen von Gravina sind. Gemeinsam mit seinen Freunden aus der Irpinia hat er Coca Cola verlangt, als befänden sie sich in einer Bar, und sich gleich wieder verdrückt. Als wir ein paar Stunden später hinkamen, beklagte sich der alte Beniamino, dessen Werkstatt sich im ersten Stockwerk eines Hauses im Zentrum befindet, noch immer über diesen dummen Überfall von Neapolitanern, die bei ihm etwas trinken wollten." Ich verkaufe hier keine Getränke, sondern Pfeifen", sagte er schnell, aus Angst, auch wir würden ein Getränk verlangen.

Erst dann ließ er sich erweichen, ein paar Geheimnisse seines Handwerks preiszugeben.

„*Cola cola* ist die für Gravina typische Pfeife, die inzwischen zum Symbol geworden ist. Aber wir machen auch vieles andere, nicht nur das. Und was genau ist *cola cola*? Eigentlich sollte man sie Kuckuckspfeife nennen, denn sie singt wie der Kuckuck und ist bunt wie der Kuckuck, nicht mit der Elster zu verwechseln. Unsere Vorfahren, unsere Eltern, Großeltern, Urgroßeltern haben die Pfeife leider *cola cola* genannt, jetzt ist daran nichts mehr zu ändern."

Wir fragen: Hat sie immer dieselbe Form?

„Bei der klassischen *cola cola* arbeiten wir in Serie. Aber wenn wir Einzelstücke herstellen, setzen wir uns hin und zerbrechen uns den Kopf. Ich komme dann auf alle möglichen Ideen. Manchmal mache ich sogar pornografische Gestalten … ohne mich dafür zu genieren. Wir müssen ja schließlich alle sterben! Niemand kann sich vor dem Tod retten. Die Pfeifen müssen so klingen! So! Fiiiii!"

Eine schöne Frau in Lumpen

Ideales Gespräch über Gravina und seinen enormen Kulturschatz. Teilnehmer in alphabetischer Reihenfolge: Gianni Bonazzi vom Kultusministerium, Sante Cutecchia und Francesco Farella, beide Architekten aus Altamura, Francesco Laiso, der ehemalige Bürgermeister von Gravina, Pietro Laureano, UNESCO-Berater für die Dürregebiete des Mittelmeerraums, ein Archäologiefan namens Giuseppe Schinco, der derzeitige Bürgermeister Alessio Valente und andere, deren Namen ich nicht notiert habe.

„Das ist ein einzigartiger Ort. Hier sind die Felswohnungen entstanden. Hier gibt es Funde aus der Zeit der Italiker und der Magna

Graecia ohne Überlagerungen aus späteren Zeiten. Mehr als genug, um sich um den Titel Weltkulturerbe der UNESCO zu bewerben."

„Ja, aber zuerst müssen wir die Schäden beheben. Und aufpassen, dass nicht die üblichen Haie sich das größte Stück der Torte unter den Nagel reißen, sobald es einen Relaunch der Straße gibt. Sie könnten alles kaputtmachen. Hier gibt es keinen Mittelweg zwischen Vernachlässigung und Ausbeutung."

„An solchen Orten müsste es Warteschlangen vor den Toren geben, reservierte Eintrittskarten und volle Hotels. Stattdessen Verfall. Manche Leute werfen ihren Müll in die Schlucht. Gravina ist eine schöne Frau in Lumpen. Wie der ganze Süden."

„Gebt acht, hier gibt es auch böswillige Menschen. Wer etwas zustande bringt, wird mitunter bestraft. Zum Beispiel der Bürgermeister von Matera, der nach Hause geschickt wurde, nachdem die Stadt zur Europäischen Kulturhauptstadt 2019 ernannt wurde."

„Wir müssen klein anfangen. Nicht musealisieren, sondern benutzen. Die Appia würde sich hervorragend dazu eignen, ein Konzept sanfter Mobilität zu entwickeln. Zuerst fahren wir über die Straße. Wir lernen sie kennen. Dann folgt der Rest."

„Genau. Ich habe überhaupt kein Interesse daran, dass unsere Städte eine Art Disneyland werden, Themenparks voller Bed & Breakfasts wie in Matera. Die Archäologie soll das Leben der Einheimischen nicht ersetzen, sondern es verbessern."

„Das Problem besteht darin, dass wir zu passiv sind und alles schlucken, was uns von außen auferlegt wird. Unsere Universitätsabsolventen sollten nicht zum Arbeiten in den Norden gehen, sondern sich für unsere Kulturschätze hier engagieren."

„Ihr Wanderer habt gut daran getan, euch gegen die Variante der Appia Traiana zu entscheiden. Ihr seid auf der Nummer eins gegangen und habt so die marginalisiertesten Gebiete des Südens miteinander verbunden. Ihr habt aufgezeigt, wie fremd Rom hier im tiefen Süden ist."

„Stimmt. Dieser Weg über die Appia zeigt in aller Deutlichkeit, dass wir einmal im Zentrum der Geschichte standen und gleich darauf vergessen wurden. Die große Straße Nummer eins war nur von kurzer Dauer. Und jetzt gibt es hier fast keine Spuren Roms mehr."

„Diese Reise gibt uns ein wenig Hoffnung. Sie gibt uns die Kraft, Rom mitzuteilen, dass es uns gibt und dass es uns gegeben hat. Aber ohne Lokalpatriotismus. Melfi, Venosa, Gravina und Altamura sollten sich zu einem Netzwerk der Kultur und der Erinnerung zusammenschließen."

„Noch nie wurde der Süden so sehr ignoriert. Es gibt keine politische Debatte. Eure Reise rückt das Thema wieder ins Zentrum. Sie erinnert daran, dass die Problematik Süditaliens noch nicht gelöst ist. Insofern ist es gut, dass ihr aus dem Norden seid. Und dass ihr zu Fuß gekommen seid. In aller Bescheidenheit."

„Aber wir müssen auch was tun. Sonst reißt sich die Mafia das ganze Gebiet unter den Nagel. Wir werden es machen wie diese vier aus dem Norden. Wir werden Marathonläufe und Schulausflüge organisieren. Wir werden gehen, gehen, gehen. Auch wenn wir dafür über Zäune klettern und ein paar Gesetze brechen müssen. Diese Aktionen kosten nichts."

Nur ein krummer Mandelbaum

Wir brechen wieder auf. Unsere Mannschaft ist durstig, aber Alex' Durst ist unstillbar, schon bei Kilometer zehn bedient er sich bei fremden Wasserflaschen. Auch der Rest der Mannschaft ist schwer blessiert. Riccardo, der schon die ganze Welt zu Fuß umrundet hat, ist im Stehen umgefallen und hat nun ein geschwollenes Knie. Sandra hat sich zu Hause beim Tanzen in einer Diskothek den Knöchel verstaucht. Ich bin heiser, weil ich in der Masseria Tripputi im Freien unter einer Linde geschlafen habe, das Neurom am linken Fuß schmerzt höllisch. Alex ist außer Riccardo der Einzige, der keine Blasen hat, leidet jedoch hin und wieder am Ende einer Etappe unter einer Entzündung an der Leiste, die ihn zwingt, mit gespreizten Beinen zu gehen. Weil wir Dornbüsche durchquert haben, haben wir alle Kratzer an Händen und Waden.

Auf der IGM-Karte im Maßstab 1:25 000 ist gut zu sehen, dass die Appia – beziehungsweise die Viehtrift nach Taranto – im Jahr 1960 noch ein schöner Karrenweg war, der von Gravina bis mindestens nach Castellaneta führte. Davon haben wir geträumt. Doch Apulien gibt uns die Appia in Form der Provinciale 27 zurück, einer eintönigen, schnurgeraden Linie, die uns zwingt, zwischen Leitplanken und neben vorbeiflitzenden Autos zu gehen, weit und breit kein Brunnen und kein Baum. Bis Altamura bietet nur ein krummer Mandelbaum ein wenig Schatten. Aber wenigstens ist es windig, am Straßenrand wachsen die ersten silbrigen, nach Lakritz duftenden Immortellen. Und die Statale 96 ein Stück weiter im Norden ist offenbar hundertmal schlimmer. Staus und endlose Vororte beim Verlassen von Gravina, hier befindet sich das Ospedale delle Murge, ein Betonungeheuer, das offenbar mit riesigen Autobahnzubringern und Kreisverkehren dazu beitragen möchte, dass noch mehr Asphalt verlegt wird, ergo noch mehr Unfälle passieren und es noch mehr Verletzte gibt.

Auf Google Earth sind die Reste eines alten Sammellagers für Flüchtlinge zu sehen, in denen sich die Geschichte des 20. Jahrhunderts widerspiegelt. Im Ersten Weltkrieg war Gravina ein Lager für k.u.k. Kriegsgefangene, sie wurden gezwungen, in höllischer Hitze auf den Feldern Steine zu klauben. Ab 1940 war es ein Lager für Gefangene aus Kanada, Großbritannien, Südafrika und Australien. Nach dem 8. September 1943 wurde es zu einem Trainingslager für jugoslawische Partisanen, über einer Tür kann man noch immer eine serbische Inschrift lesen: TOD DEM FASCHISMUS UND FREIHEIT DEM VOLKE. Bei Kriegsende nahm das Lager Tausende Flüchtlinge aus Istrien und Dalmatien auf, und dann Italiener, die aus Tunesien, Ägypten und Eritrea flüchteten. Sechzig Baracken, Lagerkommando, Grundschule, Kantine. Alles noch da. In Italien wird nichts zerstört, der Abbau wird dem Zahn der Zeit überlassen.

Sprung über die Leitplanke

Unglaublich, dass so etwas in einem weitläufigen Gelände wie in Apulien möglich ist: In der Ortschaft Maccaronaro, unterhalb von Altamura, stehen wir plötzlich vor einer unüberwindlichen Mauer. Ein überdimensioniertes und sinnloses Autobahnkreuz, das unsere Provinciale 27 und die Statale 7 verbindet, die in Matera beginnt und in die 96 mündet. Wir machen uns auf die verzweifelte Suche nach einem Durchschlupf. Aussichtslos. Wer war so unverschämt und hat sich so was einfallen lassen?

Wenn es einen Ort gibt, wo der Verlauf der Appia ganz eindeutig ist, dann hier. Das sagen die römischen Karten, die Tabula Peutingeriana, die IGM-Karten aus der Nachkriegszeit. Das bestätigen die Viehtrift Melfi–Castellaneta und die kleinere Viehtrift nach Tarent, die zum Großteil dem Verlauf der alten Straße folgt. Das bestätigen das Buch Francesco Maria Pratillis und die unschätzbaren Luftaufnahmen aus den Dreißigerjahren, außerdem gibt es eine ausführliche Studie von Luciano Piepoli von der Universität Bari und eine aktuelle Reportage von Sante Cutecchia, Arturo Cucciolla und Ferdinando Mirizzi. Jede Menge Dokumente.

Riccardo flucht. Er hat festgestellt, dass für Fußgänger, die aus Gravina kommen, hier Sendeschluss ist. Es endet, wie es enden muss. Wir gehen zum Angriff über. Wir steigen über Zäune, klettern Böschungen hinauf, gehen in Gegenrichtung zwischen den Leitplanken, die verdutzten Autofahrer streifen uns beinahe. Zum Teufel mit ihnen. Nur ein regelrechter illegaler Durchmarsch kann die Vorherrschaft des Fußgängers wiederherstellen. Beziehungsweise seine Rache. Das hier ist der Beweis, dass die Archäologie für die italienischen Baulöwen ein einziges Hindernis ist. Aus demselben Grund wird die Appia auch in Apulien von Bürgermeistern und ihren Wasserträgern offen ignoriert. Es ist einfacher, so zu tun, als würde es sie gar nicht geben. Wie viele Feinde hat doch unser Unterfangen!

Das Sakrileg des Sprungs über die Leitpanke ist die Quintessenz von Riccardos Wesen. Seine Laufbahn ist eine einzige Abfolge von Akten zivilen Ungehorsams gegen die Arroganz der Straßenbauer. Eigentlich müssen Fußgänger von Rechts wegen Zugang zu allen Verkehrswegen haben, doch in Wirklichkeit gilt das Gesetz des Stärkeren und der Fußgänger ist vom italienischen Verkehrsnetz ausgeschlossen. Italien erlässt zwar Gesetze im Sinn der Barrierefreiheit und kämpft gegen die Diskriminierung Behinderter, schert sich jedoch nicht darum, dass Gesunden der Weg versperrt wird.

Apulien in großen Bissen

Ich nehme das Land noch immer in großen Bissen zu mir, gierig verschlinge ich Kultur, Flora, Fauna, Landschaft. Alle meine Sinne sind geweckt, vor allem diejenigen, die man am schlechtesten in Worte fassen kann: der Geschmacks-, Tast- und Geruchssinn. Pasta mit Platterbsen. Mugliatelli. Dazu ein Primitivo di Manduria, und Rosoliolikör mit Aroma von wildem Fenchel. Das Problem ist, in Apulien sättigen einen schon die Namen der Leckerbissen, so verführerisch klingen sie. Gebratene Traubenhyazinthenzwiebeln mit Feigen. Ricotta mit Stangensellerie. Brotbällchen. Vielleicht wäre es klug, es beim Kosten der Namen zu belassen, denn wenn man wirklich kostet, hört man auf zu gehen. In der heißen Jahreszeit ist die Küche des Südens dazu angetan, einen zur Muße und zum kontemplativen Warten auf den Abend zu bewegen. In Altamura läuft mein Wissensdurst Gefahr, in einer Osteria zu versanden.

Ein Ort wie *Pein assutt* beziehungsweise trockenes Brot. Ein Bunker im Kellergeschoß mit wenigen Fenstern, geschützt vor der unbarmherzigen Sonne. Noch bevor ich mich setze, sehe ich einen Deutschen, der mit feuchten Augen vor einem Teller Cavatelli sitzt, die man gerade vor ihn hingestellt hat. Ich bin wieder in die Falle gegangen. Seit Tagen sind wir schlimmer noch als Antonius in der Wüste den ärgsten Versuchungen ausgesetzt, aber jetzt haben wir es mit einem wahren Zusammenschluss von Teufeln zu tun. Das Böse grinst in den gefüllten Paprikaschoten; Dämonen verbergen sich in den Kräuterseitlingen; der Satan nistet in der pikanten Salami und sogar im Brot, das hier mit Kartoffeln, Knoblauch, Peperoncini und Kräutern gebacken wird. Aber ja doch, denke ich, ich gebe auf. Eine Bank, eine Pergola und los. Ich kapituliere vor den apulischen Genüssen.

„Facciòmn"

In Altamura herrscht die Akustik eines Labyrinths im Reinzustand. Schwalbentriller, griechische Litaneien, Knattern von zum Trocknen aufgehängter Wäsche. Grelles Licht, das einen zwingt, leise zu sprechen und nicht laut zu schreien. Die Spatzen verstummen und warten auf den Abend. Riesige unbewegliche Wolken trotz des Windes. Der Wind gibt das Echo der Ortsnamen wieder: Acquaviva, Gioia del Colle, Masseria Tafuri, Malvezzi, Fradiavolo, Lama di Monte. Der Genius loci verabscheut den Lärm der geraden Linien und verschanzt sich in *claustri*, verborgenen kleinen Plätzen, wo mönchisches Flüstern wie in einer Talmudschule vorherrscht. Altamura ist eine Miniatur-Polis, die sich in einer Unzahl von Divertikeln verschanzt. Es schaut nicht nach außen, sondern nach innen.

Eintönige gregorianische Choräle fast wie in einer Synagoge dringen aus einer Kirche, ähnlich dem *Exultet*, dem Osterlob, das ich vor Jahren einmal am Gargano gehört habe. Einsame schlurfende Schritte auf dem Pflaster. Wir bewegen uns argwöhnisch in einer Welt, in der der Mann überflüssig ist. Die einzigen schnurrbärtigen Exemplare sind die *facciòmn*, barbarische Steinköpfe an den Architraven der Tore, die wahrscheinlich von Goten und Langobarden erzählen. Tellerklappern in den Häusern. Grollende Gewitter, die sich nicht entladen, Megalithen, die von der Sonne der frühen Nachmittagsstunde geröstet werden.

Die Stadtmauern, die den Stadtkern wie eine Amygdala umschließen, drängen die Häuser zwischen den Straßenbögen eng zusammen, instinktiv verteidigen sie sich gegen feindliche Raubzüge, aber auch gegen die mörderische Hitze der afrikanischen Platte. Draußen ist Wüste, das grelle Licht verflacht die Farben. Malve, Schwefelgelb, Opal: Jede Farbe wird durch Staub gefiltert. Im Sommer aktiviert das Leben einen uralten Instinkt, sucht Zuflucht und Erleichterung in Räumen mit meterdicken Mauern oder in dunklen Krypten, in denen die Mönche des Basiliusordens, die aus Byzanz gekommen waren, wunderbare Fresken hinterließen.

Die Mönche aus dem Osten wurden von den unbarmherzigen, vatikantreuen Benediktinern vertrieben, doch das Sakrale klingt hier immer noch nach griechischen Litaneien und dem tiefen Grummelbass des Archimandriten. Hier ist mehr Konstantinopel als Rom. Auch außerhalb der Mauern keine Spur von römischer Parzellierung. Allenfalls Spuren arabischer Plantagen. Maulbeerbäume für Seidenraupenzucht, Zuckerrohr, Spinat, Pistazien, Orangen, Zitronen. Und natürlich Auberginen aus dem Fernen Osten, die Königin der Küche des Südens.

Um vier Uhr nachmittags schlafe ich ein, ich lese gerade in einem Buch über Friedrich II., wie er die Nutzung der Territorien mit detaillierten Gesetzen regelte. Allmende, Weide, Holzschlag, das Sammeln von Beeren im Unterholz. Maßnahmen gegen die Verschmutzung der Gewässer. Strenge Regeln beim Fällen von Bäumen. Organisation des landwirtschaftlich genutzten Territoriums und der Bauernhöfe. Edikte, um die Nutzung von Plantagen, Büschen und Obstbäumen zu regeln. Der Deutsche dachte an alles. Als 1231 einige Obstbäume krank wurden, schickte er Beamte aufs Land, sie sollten Raupen an die Bauern verteilen, die die schädlichen Insekten vertilgten. Damals war Apulien noch grün. Heute gibt es hier nur Asphalt und Insektizide.

Und da ist wieder das schreckliche Autobahnkreuz in Maccaronaro unterhalb von Altamura, die magische Linie wird zu einer baumlosen, von Tuffsteinhöhlen gesäumten Straße. Das Präludium zu einer Etappe, auf der Schönes und Hässliches unentwirrbar aufeinanderfolgen. Zuerst eine aufgelassene Viehtrift zwischen verfallenen Bauernhäusern, dann eine Kalksteinplatte mit gut sichtbaren Spuren antiker Karren, dann eine Reihe von Weizenfeldern am Fuße jenes Teil der Murge, der Catena heißt. Schließlich landen wir auf einem Karrenweg, neben dem ein stinkender kleiner Fluss namens Jesce, ein offener Abwasserkanal, fließt, der – wie wir anhand der Karten feststellen – nach zehn Kilometern in die spektakuläre Schlucht von Matera mündet.

Die Kloake wird also am Fuße der Felsenstadt entlangfließen, der Europäischen Kulturhauptstadt von 2019. Der König ist oft nackt, doch das bemerkt nur der Störenfried, der zu Fuß unterwegs ist. Er steckt seine Nase in Dinge, die ihn nichts angehen, und sieht, was man vom Auto aus nicht sehen würde. Zum Beispiel, dass der stinkende Fluss aus der Kläranlage in Altamura kommt, die offenbar überhaupt nicht gewartet wird und die ungefilterten Abwässer sorglos auf den Böden der Nachbarn verteilt. Es kümmert sich ja niemand darum, auf der Appia geht sowieso keiner. Höchstens die Schafe, und die protestieren nicht.

Dann stellt Apulien aufs Neue seine Schönheit unter Beweis: Mandelbäume, Zikaden, kleine Schnecken auf Fenchelpflanzen, Bäume voller Kirschen, es wäre eine Todsünde, sie nicht zu klauen, auch wenn ACHTUNG GIFT auf dem Baum steht. Und die wunderbar renovierte Masseria Jesce, wo der Gelehrte Francesco Maria Pratilli, der im 18. Jahrhundert nach Brindisi ritt, „eindeutige Spuren des alten Pflasters“ entdeckte. Ein mächtiges Bauwerk aus dem 17. Jahrhundert mit Resten von außen angebrachten Schilderhäuschen im ersten Stockwerk, rundherum ein Halbkreis von Felswohnungen, eine wurde im 14. Jahrhundert zu einer dem hl. Michael geweihten Krypta umfunktioniert. In manchen Augenblicken scheinen die Jahrhunderte in Apulien sich zu einem einzigen Fluss zu vereinen. Doch gleich dahinter lauert wieder der typisch italienische Schlendrian: Die historische Masseria Viglione an der Kreuzung von fünf Straßen, die seit Jahrhunderten von Reisenden erwähnt wird, das einsame Denkmal einer ganzen Region, ist völlig verfallen. Kaputte Fenster, einstürzende Mauern, eingetretene Türen, und der Wind weht Papierfetzen durch die Gänge. Wem gehört Apulien? Hin und wieder glaubt man die Antwort zu kennen: niemandem.

Doch dann taucht auf der Höhe eines weiteren Bauernhauses, das den wenig einladenden Namen Masseria di Miseria (Elend) trägt, mit einem strahlenden Lächeln Liliana Dell'Aquila auf (hier haben alle einen schönen vokalreichen Nachnamen, nicht wie Rumiz); sie ist gekommen, um uns abzuholen und im Auto in ihre Frühstückspension in Laterza zu bringen, unsere schlechte Laune ist wie weggeblasen. Aus steuerlichen Gründen gibt es in Apulien die weltweit größte Dichte an Bed & Breakfasts, und selbst wenn der Fußgänger unterwegs kein Zimmer findet, gibt es immer jemanden, der ihn abholt und zur nächsten Schlafstelle bringt. Liliana bringt uns alle zu unserem Rastplatz in der atemberaubenden Felsenstadt Laterza.

In einer schönen Taverne am Fluss, beim üblichen Konzert von Zikaden und Schwalben, öffnet uns ein ungefähr achtzigjähriger Einheimischer die Augen. Er sagt, für ihn als Kind sei die Appia eine Gefahr gewesen. Wie das?, fragen wir. Auf dieser Straße waren die Heere, die Panzer unterwegs. „Deutsche und Amerikaner, die Flugzeuge griffen aus der Luft an, meine Mutter sagte immer, ich solle ja nicht hingehen." Und überraschenderweise fügt er hinzu: „Jetzt kommt ihr aus dem Norden und sagt uns, die verdammte Straße sei eine Ressource, aber wir haben diese Kultur nicht. Für uns war die Appia jahrhundertelang nur ein Steinbruch, um Häuser zu bauen. Ihr habt euren Kampf von Anfang an verloren. Es tut mir leid, euch das sagen zu müssen. Niemand wird euch dabei unterstützen."

Aber da mischt sich ein anderer Tischgenosse ein. Er outet sich als Gemeinderat und sagt zu seinem Mitbürger: „Pass auf, Bruder, die Italiener beginnen wieder zu Fuß zu gehen, mittlerweile sind nicht nur Engländer und Deutsche unterwegs. Die Menschen haben genug von Uhren und Handys. Sie wollen immer mehr den Stimmen der Natur lauschen. Fuß- und Radwege kommen wieder in Mode, dem müssen die Gemeinden Rechnung tragen und diesen Menschen ein neues Wegenetz bieten. Es erfüllt mich mit Freude und Dankbarkeit, dass diese Herrschaften auf der Appia zu uns gekommen sind", sagt er und schaut uns direkt in die Augen, „ihr seid unsere Botschafter."

Angebliche „Instandhaltung"

Bevor uns Liliana am Morgen darauf wieder unserem Fußgängerschicksal überlässt, fährt sie mit uns an den Rand einer einsamen, tiefen Schlucht. Sie liegt in einem sanften, goldenen Licht, die Frösche quaken wie in einer Äsop-Fabel. „Im Winter rauscht hier ein schöner Fluss", sagt die Besitzerin des Hauses am Rande des Abgrunds, auf dem mediterrane Macchia wuchert und friedliche Podolica-Kühe grasen. „Von hier bis Matera", sagt sie, „ist das ganze Gelände von Löchern durchsetzt, von Schluchten und Verstecken, die Mönchen und Banditen als Unterschlupf gedient haben." Wieder der Zusammenstoß von Heiligem und Profanem: die Verbindung von Christen- und Heidentum, die hier viel stärker ist als anderswo, offenbart sich wieder einmal als Schlüssel zum Verständnis des italienischen Südens.

Doch die beunruhigenden Zeichen mehren sich. Dröhnende Militärjets steigen von der Basis Gioia del Colle auf, eine grauenhafte Stromleitung, ein Wald von Windrädern, unbeweglich und unheilvoll wie Gekreuzigte. Und dann illegale Brunnen, Plastikplanen auf den Gewächshäusern. Doch das Schlimmste ist die perfide Asphaltierung der letzten ländlichen Straßen. Schilder mit

Euphemismen wie „Instandhaltung“ oder „Modernisierung“ kündigen die Ankunft des Asphalts an. 214.499,50 Euro haben die Arbeiten für die Instandsetzung eines Feldwegs, der Strada Rurale 24 von Candile nach Semeraro, gekostet, der auch sehr gut in seinem ursprünglichen Zustand hätte bleiben können. Auch die Appia am Fuße von Castellanata wird asphaltiert werden.

Ein Stück weiter, vor einem Gehege, dessen Zaun aus den Leitplanken irgendeiner Schnellstraße besteht, verstehe ich, warum die Appia verschwunden ist. Alles, was hier öffentliches Gut ist, wird geplündert. Seit Jahrhunderten, und zwar mit einer Gewissenhaftigkeit, die sogar noch größer ist als in Kampanien. Schon der gute Pratilli, der im 18. Jahrhundert hier über die Appia wanderte, stellte fest, er müsse „den Provinzen Apuliens einen berechtigten Vorwurf machen, nämlich dass diese es zu ihrem Schaden verabsäumt haben, die antiken Reste und die Bauernhäuser zu bewahren: Es ist ein Unglück, dass man die alten Städte, Burgen, Villen und Herbergen nicht mehr erkennt … da die Bewohner die Inschriften, Säulen und andere Verzierungen wunderbarer antiker Gebäude verwendet haben, um damit die Grundfesten ihrer Häuser zu bauen, wie Ortskundige mir und vielen anderen vor mir versichert haben“.

Das Aufblitzen des blauen Meeres

Es geschieht nach zwei Uhr nachmittags, nachdem eine schwarze Schlange (noch ein verkleideter Dämon?) vor uns über die Straße gekrochen ist. Neben einer Erdgas-Pipeline (die Appia und die Viehtrift nach Tarent nehmen mitunter auch diese Form an), hinter einer mit Agrumen bewachsenen Ebene, am Ende eines langen Hanges, taucht plötzlich der kobaltblaue Streifen des Ionischen Meeres, des griechischsten aller Meere, auf. Zur Linken, unter einem Haufen Regenwolken, ein weiterer beunruhigender Anblick. Ein riesiger gezackter Kamm wie der eines Stegosaurus, qualmend, noch in weiter Ferne, in den Blitze einschlagen. Das Stahlwerk Ilva. Das Ungeheuer erwartet uns mit aufgerissenem Rachen am Ende unserer Straße. Es hat sich mit seinem riesigen Körper und dem Bauch, in dem ein ewiges Feuer brennt, ausgerechnet auf die Appia gelegt. Wir müssen an dem Ungeheuer vorbeigehen, wie die Griechen an der Sphinx, wie die Kinder im Märchen am Teufel auf der Brücke. Laut Karte könnten wir auch einen anderen Weg nehmen, doch das wäre ein Kniefall, eine Kapitulation, ein Verrat an der Linie. Nervös bereiten wir uns auf die fatale Begegnung vor.

Noch dazu verheißt der Wetterbericht nichts Gutes. In der Ferne donnert es und es ist außergewöhnlich heiß. Im winzigen Schatten eines Kraftwerks machen wir Pause, und hier erreicht uns das Gewitter: zuerst ein Wind wie bei einem Hexensabbat, danach eine schnell aus dem Westen heraufziehende Wolkenwand. Wolkenbrüche, Donner und Blitze, Geruch nach verbranntem Gras und Pfützen. Augenblicklich fällt die Temperatur auf achtzehn Gad. Auf dem Monte Serico hatte man uns gewarnt: „Hier regnet es nicht, es hagelt." Doch der Spuk dauert nur fünf Minuten. Danach scheint wieder die Sonne und ganz Apulien dampft und raucht, die Fliegen schwirren wie wild um uns herum. Jetzt gehen wir bergab, springen über die Pfützen.

Hinter einer Oleanderhecke taucht eine sehr balkanisch anmutende Bar auf, ausschließlich Männer umschwirren die Schankkraft, eine strenge Dame mit Haarknoten und Falten, die von einem harten Leben erzählen. Die Begrüßung, die in Kampanien *jee* lautete, wird nun zu einem trockenen *eù*, mit der Variante *aè*. Ein Treffpunkt von Lastwagenfahrern und Bauern, die auf Latifundien arbeiten. Auf einer Bank auf der Terrasse sitzend beobachte ich das Kommen und Gehen der Einheimischen: ein Spektakel. Ich trinke ein Bier zu viel und muss die letzten neun Kilometer im Taxi zurücklegen. Der Chauffeur braucht eine Ewigkeit, um uns zu finden, seine Automobil-Koordinaten stimmen nicht mit den unseren überein. Doch dann fahren wir, Mottola liegt wie ein Traumgebilde zur Linken, es wird von einem Sonnenstrahl beleuchtet, vor einem

Himmel so schwarz wie Tintenfischtinte. Angeblich hagelt es Richtung Gioia del Colle. Und dann taucht wieder die Ilva auf, schrecklicher denn je.

Tische im Freien

Ein milder und trügerischer Abend in Palagiano. Wie oft zwischen zwei Gewittern ist die Luft über Metapont außergewöhnlich leicht. Laut Vorhersage wird es morgen wieder regnen. Doch fürs Erste ist das ganze Dorf unterwegs, um den Waffenstillstand zu genießen, die Leute sitzen vor den Häusern, an den Tischen der Bars, und die Männer stehen in Grüppchen herum, die großen, von der Landarbeit gezeichneten Hände im Rücken verschränkt. Im Süden gibt es keine Altersheime. Die Alten sind alle auf den Straßen, sie grüßen einander mit Formeln voll griechischer Vokale, trocken wie Schwalbentriller. Die Frauen sind größer als die kampanischen und sprechen leise. Sie duzen einen, auch wenn man viel älter ist als sie und sie einen noch nie gesehen haben.

Ich setze mich mit Irene an einen Tisch, um das Leben zu betrachten. Wasserspeicher auf den Dächern erzählen von einem archaischen Durst; die Straßen darunter sind lobenswerterweise voller Fahrräder; sie sind fast zahlreicher als die Autos. Um acht Uhr abends sind die Läden alle noch offen, Duft von gutem Brot, das Gemüse kostet ein Drittel von dem, was es im Norden kostet. Ungelenke Jugendliche lungern herum, haben die Baseballkappe verkehrt herum aufgesetzt. Amerikanische Haarschnitte. Arabische Lässigkeit, doch keine Abstinenz. Bei einem Campari genieße ich das perfekte Bild der italienischen Provinz. „Warum seid ihr nach Palagiano gekommen?“, fragt mich eine Dame mit Einkaufstasche, womit sie zu verstehen geben will, dass es in Apulien viel interessantere Orte gibt. „Ich bin aus Acquaviva delle Fonti“, sagt sie stolz. „Ein schöner Ort“, antworte ich, „aber an so einem Abend ist auch Palagiano zauberhaft.“

Ich betrachte lange die Schuhe der Menschen. Wenn der Schritt die Grundlage der Persönlichkeit ist, ist die Bewegung eines Volkes auf der Straße ein perfektes Röntgenbild der Gesellschaft. Das Volk Metaponts hat einen guten Schritt, es schaut einem beim Näherkommen in die Augen, was die Kontaktaufnahme mit Fremden erleichtert. Vielleicht kommt diese Haltung daher, dass man hier auf einem Art Vorgebirge lebt und nicht verhindern kann, dass Fremde anlegen. Die Völker hier überlagern sich und ihre Identität ist ein Ergebnis von Addition.

Die Pferde von Massafra

Um dem Stegosaurus gegenüberzutreten, brauchen wir einen Zauberer. Und an dem milden Abend in Palagiano taucht auch tatsächlich ein Zauberer auf, die Straße hat ihn gerufen. Er hat aufgrund einer Losung von uns erfahren, die in der Ferne, wieder einmal in Melfi, ausgegeben wurde, und zwar von Raffaele Nigro, der uns aus der Ferne wie ein Schutzheiliger bewacht. Der Zauberer ist einer jener hochgebildeten und gleichzeitig bescheidenen Herren, wie sie nur der Süden hervorbringt. Mit fünfundachtzig Jahren ist er immer noch so enthusiastisch wie ein Jugendlicher. Dünn und spartanisch, mit Ziegenbärtchen, spricht er wie gedruckt über Archäologie und kennt das Gebiet wie kein anderer. Die Honoratioren in Mottola, Massafra, Palagiano und Palagianello halten ihn für eine Zierde des Landstrichs am Ionischen Meer und nennen ihn den „Professor“.

Die Rede ist von Roberto Caprara. Unter den Sternen Metaponts, vor einer dampfenden Pizza, reicht er uns den Schlüssel zum Verständnis der letzten Etappe unserer Reise. Nach Benevent, erklärt er, verschwindet die legendäre Nummer eins sehr schnell, wird von irrlichternden Wegen an die Adria ersetzt, und schließlich gibt es nur noch die Appia Traiana. Im 4. Jahrhundert n. Chr. geriet das Römerreich in eine finanzielle Krise, die alte Straße wurde nicht mehr instand gehalten und verfiel, auch aufgrund des Bradyseismos, der Italien nach Westen hin absinken lässt;, um das 7. Jahrhundert versumpften die tiefer gelegenen Teile und verschluckten halb Metapont.

Wer von da an von Tarent nach Neapel gelangen wollte, musste über die Hügel gehen, einen Umweg über Mottola und Matera machen. Ein absurder Umweg im Vergleich zur ursprünglichen schnurgeraden Straße. Das belegt auch die faszinierende Geschichte der Pferde aus Massafra, die am Hof in Neapel in hohem Ansehen standen und die – wie ein Dokument aus dem Jahr 1264 belegt – im Zickzack über verschlungene Wege nach Melfi und Avellino gebracht werden mussten, um dort dem König vorgeführt zu werden. Sie wurden von Soldaten eskortiert, der Bergrücken Formicoso war von Banditen bevölkert.

Ich frage, wer früher da war, die Appia oder die Viehtrift, die sich ihre Spur angeeignet hat.

„In den Abruzzen und im Gebiet des Matese laufen die Schafherden seit der Bronzezeit im Winter zum Meer hinunter, das will etwas sagen." Die Viehtrift ist ungefähr neunzig Meter breit; die Appia nur fünf, also ist die Viehtrift älter als die römische Straße. Sie ist Teil eines Wegnetzes, das infolge des Almauftriebs entstanden ist.

Und nach Tarent?

„Die Appia ging in Tarent zu Ende. Als sie dann nach Brindisi verlängert wurde, wurde die Variante im Norden des Binnenmeers Mar Piccolo gebaut. Aber das ist meine persönliche Meinung, verstanden? Sie ist wissenschaftlich nicht beweisbar."

Ist es eine gute Idee, zu Fuß über diese Straße zu gehen, oder sind wir verrückt?

„Ich habe keine einzige Zeile über etwas geschrieben, das ich nicht mit eigenen Augen gesehen habe", sagt der Zauberer, „denn darin besteht wissenschaftliche Korrektheit. Die einzige halbwegs seriöse Studie über die Appia stammt von Pratilli, die anderen haben bloß von ihm abgeschrieben, anstatt wie ihr tatsächlich über die Straße zu gehen."

Einen besseren Segen hätte man uns nicht erteilen können.

Erhellende Lektüre des oben erwähnten Pratilli: „Nach Castellaneta führt die Appia ungefähr eineinhalb Meilen lang nach Petto die Lepore zu einer Osteria namens Pagliarone hinab, diese gehört dem Principe di Acquaviva und ist sechs Meilen von Candile entfernt. Von dort führt sie nach Palagiano, das sich im Besitz des Duca di Martina aus der Familie Caracciolo befindet."

Über uns allzu helle Sterne, wie immer, wenn sich ein Gewitter ankündigt. Ich frage Caprara: „Aber gibt es die Appia wirklich? Hin und wieder habe ich das Gefühl, etwas Sinnloses zu tun ..."

Der Professor lächelt. „Die Appia ist von den Menschen und der Natur schrecklich verwüstet worden, doch es gibt sie, und wie! Glaubt ja nicht, ihr würdet einer Fata Morgana nachlaufen!"

Ich denke, der Frankenweg ist die wahre Fata Morgana. Nur aufgrund des Marketings wird er als einheitlich dargestellt. In Wirklichkeit besteht er aus tausend kleinen Rinnsalen. Der Frankenweg von den Alpen abwärts ist überall. Die Appia hingegen ist einheitlich und eindeutig. Sie hat nur einen Ausgangs- und einen Zielpunkt.

Giftiger Wind

Wir brechen unterhalb des Autobahnkreuzes auf der A106 Jonica auf, über der riesige Wolken hängen. Ein Schild in einem Garten: „Warnung an die Schmutzfinken, die ihren Müll hier abladen: Früher oder später erwische ich euch, dann hat euer letztes Stündchen geschlagen." Am Anfang der Etappe begleitet uns eine von Zecken übersäte Hundemeute, dann sind wir allein auf dem offenen Land, einem Land, das die Ohren steif hält und mit Pumpen, Rodemaschinen und Traktoren heroisch gegen die Dioxin-Emissionen der Ilva ankämpft. Schlangenhäute, dünne Bewässerungsrohre zischen wie Kobras unter den Olivenbäumen. Die Zitrusplantagen werden mit riesigen schwarzen, im Wind knatternden Leichentüchern vor der giftigen Luft geschützt. Zum Grün des Junis gesellen sich neue Farben: schwefelgelb, ocker, zyklamrot. Ein Typ im Traktor filmt uns im Vorbeifahren mit seinem Smartphone. Für gewöhnlich fotografiert der Forschungsreisende den Eingeborenen, hier ist es umgekehrt. Ein gelbrotgrüne Raupe kriecht vor uns über die Straße, zum Spaß lege ich ihr die IGM-Karte unter, sie kriecht unverdrossen zwischen den Höhenlinien weiter.

Der immer näher kommende Drache flößt uns düstere Gedanken ein.

Blühende Kaktusfeigen und daneben Haufen von Plastik, Glas, Eternit und Schaumstoff.

Tàranto, denke ich insgeheim. Warum nicht Tarànto wie Taranta, Tarantel, die Spinne des organisierten Verbrechens?

Ein Bauer mit einem Kleintransporter überholt uns. Antonio Lisi aus Massafra. Auch er ein ehemaliger Ilva-Arbeiter.

„Wohin geht ihr?"

„Nach Tarent, über die Appia Antica."

Antonio: „Bis vor Kurzem war diese Straße vierzig Meter breit, vielleicht sogar noch breiter."

Riccardo: „Vielleicht neunzig. Es war eine Viehtrift. Hören Sie, wir stehen bald vor der Ilva. Wie können wir an ihr vorbei? Wir wollen nach Tarent."

„Ihr müsst zu der Straße, die nach Brindisi führt."

„Kann man die Ilva denn nicht durchqueren?"

„Wie bitte, wie soll das gehen?"

„Gibt es im Inneren keine Eisenbahnen? Vielleicht können wir über die Geleise gehen."

„Eisenbahnen im Inneren … wir haben sie gebaut, als die Ilva gegründet wurde."

Riccardo: „Sie hat Gift gebracht."

„Und das Gift ist uns geblieben."

„Aber kommt das Gift bis hierher auf das Land?"

„Nun, das hängt davon ab, aus welcher Richtung der Wind weht. Der Levante bringt das Gift vom Stahlwerk hierher, der

Schirokko weht es hinauf ins Dorf. Die Tramontana weht es nach Tarent hinein. Es hängt also vom Wind ab."

Er schweigt nachdenklich. „Vielleicht glaubt ihr uns nicht, ich leide an Bronchitis, keine Ahnung, warum ich noch lebe … Die Jungen, die jetzt dort arbeiten, haben irgendwann gesagt: Das Werk vergiftet uns zwar … aber wohin sollen wir gehen, wenn es zusperrt? Hier gibt es sonst nichts."

„Vom Land könnt ihr nicht leben?"

„Neiiin … das Land … schau mal: Sie haben uns von beiden Seiten in die Zange genommen … die Marktpreise … und das Dioxin. Und wer hat uns das eingebrockt? Die armen Teufel, die dort arbeiten? Nein, die anderen!"

Und er verabschiedet sich herzlich von uns, ohne die Namen derer zu nennen, die das Land vergiften.

Im Rachen des Drachen

Hinter dem Fluss Tara, nach dem die Stadt benannt ist, und einem weiteren Gewässer namens Galeso „in der Nähe der Burg Civitella", schreibt Pratilli, „verläuft die Appia zwischen dieser und dem Monte Mesole zwischen Osten und Norden nach oben und teilt sich in zwei Äste; einer der beiden führt Richtung Süden nach Tarent und der andere direkt nach Oria und findet schließlich in Brindisi ein Ende". Wie in Benevent befinden wir uns an einer wichtigen Gabelung. Und wie in Benevent entscheiden wir uns auch hier für die originale, kompliziertere und mühsamere Straße. Zuerst war Tarent der Endpunkt der Straße, erst später lief Brindisi ihm den Rang ab. Wir müssen nach Tarent gehen.

Aufgrund der giftigen Emissionen ist es eigentlich verboten, in einem Umkreis von zwanzig Kilometern um die Ilva Obst und Gemüse zu pflanzen, doch das Urbarmachungskonsortium tut, als sei nichts, und pumpt Wasser in die Zitrusplantagen. Kurz vor dem Stahlwerk offenbart sich jedoch allmählich ein Labyrinth versiegter

Kanäle, brachliegender Felder, Straßen, die nirgendwohin führen, konfiszierter und aufgelassener Weingärten. Gleich darauf bricht alles zusammen, nicht einmal die Karte hilft weiter. Wir sitzen in der Falle, inmitten eines Wirrwarrs aus Leitplanken, inmitten einer glühenden Wüste, wir sind Geiseln des Gestrüpps. Zu unserer Rechten die Statale Jonica, zu unserer Linken die Statale 7, vor uns der Turm des Drachens, umgeben von einem Wald aus Rohren und Wellblechplatten, die im Wind unheimlich knattern. Über uns eine schwere Decke aus Gewitterwolken in Form eines Ambosses, sie bringen Regen.

Entschuldigung, wohin führt diese Straße?

Autofahrer: „Hier geht es nirgendwo weiter."

Wir kehren um, und als ein einsamer Kleintransporter vorbeifährt, wiederholen wir die Frage.

„Natürlich kann man hier durch. Springt über die Leitplanke. Hier ist sowieso kaum Verkehr."

Am Ende unseres quälenden Hin und Hers kommen wir zu dem Schluss, dass ein Fußgänger ohne Zange und Dietrich keinen Zugang zu Tarent hat, vor allem dann nicht, wenn er auf der ältesten Straße Europas unterwegs ist. Er kann über Leitplanken und Zäune springen, doch letzten Endes sagen ihm die mit Schloss und amtlichen Siegel verschlossenen Tore, dass hier Endstation ist, außer er ist ein Elitekämpfer. Ohnmächtig und stinksauer stehen wir vor einer rostigen Mauer. Aber da sind nicht nur die Ilva, sondern auch eine Raffinerie der Eni und die Cementir. Unsere schnurgerade Straße landet direkt im Hochofen des Stahlwerks. Das ist ihre letzte Metamorphose. Sie war Müllhalde, Tangente, Pipeline, Viehtrift, Weizenfeld. Jetzt ist sie Höllenfeuer.

Mit leeren Wasserflaschen, unter riesigen Regenwolken, die ein heißer Schirokko vor sich hertreibt, drehen wir um. Der IGM-Karte aus dem Jahr 1952 zufolge befinden wir uns inmitten von üppigen Feldern und Bauernhöfen mit antiken Namen – Tre Palmienti, Miraglia, Zitarella, Giangrande –, in Wirklichkeit irren wir in einem unfruchtbaren Land herum, zwischen furchterregenden

Autobahnkreuzen, einem aufgelassenen Bahnhof, den vergifteten Häusern im Stadtteil Tamburi, einem Kanal mit stehendem Wasser, an dem keine Menschenseele unterwegs ist, und einem Archipel aufgelassener Wohnblocks.

Um uns aus der Falle zu befreien, müssen wir drei Kilometer bis zu einer Eisenbahnunterführung zurückgehen, danach plündern wir erschöpft den Kühlschrank einer Tankstelle. Birra Raffo aus Tarent, es wird uns auf den letzten Meilen der Reise begleiten. Es beginnt zu regnen, die Ankunft könnte nicht trister sein. „Hier sieht es aus wie in Tschernobyl, dabei könnte Tarent ein Paradies sein", murrt ein Autofahrer an der Benzinpumpe. „Da hinten ist der Friedhof", stellt er resigniert fest, „sogar im Tod atmen wir noch Gift."

Wir gehen an den rötlichen und halb verlassenen Häusern des Stadtteils Tamburi vorbei, wo die Wohnungen um einen Bettel vermietet werden und nicht einmal Immigranten wohnen wollen. Das Schild, auf dem VIA OFANTO steht, ist buchstäblich rostrot, offenbar sind alle Gebäude auf dem Gelände des Stahlwerks in Pompeijrot gestrichen, damit man das Dioxin nicht sieht. Ein Lkw-Fahrer, der in der Ilva gearbeitet hat, erzählt: „Als sie die alten Arbeiter entlassen haben, die die Emissionen drosseln konnten, ist alles noch schlimmer geworden." Wir stehen vor einer toten Stadt, wie Vukovar. Oder wie L'Aquila, das sogar Jahre nach dem Erdbeben noch abgesperrt ist.

Schmuck aus Tarent

Vor uns liegt die Altstadt von Tarent, sie klammert sich an die Insel zwischen dem Mar Grande und dem Binnenmeer Mar Piccolo. Bunte Fischernetze wie in Griechenland, ein Geruch nach Fischmarkt wie in der Vergangenheit, authentischere Gassen als in Sorrent, Häuser, die in Ruhe altern durften. Das Böse versteckt sich auch hier, auf einem Schild des Stadtteilkomitees steht: WIR

HABEN GENUG VON EINSTÜRZENDEN HÄUSERN, RAUS MIT DEN SPEKULANTEN AUS TARENT – doch inzwischen hat es aufgehört zu regnen, der Himmel ist wieder blau und wir stehen bezaubert vor einem kristallklaren Meer wie in Acapulco, ein guter Südwestwind verweht die giftige Luft und öffnet den Blick auf das gebirgige Kalabrien. Ein wunderbarer Triumph nach der Niederlage, die uns der Drache zugefügt hat.

Tankschiffe auf offener See, im Licht der Sonne, die hinter dem Castello Aragonese untergeht und den Palazzo del Governo golden färbt, ein mit Streben verstärktes und von zwei Glockentürmen flankiertes Bauwerk aus Stein und Ziegeln. Selten habe ich ein derart exzentrisches Gebäude der Macht gesehen. Zwei mächtige dorische Säulen auf der Seite der „Neuen Stadt", viel älter als die Pflastersteine der Appia, blicken verächtlich auf die Gegenwart herab und bekunden, dass das Wichtige in der Geschichte Tarents sich vor der römischen Herrschaft zugetragen hat.

Wir Italiener sollten an solchen Orten ein paar Dinge zur Kenntnis nehmen und sie uns gut einprägen. Tarent ist der Inbegriff eines großen, in Vergessenheit geratenen Epos. Die Wiege einer hochentwickelten maritimen Kultur, zur Zeit ihrer Entstehung war Rom noch ein Bauerndorf. Was für eine Pracht. Das fruchtbare Land, die einzigartige Lage im Mittelmeer, die Bronze- und Eisenzeit. Die Japyger, die ersten Siedler. Die Gründung 706 v. Chr. durch dorische Siedler aus Sparta. Dann das Königreich, die Demokratie, die glückliche Zeit unter Archytas, der die Stadt regiert und sie zur wichtigsten griechischen Kolonie im Mittelmeer macht.

Dann das Bündnis mit Pyrrhus und der unvermeidliche Konflikt mit Rom, der zu einem prekären Abkommen führt, das mit der Ankunft Hannibals jedoch aufgegeben wird. Tarent begeht einen Verrat an Rom und wird schrecklich bestraft, an den Rand gedrängt und vom neuen Hafen in Brindisi abgelöst. Nach Ende des Römerreichs kamen die Goten und das arabische Emirat. Danach liegt die Stadt in den letzten Zügen, nicht einmal im geeinten Italien findet sie zur alten Größe zurück und nährt sich von Erinnerung.

Bevor man Tarent verlässt, muss man unbedingt das Archäologische Nationalmuseum besichtigen – und zwar nicht aus Pflichtgefühl und schon gar nicht aus Mitleid. Das ehemalige Kloster San Pasquale von Baylon muss man besichtigen, weil es die Schönheit befiehlt, und der Schönheit ist es egal, dass Rom weit weg ist, dass hier keine Hochgeschwindigkeitszüge ankommen und es keinen Flughafen gibt. Die Schönheit setzt sich darüber hinweg, auch wenn es im Bookshop an der Kasse keinen Katalog mehr gibt und die Via Appia in keinem der ausgestellten Bücher erwähnt wird.

In diesen wunderschönen Sälen ruht einer der größten Kulturschätze Europas. Die Antike ist hier kein kalter Marmor, sondern funkelndes Gold und Silber, griechischer Schmuck, der im 4. und 3. Jahrhundert v. Chr. mit den Toten begraben wurde und mit den Nekropolen wieder aufgetaucht ist. Tarent ist die Stadt der großen Goldschmiede, in Tarent triumphiert ein weibliches Universum, von dem Rom nicht einmal träumen konnte. Schiffförmige Ohrringe mit klimpernden Anhängern: Lorbeer- und Rosenblätter aus Dukatengold. Ringe, Anhänger, Löwenköpfe, wunderbare Emailarbeiten, Kristalle, Goldgranulat, Kameen und raffinierte Siegel.

Hinterhältiger Staub

Erschöpft kapitulieren wir am Ende des Tages vor einem leichter zugänglichen Schatz: einem Teller mit glänzenden, in Teig herausgebackenen Auberginenstäbchen und gratinierten Miesmuscheln, die funkeln wie Diademe. Wir nehmen den Extrakt einer uralten Kultur zu uns, die Spuren früherer Größe, die nach zwei Jahrtausenden des Dahinsiechens noch immer Früchte hervorbringt. „Diese hybride Stadt war Hauptstadt der Magna Graecia und hat unter Rom jahrhundertelang dafür gebüßt, dass sie zu Hannibal übergelaufen ist", klagt der Fotograf Peppe Carducci. Tarent sei durch die Ilva zu schnell gewachsen, sagt er, und aufgrund dieses Wachstums habe es die Erinnerung an seine einstige Größe verloren.

Der Drache ist zählebig, doch selbst wenn er das Zeitliche segnete, würde er sogar im Tod noch die Geschicke der Stadt und ihres Meeres bestimmen. „Wenn das Stahlwerk geschlossen wird, sofern es überhaupt geschlossen wird, haben wir hundertmal so viele Probleme wie in Bagnoli. Die brennenden Hochöfen kann man kontrollieren, die stillgelegten kaum. Die in Crotone wurden vor Jahren stillgelegt und verschmutzen noch immer die Luft. Bevor man die Ilva stilllegt und den Kadaver hier liegen lässt, kann man sie gleich den Umweltauflagen angepasst weiterbetreiben. Die Frage ist nur: Werden die Betreiber die Umrüstung zahlen? Oder wird wie immer das Volk bezahlen?"

Eine unbewegliche und windstille Nacht, wir machen einen Spaziergang am Meer. Der hinterhältige schwefelhaltige Staub macht die Luft weich und verleiht der Stadt einen unbeweglichen Heiligenschein. Wir zitieren Carlo Levi, Norman Douglas und Curzio Malaparte; sie sind unerlässlich, um dieses Land an der Peripherie zu verstehen. Aber um ihm wirklich auf den Grund zu gehen, muss man Ermanno Rea, Francesco De Sanctis, Rocco Scotellaro, Raffaele Nigro und Carmelo Bene gelesen haben.

Plaudernd, wie die Peripatetiker vor zweitausend Jahren, gehen wir auf und ab. Während die Römer in die Hände spuckten, um den Boden zu bearbeiten und Straßen zu bauen, „promenierten" die schöngeistigen Bewohner von Tarent. Zweimal am Tag, nach dem Frühstück und vor dem Abendessen, machten sie einen Spaziergang. Der Tag war genau eingeteilt: Zuerst machten sie Gymnastik, dann gab es Mittagessen, dann widmeten sie sich der Politik, dann nahmen sie ein Bad und aßen gemeinsam zu Abend, wozu auch Trankopfer und Votivgaben gehörten. Dann widmeten sich die Jüngeren der Lektüre und die Älteren erteilten Ratschläge. Auch den jeweiligen Altersgruppen waren die Aufgaben eindeutig zugeteilt: Leibesübungen und Lektüre für die männlichen Kinder, Bürgerkunde für die Jugendlichen, Politik für reife Männer und Meditation, Nachdenken über Politik und Verwaltung der Justiz für die alten Männer. Kant, der Philosoph aus Königsberg, hat nichts Neues erfunden.

Vergiss nicht die Sauce

Früher Morgen, eine Steineichenallee führt zum Meer; dann die Via Mazzini, direkt in Richtung der aufgehenden Sonne. Die Gruppe zerbröselt, jeder geht seinen Neigungen nach. Bingo-Saal *Due Mari,* Trattoria *Gesù Cristo,* Verkaufsstände mit Miesmuscheln an den Kreuzungen. Hinter dem Freizeitclub *Titti* die Reste der Casa del Fascio mit der Aufschrift NOI TIREREMO DRITTO (Wir lassen uns nicht aufhalten), die perfekt zu unserer Reise passt. Die Türen der Bäckereien sind offen, es duftet nach Focaccia. Soundtrack: Rollladen, die geöffnet werden, Motorroller, unverständliche männliche Rufe, in den Bars werden Tassen ausgespült. Das hier sind nicht einfach Leute, es ist das Volk, das in Pantoffeln auf die Straße geht, auf der Straße wohnt wie in der eigenen Wohnung; selbst wenn man allein unterwegs ist, hat man hier immer das Gefühl, von einem großen Strom mitgerissen zu werden. Jeder von uns hat einen *daimon,* der ihn begleitet.

Noch nie habe ich erlebt, dass das Zentrum so sanft in die Peripherie übergeht. Ein Plakat, auf dem Tony Barletta mit Gitarre zu sehen ist. Pferdemetzger. Schlagzeilen und Anschläge wie: BEI BRAND VERLETZTER ILVA-ARBEITER NOCH IMMER NICHT AUSSER LEBENSGEFAHR. Die Königin der Unterwäsche, Lidia Di Terlizzi, ist zum Leidwesen ihrer Liebsten verstorben. Die italienischen Straßennamen (Vittorio Emanuele, Battisti) werden von Namen griechischen Ursprungs abgelöst, in der Via Plateja wimmelt es von Menschen. Ein Mechaniker erklärt mir, die Feigen seien gar keine Feigen, sondern ein Frühobst namens *fioroni.* Wie üblich erfolgt die Kontaktaufnahme sehr schnell, ohne einleitende Floskeln.

Die italienische Steuerbehörde und eine brutal hässliche Kirche, zur Bestätigung, dass Gott im Geist der Kirchenmänner abwesend ist. Doch da kommt der Tunesier Achmed mit einem Karren voller Souvenirs.

Ich frage ihn, wie es sich in Tarent so lebt.

„Gut, Gott sei Dank."

Er fragt mich, wohin ich gehe.

„Nach Brindisi, Inschallah."

„In Italien gehen nur die Fremden zu Fuß."

Kaum setze ich mich in Bewegung, fügt er hinzu: „Außerhalb der Stadt müsst ihr aufpassen, dort wird gestohlen. Die Leute haben große Angst."

Eine Wiese zwischen Wohnblöcken, ein Mann, der einen Drachen steigen lässt. Antike Ruinen, die als Grillplätze genutzt werden. Inschriften: DU BIST DIE NARBE AUF MEINEM HERZEN, LIEBLING, KÜSS MICH AUF DEN HINTERN. Eine Hundegang mit Bandenchef patrouilliert in einem kleinen Garten. Dann befinden wir uns wieder auf offenem Land, mit duftenden Bougainvilleas, zum Trocknen aufgehängter Wäsche wie im Wind knatternde Großsegel, prallen Kirschen – Marke Ferrovia, „rotes Gold von Apulien" –, die zwei Euro pro Kilo kosten, und Verkaufsstände mit Maulbeerraupen. Die Nähe zum Gefängnis wird von einer Aufschrift besiegelt, die der Riva-Dynastie, den Besitzern der Ilva, gewidmet ist: FABIO, MACH DIR KEINE SORGEN, DER KNAST IST EIN SCHEISSDRECK. Zwei Schritte weiter wie ein Exorzismus wunderbare Knoblauchzöpfe, nicht einmal auf dem Peloponnes habe ich solche gesehen.

Fast hätte ich es vergessen, noch eine geniale urbane Aufschrift: LIEBLING, VERGISS NICHT DIE SAUCE.

Anfechtungen

Wir gehen auf schierem Asphalt, in einer mörderischen Hitze. Unter der Jaguarsonne muss man das Flugzeug anders trimmen: die Außensensoren auf Null stellen, Luken und Luftschleusen schließen, das Metronom anmachen, leise singen, den Rucksack lüpfen, um den Rücken zu belüften.

Mein Hut ist schon so rot wie die Mauern der Ilva und mein Kopf, weichgekocht wie ein Ei, brütet idiotische Gedanken aus.

Zum Beispiel: Und wenn wir die Reise vor Brindisi abbrächen? Ich habe eine Erscheinung wie Paulus auf dem Weg nach Damaskus. Ich überlege: Das wäre ein wunderbarer literarischer Trick. Ich könnte die Reise lobpreisen, nach dem Motto: Der Weg ist das Ziel! Eine unerwartete Wendung! Das Ziel ist doch nur eine elende Vorgabe des Reiseleiters!

Verdammte Idee, ich ziehe sie ernsthaft in Erwägung. Umdrehen, wenn man in der Ferne schon das Meer sieht! Einen Schritt vor dem Finis Terrae! Doch dann verschwindet der Gedanke, so schnell er gekommen ist, ein Grinsen bringt ihm zum Schweigen. Was für eine Riesendummheit. Keine Ahnung, wie ich darauf gekommen bin. Vor allem verstehe ich nicht, wer diesen Zweifel gesät hat, allerdings schöpfe ich langsam Verdacht. Die letzten Kilometer einer Reise sind immer die gefährlichsten. Es liegt gar nicht so sehr an der wüstenartigen Hitze, sondern vielmehr an der Melancholie des Endes, sie macht den Reisenden verletzlich. Und hier verstärkt der Teufel seine Bemühungen, ihn in Versuchung zu führen.

Man hat uns schon auf vielfältige Art und Weise in Versuchung geführt: mit Leckerbissen, Langeweile um die Mittagsstunde, Hamletschen Zweifeln am Sinn des Gehens, doch jetzt geht es hart auf hart. Die Gespenster des Südens, die gefährlichsten, kommen der Reihe nach und attackieren die Mitglieder des Trupps einzeln, um uns zu spalten. Das merke ich an einer Reihe von Verlangsamungen und Visionen. Innerhalb weniger Stunden begegne ich dem Gespenst des nach Rom marschierenden hl. Petrus und einem schrecklichen Padre Pio ganz oben auf einer Relaisstation. Einer von uns behauptet, er habe Cicero vor Julius Cäsar knien gesehen. Irene schreit „Feuer!“ und zeigt auf eine Eiche wie Moses auf den brennenden Dornbusch, aber weit und breit ist kein Brand zu sehen. So zerstreut sich die Gruppe auf gefährliche Weise.

Es ist höchste Zeit, dass die Karawane die Abwehr stärkt. Riccardo, der Hirte, treibt die Herde rüde zusammen. Er weiß, der Unruhe muss man entschieden entgegentreten. Als Erstes muss man den Feind beim Namen nennen. „Wie heißt dein Teufel?“, fragt Sorbas der Grieche einen lasterhaften Mönch, und der antwortet, ohne zu zögern: „Kostas, der trinkt und wie ein Schlot raucht". Man muss herausfinden, aus welchem Grund der Gegner verhindern will, dass man ans Ziel gelangt. Dieser ist immer wütend auf „die, die wissen", hat mir der unruhige Capossela verraten, der ein großes Gespür für Gespenster aus dem Jenseits hat. Zweifellos sind wir Wissende. Indem wir zu Fuß gehen, brechen wir Klischees, wir sehen das Italien der Hinterzimmer.

Geister und Feuer

Am Stadtrand von San Giorgio Jonico zeigt das elektronische Thermometer einer Apotheke siebenunddreißig Grad. Die Sonne brennt, die schnurgerade Asphaltlinie reflektiert das Licht, und die Klage „Ich will ein Bier" brandet im Peloton immer wieder auf wie eine byzantinische Litanei. Zu unserer Rechten die glühenden Länder des Salento. Vor uns das Massiv der Murgia: Auf der Karte scheinen Orte auf, die nach Dolmen und Menhiren benannt sind. Eine junge russische Prostituierte sitzt gemütlich im Schatten eines Olivenbaums und grüßt uns herablassend. In einem Kreisverkehr vor dem Dorf verlangsamt ein Kleinwagen plötzlich neben Riccardo und der Beifahrer reicht ihm wortlos eine Flasche kalten Mineralwassers, die ungeduldigen Autofahrer dahinter beschimpfen ihn. Eine Szene wie auf der Strecke Paris–Roubaix.

Und dann bietet uns Herr Risorto Piccione, der gerade die Reben seines Primitivo di Manduria bewässert, etwas zu trinken an.

Riccardo: „Und wenn wir Fremde wären?"

„Egal, auch die Italiener sind ausgewandert. Woher kommt ihr?"

„Aus Rom. Wir gehen über die Appia Antica."

„Wollt ihr mir damit sagen, dass mein Land auf der Trasse der Appia Antica liegt?"

„Genau."

„Wunderbar, das erzähle ich gleich meiner Frau."

Die Appia ist mitunter auch die Begegnung mit einem Begräbnis. In Carosino, einem schönen, spanisch anmutenden Barockdorf wie aus der *Chronik eines angekündigten Todes,* stecken wir plötzlich in einem Trauerzug fest, folgen einem langsam ausschreitenden Ministranten, der das Kreuz wie eine Standarte hält. Das von den gekalkten Gebäuden reflektierte Licht ist unerträglich grell, doch die Metamorphose der Straße duldet nicht, dass das Interesse wankt.

Die Appia ist mitunter auch die Begegnung mit Gespenstern, etwa jenen der Klarissen, die jahrhundertelang in Grottaglie in der Masseria delle Monache inmitten von riesigen Olivenhainen und Schafherden gewohnt haben. In dem faszinierenden Bauwerk aus dem 16. Jahrhundert mit seinem Innenhof, den gotischen Bögen, meterdicken Mauern und antiken Betten spukt es. Hier verbringen wir die Nacht; Camel, ein bärtiger Maler aus Algier, hat ein Feuer entfacht, auf dem er uns als Willkommensgruß Fleisch grillt. Hier duftet es schon nach Nordafrika. Funken sprühen, das Antlitz Amphitryons erglüht wie das des Hephaistos unter einem großen Mond, dessen Licht tintenschwarze Schatten unter die hundertjährigen Olivenbäume wirft.

In der Dunkelheit rund um unsere Straße wimmelt es von Göttern, Heiligenstatuen, Ikonen, die sich in den Ädikulen an den Kreuzungen eingenistet haben. Da ist auch der Uru, der salentinische Kobold, der gut zu den Guten und böse zu den Bösen ist. Ich denke: Und wenn das Heilige eine Richtung und keine Oberfläche wäre? Vielleicht bewohnt ER die Linie, verbirgt sich im Schlurfen der Schritte auf den Wegen, in den Stimmen auf der Straße und nicht so sehr in den Kultstätten, und schon gar nicht auf den elenden Anwesen mit dem Schild: VORSICHT, BISSIGER HUND! Heute Abend geben die Wege Apuliens den Soundtrack der Jahrhunderte wider. Deshalb erfindet der Wanderer Litaneien, singt und dichtet unablässig. Seine Füße sind die Nadel des Grammophons in der Furche der Linie.

Mesochoron. Der Name ruft uns im Licht des Mittags. So heißt ein Dorf, das vor der Zeit der Appia gegründet wurde. Ein griechisches, kein römisches Dorf. Der Name bezeichnet ein Dorf „in der Mitte", vielleicht im Niemandsland zwischen den Griechen in Tarent und den antiken Messapiern oder auch einfach zwischen den zwei Meeren. Es hat seinen Namen einer Masseria namens Misicuro vererbt, doch die Archäologen tendieren dazu, es ein Stück weiter im Norden, auf den Grundfesten einer anderen Masseria namens Vicentino Grande, siebzehn Kilometer von Oria entfernt, anzusiedeln. Es verbirgt sich auf einem von Aleppo-Kiefern bedeckten Hügel, irgendwo in einem Netz vorrömischer Straßen, die auf dem gelben Tuffstein Apuliens breite Spuren hinterlassen haben.

Unser Navigator Riccardo gibt sein Bestes, um den Ariadnefaden zu finden und uns auf Schleichwegen zur Masseria zu führen. In absoluter Stille dringen wir in das Reich eines Dornröschens ein, das allem Anschein nach bis vor Kurzem ein funktionierender Bauernhof war. Ein mächtiges System von Ställen und Lagern aus dem 18. Jahrhundert, man glaubt noch immer das Schreien der Esel und die Rufe der Kutscher zu hören. Wie aus dem Nichts tauchen plötzlich die Besitzerinnen – Anna und Erminia Galante, Mutter und Tochter, mit Juwelen geschmückt und in Tennisschuhen – auf. Sie schimpfen kurz wegen unseres Eindringens, doch dann überschütten sie uns mit Informationen.

Doch das Schönste kommt erst: Im sanft gewellten Hügelland taucht ein querliegendes Tal auf. Wir müssen es irgendwo durchqueren, doch wo genau? Wir haben uns in einem Wirrwarr von Spuren verirrt, die im trockenen Gras kaum zu sehen sind. Gehsteige, Furchen von Karren und Reste von Saumpfaden haben in der Kalkplatte kreuz und quer verlaufende Rillen hinterlassen. Zweifellos das Wegenetz der Messapier. Eine schwierige Entscheidung.

Während wir unter einem Feigenbaum rasten, konsultiert der Expeditionsleiter das GPS und die Karten, peilt den Norden an, liest seine Notizen, versucht sich auf Alex' Smartphone zu orientieren. Dann sagt er: „Dorthin." Und wir gehen im hohen Gras aufs Neue Richtung Osten, umgeben von berauschendem Thymianduft, folgen einem zarten Signal im Gestrüpp.

„Die Furche!"

Im mittäglichen Dunst ist der Schrei wie ein Peitschenschlag. Wir stehen vor dem eindeutigen Rest eines Sockels. Wir folgen der richtigen Linie. Euphorie ergreift die Truppe, doch schon zweihundert Meter weiter stehen wir vor einem Hindernis. Ein umzäunter Steinbruch mit einer Mülldeponie daneben. Die Appia in den Rang einer öffentlichen Müllkippe erhoben. Die letzte in einer Reihe unendlicher Metamorphosen. Was tun? Dasselbe wie bei der Ilva in Tarent, wo die Appia direkt in die Hochöfen führte. Riccardo entscheidet, den Steinbruch samt Müllkippe zu umrunden und in südöstlicher Richtung bis zur ehemaligen Statale 603 vorzudringen. Dort gehen wir an Reihen hundertjähriger Olivenbäume vorbei, in einem Meer von Zikaden. Auch hier Prostituierte aus dem Osten, auf Klappstühlen unter Sonnenschirmchen.

Die Kilometer vor Oria sind eine Apotheose der geraden Linie. Auf halbem Weg zwischen zwei Meeren wird der Wind immer stärker, inmitten von Olivenbäumen läuft uns ein Fuchs über den Weg und bleibt genau in der Mitte stehen, schaut uns verdutzt oder auch neugierig an. Dann versperrt uns das Tor der Masseria Santa Croce den Weg; auf einem Schild wird großspurig verkündet, dass hier archäologische Ausgrabungen im Gange sind (die aufgrund von Geldmangel allerdings schon wieder eingestellt wurden), in deren Zuge die Schichten der alten Straße zutage getreten sind. Die befahrbare Straße erlaubt uns weiterzugehen, direkt an einem Freiluft-Schweinestall entlang, wo sich ein Dutzend riesiger Schweine im Dreck wälzen wie eine Herde Flusspferde im Sambesi. Gleich dahinter beim Bahnübergang der Linie Lecce–Bari grüßt uns ein aus einem einzigen Waggon bestehender Zug mit offenen Fenstern und wehenden grünen Vorhängen mit einem Pfiff, und der Maschinist streckt die Hand aus der Kabine und winkt uns zu.

„Ihr seid ganz knapp am Viadukt vorbeigegangen!", Barsanofio Chiedi vom apulischen Archeoclub schreit beinahe bei unserer Ankunft in Oria, der vorletzten Station auf unserer Reise. Er ist ein sympathischer Fuchs, raucht wie ein Schlot und trägt einen ungewöhnlichen mittelalterlichen Namen, den des Schutzheiligen von Oria. Er hat eine Leidenschaft für Ausgrabungen, vor allem kennt er Apulien zwischen dem Tyrrhenischen Meer und der Adria wie seine Westentasche. Die Buschtrommeln, deren Tamtam die Wanderer begleitet, haben ihm unsere Ankunft angekündigt, und als wir ihm erklären, wo wir nach dem Fund des Sockels weitergegangen sind, besteht er darauf, mit uns im Auto dorthin zurückzufahren. Wir haben nicht einmal Zeit, die Rucksäcke abzustellen. Er will uns zeigen, wie nah wir an der deutlichsten Spur der Königin der Straßen in seiner Heimat vorbeigegangen sind. Die Reise wird zu einer Schnitzeljagd.

Als wir zu der Brücke gelangen, verstehen wir. Aufgrund der Müllkippe haben wir die Richtung verloren und sind in die Irre gegangen. Wir hätten nur ein Dutzend Meter weitergehen müssen, dann hätten wir das Viadukt gesehen. Wir hätten es im hohen Gras gesehen, allerdings so gut getarnt, dass es auch erst in unmittelbarer Nähe erkennbar wird. Im schrägen Licht des Abends sehen wir nun, dass es ungefähr einen Meter hoch am Talgrund verläuft, es ruht auf mächtigen Steinquadern.

„Man bräuchte nur einen Rasenmäher!", stößt Riccardo hervor.

Mir fällt ein, dass in Südengland die Bauern früher (vielleicht tun sie es noch immer) eine kleine Sichel am Anfang der Wege deponierten, damit die Wanderer mähen konnten; es verstand sich von selbst, dass sie das Gerät am Ende des Weges wieder hinlegten. Wie wenig wäre doch vonnöten, um diese Straße instand zu halten! Auf den Felsen zwischen vergilbtem Gras befindet sich der Abdruck gelber fossiler Muscheln, ähnlich den stilisierten „Jakobsmuscheln" im Logo des Jakobsweges. Wir gehen über einen riesigen

Friedhof gestreifter Muscheln, den Überresten eines Meeres aus dem Zeitalter des Pliozäns, sie sind auf dem afrikanischen Sockel Apuliens haften geblieben. Libysche Landschaften und spanische Atlantikklippen vereinigen sich unter unseren Sohlen, der Druck der Kontinentaldrift hat sie hierhergeschoben.

Barsa, so haben wir ihn getauft, läuft mit großen Schritten über die Brücke, er erinnert an die „langen Prozessionen von Eseln, Karren und Waren", die jahrhundertelang zwischen Tarent und Brindisi unterwegs waren. Ein beachtlicher Verkehr, bedingt durch die Nähe der beiden besten natürlichen Häfen im Mittelmeer. Ein Austausch nicht nur von Waren, sondern auch von Ideen, die von Philosophen, Wissenschaftlern, Propheten und Predigern übermittelt wurden. „Wenn ich daran denke, dass Cäsar und Oktavian hier gegangen sind, werde ich fast verrückt. Was diese Steine erzählen, macht die Archäologie so faszinierend und unwiderstehlich."

Oria ist Griechenland im Reinzustand, mit weißen Mauern und knochigen, nahezu gefriergetrockneten alten Frauen in Schwarz; das alles vor dem Hintergrund jüdischer Reminiszenzen und spanisch anmutender Architektur. Das belegt auch die Vokalakrobatik der Sprache. *Buono* wird zu *buenu*, *fuoco* zu *fueco*. Das gesellige Leben auf dem Pflaster im Zentrum beginnt nicht vor sieben Uhr abends. Die Friseure arbeiten bis zehn Uhr, die meisten nehmen erst dann ihr Abendessen ein. Sobald es kühl wird, füllt sich die abschüssige Piazza und wird ein Meer von Tischen im Freien, die herrenlosen Hunde liegen friedlich zwischen den Menschen.

Angela, die Besitzerin des B&B, umarmt uns beinahe und ruft, wie wunderbar es sei, dass wir über diese Straße gehen. Und Lotta Nilsson, eine Schwedin, die sich gerade eine Wohnung in der Stadt gekauft hat, geht mit uns essen und erzählt uns, wie sehr sie die Mischung aus Alt und Jung, Geselligkeit und Politik begeistert, die sich nach Sonnenuntergang der Piazza bemächtigt,. Auf einer Bühne steht eine schwarzgekleidete Frau und hält eine leidenschaftliche Rede, um, wie sie sagt, das System gegenseitiger Gefälligkeiten,

Calitri – „Fest mit Vinicio in Calitri: ein Wirbel an Liebes- und Schmähliedern, Tarantellen und Beschimpfungen."

Palazzo San Gervasio – „Das kristallklare Sprudeln der Fontana Rotta"

Beniamino Loglisci: in seiner Werkstätte in Gravina stellt er die legendären Tonpfeifen, die *cola cola*, her.

„Der ‚Doppelgänger' Gravinas: Eine Totenstadt gegenüber der Stadt der Lebenden."

Gravina – „Sie ruht nicht auf tragenden Mauern, sondern ist in den Tuffstein gehauen."

„Am Ende einer langen, steppenartigen Ebene, am Rande der gleichnamigen Schlucht, taucht Gravina auf."

Altamura – „Kathedrale: gregorianische Choräle fast wie in einer Synagoge dringen aus einer Kirche.“

Tarent – „Ilva. Das Ungeheuer erwartet uns mit aufgerissenem Rachen am Ende unserer Straße."

„Tarent, die Appia begraben und versperrt."

„Tarent – das Stahlwerk der Gifte“

„Die Netze, die das Umland vor den Giften schützen.“

„Tarent, in Richtung Tamburi“

Brindisi – „Der Kopf zeigt schon übers Meer, in Richtung Griechenland.“

Brindisi – „Jeder feiert seine eigene Hochzeit."

Brindisi –„Die Säule am Ende eines Labyrinths"

auf dem die herkömmliche Politik beruhe, aufzubrechen. So eine Behauptung kann zwar bei den Kindern des Internetzeitalters Hoffnungen entzünden, doch im von Klientelismus geprägten System des Südens ist eine solche Kampfansage von vornherein zum Scheitern verurteilt. Aber was bringt es, verbittert zu sein. Wir feiern mit Gerichten aus der Küche der Messapier und Weinen aus der Zeit Hannibals, bei Geschichten von und über Frauen, wie es nach dem Triumph des funkelndes Schmucks in Tarent nicht anders zu erwarten war.

In Oria heiratete Friedrich II. Isabella von Jerusalem. Aus Oria stammte eine Jungfrau, die sich in Hannibal verliebte und seine Manneskraft schwächte. Und dann gibt es da noch Urija, die König David heiratete und vielleicht aus dieser Gegend stammte. Und eine geheimnisvolle „Anna", die in hebräischen Versen auf einer Grabstele aus dem 9. Jahrhundert von einem gewissen Samuel besungen wird. Das herrschaftliche Oria, das von Kretern viele Jahrhunderte vor Tarent gegründet wurde. Das griechische Oria, ein Abkömmling der minoischen Seeherrschaft. Oria, dessen Gründungsmythos von einem düsteren Menschenopfer überschattet wird. Oria und die Akropolis aus der Bronzezeit. Oria, das Türken, Langobarden, Sarazenen, Byzantiner kommen und gehen sah. Vergil, Cäsar und Augustus. Und den hl. Petrus, der hier Rast machte, bevor er nach Rom weiterzog. Oria zwischen zwei Meeren. Oria, das Illyrern, Messapiern und Japygern die Stirn bot.

Oria ist – und war vor allem – eine Stadt der Juden. Eine blühende Gemeinde, offenbar wurden die Juden von Kaiser Titus nach der Zerstörung des Tempels in Jerusalem hierher umgesiedelt; trotz der Verfolgung durch die Christen hat die Gemeinde immer wieder kräftige Lebenszeichen von sich gegeben. Die Juden aus Oria waren im Hochmittelalter genauso berühmt wie die aus Venosa: ein Volk von Ärzten, Astrologen, Geldwechslern, Experten in okkulten Wissenschaften und Kosmologie, deren Kontakte bis nach Mesopotamien und später zur Welt der Aschkenasim reichte. Die Minderheit wurde von der Kirche – die eine Zeitlang die Stadt verwaltete – und den erzkatholischen Spaniern unterdrückt, stand jedoch im Schutz Roms und später der Herrscher aus dem Norden, der Normannen und Staufer.

Bestätigt wird diese Geschichte von Professor Giuseppe D'Amico, der wie ein König auf seinem Korbstuhl neben einer Rebe thront. Unter einem von Sternschnuppen durchzogenen Himmel gibt er Worte von sich wie Musik: „Die Römer und die Griechen schauten auf uns herab, aber wir waren sogar besser als die Griechen. Hier ist die Magna Graecia entstanden, und in Oria leben gewiss um ein Viertel mehr Adelige als in Tarent oder Brindisi." Oria, Oria, Oria. Man kann es fast nicht glauben, nach den ewigen Klagen einen Ort zu finden, der sich im Mittelpunkt der Welt wähnt.

Wie die Dreihundert bei den Thermopylen

Der leidenschaftliche Barsanofio geht uns einen Tag lang voran, im Zickzack ziehen wir faul zwischen Schatteninseln Richtung Osten. Die Linie verläuft ungreifbar zwischen Maulbeerbäumen und Kaktusfeigen, doch dann marschiert ein Heer hundertjähriger Olivenbäume im Gleichschritt neben uns, die Anordnung in Reihen und die schachbrettartigen Schatten sind ein unmissverständlicher Hinweis auf die Linie. Die Appia hat sie zu dieser Aufstellung gezwungen – dreihundert starke Soldaten wie bei den Thermopylen –, denn die Appia hat vor zweitausend Jahren die Landschaft hier geprägt. Hinter einer Ädikula mit einem sagenhaften hl. Petrus mit Umhang und einem Zauberstab in der Hand – bereits ein Verweis auf den Berg Athos und Russland – liegt die kleine mittelalterliche Kirche Madonna di Gallana, die auf den Ruinen einer antiken Villa oder vielleicht einer Poststation an der Appia steht. Eine einzigartige Mischung aus winzigen unterschiedlichen Gebäuden: zwei Trulli, ein Glockengiebel und ein Baptisterium.

In einem Labyrinth aus Lauben, Kaskaden türkiser Blumen, trocken verputzten Mäuerchen, Maulbeerbäumen und Zikaden, zwischen Anwesen voller Scherben antiker Keramik steht an einer Ecke, im Schatten des Heiligen die unbändige Maria Rosaria Re – eine Messapierin, deren Wurzeln so tief in die Erde reichen wie die der Olivenbäume. Sie geht ins Haus, um den Schlüssel zu holen, dann sperrt sie uns die Kirche auf. Kaum haben sich unsere Augen an die Dunkelheit gewöhnt, sehen wir, wie der Pantokrator gemeinsam mit einer Madonna mit Kind von der halbkugelförmigen Decke der Apsis auf uns herabsinkt. „Schau dir das gut an", sagt die Frau zu Alex, beinahe schreiend, sie hat keine Ahnung, dass er aus der Emilia kommt. „Wir konnten schon auf dreitausend Jahre Geschichte zurückblicken, da war die Poebene noch ein Sumpf. Und dann sagen sie auch noch Kaffer zu uns …" Und unbändig fährt sie fort und lobt die Einzigartigkeit ihrer Heimat: „Hier waren zuerst die Messapier, dann die Griechen, die Römer, die Langobarden, jetzt sind wir hier. Aber auch wir werden aussterben, die vielen Fremden pflanzen sich ja viel mehr fort als wir …"

„Bringst du uns keine *frisuni?*", sagt Barsa auffordernd, um uns zu beweisen, dass ein Gast hier keinesfalls aufbricht, ohne dass man ihm zu essen und zu trinken gibt. „Frisuni", für gewöhnlich *Freselle* genannt, sind – falls das jemand nicht wissen sollte – Krapfen aus hartem Brot, die zuerst in Wasser und dann in Öl eingeweicht und mit Tomaten und anderem serviert werden. Und wie durch ein Wunder stehen die *Freselle* gemeinsam mit Wein schon auf einem Tischtuch unter einer Pergola, ein paar zufällig vorbeikommende Freunde leisten uns Gesellschaft. „Hier ist alles gratis", jubelt Maria Rosaria, und bringt Nachschub: Kartoffelbällchen und Auberginen, mit einer Suppe aus angebratenen Paprikaschoten. „Wir im Süden haben kein Geld, aber wir essen und trinken. Das ist unsere Expo!" Aber ja, denke ich nach zwei Gläsern, wen kümmert schon Rom. Ein Hoch auf die Messapier und die Japyger. Und die schmerzenden Gelenke äußern noch mal den verrückten Wunsch, zwei Schritte vor dem Ende aufzugeben.

Böller in Mesagne

Im Sommer schlummert Mesagne – unsere vorletzte Station – bis zum Sonnenuntergang auf einem wunderbaren Laken aus antikem weißen Stein. In der mittelalterlichen Stadt erwacht das Leben erst, wenn sich der Abendwind erhebt, genau zu der Stunde, wenn wir uns dem Spleen der ersten Biere hingeben wollen. Nach den Juden in Oria haben die Armenier ihre Spuren in Form einer Kirche hinterlassen, die sich genau auf unserer Straße befindet. Der ganze Tavoliere, die ganze apulische Hochebene, liegt wie eine große Mole vor uns, auf der es von Menschen aus Übersee wimmelt. Und auf dieser Mole verspüren wir den Zauber der bevorstehenden Ankunft, die in Wirklichkeit ein Aufbruch, ein sich Einschiffen ist.

Der Geist ist schon woanders, folgt schon den Spuren des Gnaeus Egnatius, der Via Egnatia, die am anderen Ufer den Rücken des dinarischen Gebirges überschreitet und nach Saloniki und Konstantinopel, dem Tor zum Osten, hinunterführt. Ein steinernes Band, das an einer der geheimnisvollsten Gegenden Europas, dem Ohridsee mit seinen Klöstern und eiskalten Quellflüssen, entlangführt. Es ist eine Schande festzustellen, dass wir es auf der anderen Seite viel leichter hätten. Die Via Egnatia – Egnathià Odòs im Griechischen – ist vor Jahren wiederentdeckt worden. Nach einem langen Schlummer unter dem Kommunismus, der die Straße im Übrigen vor Ausbeutung und Zerstörung geschützt hat, gibt es jetzt organisierte Bus-, Fahrrad- und Wanderreisen, Kulturrundwege, Spaziergänge, auf denen man Städte, Dörfer und die wichtigsten römischen Ausgrabungen besichtigen kann.

Beim metallischen Acht-Uhr-Läuten bewegt sich eine Prozession zu Ehren des hl. Antonius zwischen den wunderbaren barocken Kirchen Mesagnes: schon wieder er, der Gegenspieler des Teufels, der in der Wüste auftaucht und auch uns in Versuchung führen will. Nicht nur Litaneien, sondern auch Böllerschüsse und der Duft nach südlichen Leckerbissen auf dem Feuer. Tintenfische mit in Milch eingeweichten und in Mehl gebackenen Lauchstäbchen sättigen unseren Nomadenhunger, dann folgt noch eine aufgrund des bevorstehenden Endes unruhige Nacht. Brindisi ist nur noch sechzehn Kilometer entfernt, ein Klacks. Unglaublich. Doch unsere Nasen wittern schon die Adria.

Brundisium

Wir erreichen das Meer auf einem Karrenweg, der parallel zur Statale 7 verläuft, wir gehen zwischen blitzschnell entwischenden Eidechsen und Korkeichenwäldern. Ein Tonsteinbruch, der aus irgendeinem Grund von vier schwarzen, wilden Mastiffs bewacht wird. Dann die Masseria San Giorgio, mit alten Wachttürmen (gegen die Sarazenen?), und schließlich die nach Feigen duftende Masseria Masina, zwei sanfte Mischlingshunde lassen sich streicheln. Aber wir befinden uns schon auf dem Gebiet der Stadt mit windgepeitschten und glühend heißen Autobahnkreuzen, Wohnhäusern mit im Wind wehender, zum Trocknen aufgehängter Wäsche, Einkaufszentren mit Parkplätzen und Zufahrten.

Als ich 1991 hier war, um über die massenhafte Ankunft der Albaner nach dem Fall des härtesten kommunistischen Regimes in Europa zu berichten, kümmerte sich die ganze Stadt um die Flüchtlinge. Heute lese ich in einer Unterführung in der Nähe des Krankenhauses, in Großbuchstaben: JA ZUM RASSISMUS. RAUS MIT DEN IMMIGRANTEN AUS BRINDISI. Gewiss identifiziert sich nicht die ganze Stadt mit dieser Aufschrift, doch sie ist ein Symptom. Die Stadt ist nicht mehr dieselbe. Brindisi ist heute schwächer, ängstlicher, von der Politik im Stich gelassen. Sie hat Angst vor der Invasion.

Zu Fuß sieht man Dinge, die dem Autofahrer verborgen bleiben. Man begreift augenblicklich, wie die Stimmung den Fremden gegenüber ist. Die Prozessionen, die Litaneien für Padre Pio skandieren, führen nicht an Orten wie dem „Großen Ghetto“ Rignano vorbei, wo – nur einen Katzensprung von der Pilgerstätte San Giovanni

Rotondo entfernt – Tausende Einwanderer ohne medizinische Versorgung wie Sklaven gehalten werden, als illegale Landarbeiter bei der Tomatenernte. Apulien, das Land der Willkommenskultur, verdrängt seine Dämonen und ignoriert seine Höllen: Orte wie das Ghetto Ghana in der Nähe von Cerignola oder das Ghetto dei Bulgari, das sich gemeinsam mit dem Ghetto Cara nicht zufällig einen Steinwurf vom Asylzentrum in Borgo Mezzanone entfernt zwischen Foggia und den Bergen des Gargano befindet.

Was hat sich seit März 1991 verändert? Damals waren wir angesichts des Falls der Mauer von Euphorie ergriffen; die schreckliche Desillusionierung durch die Massaker auf dem Balkan war noch nicht eingetreten. Wir erlebten die Ankunft der ersten Flüchtlinge als „Ende der Geschichte", als Triumph unseres Wirtschaftssystems. Das reiche Europa rechnete mit einer raschen Annexion der Länder des ehemaligen Warschauer Pakts, man feierte die Ankunft der übervollen Schiffe, die uns das Gefühl gaben, der Kapitalismus amerikanischer Prägung habe gesiegt: ein Willkommensfest für die „guten Wilden", billige Arbeitskräfte, die unsere Vorherrschaft anerkannten.

Mittlerweile ist es anders. Europa verliert Landstriche, das Mittelmeer steht in Flammen, der Islam macht uns Angst, die Zweifel bezüglich des Kapitalismus werden immer größer, es wird uns immer mehr bewusst, dass die Ressourcen begrenzt sind. Die Leute sagen zu mir: „Was sollen wir mit den armen Teufeln anfangen, wenn es nicht einmal für uns reicht?" Das ist kein aggressiver Rassismus: Es ist Angst, also Xenophobie. Aber wenn es keine Antworten gibt, wird die Xenophobie zu Rassismus, zum Klischee: „Die Albaner sind alle Diebe und die Rumänen Drogendealer." Dieses Klima ist vielen recht, denn es verängstigt die Neuankömmlinge und senkt die Arbeitskosten, zur Freude derer, die Schwarzarbeiter beschäftigen. Und das in Apulien, wo sich bereits Ghettos befinden und neue riesige Einwanderungswellen drohen.

Doch das Herz Brundisiums nähert sich uns in einem weißen Licht, in einem Duft nach Linden und Jasmin und Schildern, die auf die Fähren nach Griechenland hinweisen. Um halb eins sitzen wir im Freien am Tisch einer Bar, neben uns steht eine Hochzeitskutsche. Und hier werden wir ein letztes Mal in Versuchung geführt, entweder von Antonius oder seinem dämonischen Alter Ego: Am liebsten würden wir bis zum Sonnenuntergang Bier und nochmal Bier saufen und der Vereinigung mit dem Meer in einem Zustand der Seligkeit entgegengehen. Doch der Magnet ist zu stark, die Säule am Ende eines Labyrinths von Gassen und am Ende unserer Reise ruft uns unerbittlich, wen kümmert es, dass das, wie Pedanten behaupten, nicht genau der Endpunkt der Straße ist. Das Symbol zählt, nicht die Geometrie.

Die Säule, der Osten

Die Linie verzweigt sich in die Via Carmine, die Via Ferrante Fornari, die Via del Balzo, bis zur Piazza vor dem Dom, der die Straße zu versperren scheint. Es ist kaum zu erkennen, dass dahinter, hinter einer Straßenecke, der riesige weiße Monolith steht. Erst hier, fünfzig Meter von der Wasserlinie entfernt, blitzt die Adria, mein Meer, auf. Ganz oben auf der Säule ein Gott, der Poseidon gleich seine segnenden Arme ausbreitet, doch der strategischste Hafen im Mittelmeer, der sagenhafte Hafen auf der Strecke der *Indian Mail,* ist schrecklich leer. Vor Jahren wimmelte es hier von Griechen und Türken, die gerade ankamen. Jetzt bevölkern ihn nur Gespenster. Vergil, der hier starb. Und außerdem Schatten von Trieren und Frachtschiffen, sarazenischen Feluken und ägäischen Galeeren. Fast keine Fähren.

Sogar die Schmuggler sind so gut wie ausgestorben. Im alten Brindisi sah man sie sofort. Sie aßen in den besten Restaurants, begleitet von üppigen Weibern mit aufgespritzten Lippen, und vor dem Restaurant stand provokant ein mit Hummer beladener Lastwagen. Die, die weniger Glück hatten, leisten heute Sozialarbeit, führen alte Frauen über die Straße. Die Unverbesserlichen sind auf die andere Seite des Meeres nach Montenegro ausgewandert und arbeiten mit der Russenmafia zusammen. Oder nach Albanien, dem letzten Wilden Westen in Europa. Einem Land der nach wie vor unbegrenzten Möglichkeiten. Melancholie des Endes, die von dem Gefühl des endgültigen Verfalls verstärkt wird.

Nach dem Süden verliert Europa nun auch den Osten. Italien besteht nur noch aus dem Tyrrhenischen Meer, *Roma* ist ein Zweisilber ohne Sinn.

Angezogen springen wir ins Meer, um die Säule vom Meer aus zu begrüßen. Das Meer ist trüb, egal. Eine Hochzeitsgesellschaft kommt, um die traditionellen Fotos zu machen, die Frauen mit ihren hohen Stöckelschuhen schauen uns mitleidig an. Wir, die wir eine andere Vermählung feiern, erwidern das Gefühl. Beim Schwimmen stellen wir fest, dass die weißen Stufen, die zum Denkmal hinaufführen, bemalt sind. Sie tragen eine Aufschrift in den Farben des Regenbogens, einen geschmacklosen Spruch zum großen Schicksal Apuliens. Und auf der anderen Seite der Bucht verfällt derweil das Castello Alfonsino, es ist von Unbekannten geplündert worden.

Doch auch hier unsagbare Schönheit. Die Bucht ist ein perfekter, nach Salzluft duftender Schoß. Um in Italien die Geschichte zu verstehen, braucht man keine teuren interaktiven Geräte. Es genügt das honigfarbene Licht des Sonnenuntergangs.

Trockener, wüstenartiger Schirokko. Unsere nassen Kleider trocknen ohne Handtücher, wir sitzen einfach an der Uferpromenade und essen zu Mittag, gemeinsam mit Seglern von einem Luxusschoner, mit der Aufschrift WIR SIND ENERGIE auf den T-Shirts. Dann gibt es einen großen Streit mit dem hysterischen Besitzer eines B&B in der Via Giudea, er wird aggressiv, weil wir mit Rucksäcken ankommen, er hält uns für arme Schlucker und fordert Vorauszahlung. Auch diese Maut muss man entrichten, wenn man zu Fuß geht.

In einem griechischen Lokal essen wir zu Abend, um das andere Ufer zu feiern, das uns ruft, doch mir fallen lateinische Verse, natürlich von Horaz, ein, deren Sinn ich zum ersten Mal nach der

Durchquerung Venosas verstanden habe: *Lusisti satis, edisti satis atque bibisti: tempus abire tibi est.* Du hast dich vergnügt, du hast genug gegessen und getrunken. Jetzt ist es Zeit aufzubrechen.

Das bedeutet, dass es wirklich zu Ende ist und dass dies die letzte Reise war.

Der Wind ist günstig. In der Stadt wimmelt es von Tischen im Freien, barocken Statuen, die vom Dom neugierig herunterschauen.

Und da sind wir, trunken angesichts des Meeres.

Boots on the ground

Am Ende eines Buches bedankt man sich für gewöhnlich bei verschiedenen Menschen. Ich hingegen möchte mich bei bestimmten Körperteilen bedanken. Bei euch, meinen Füßen, die ihr meine neunzig Kilo bis ans Ziel gebracht habt! Hin und wieder sagt jemand, in Zeiten virtueller Reisen, in denen sich die Menschen nur noch über ihr Smartphone beugen, seid ihr überflüssig geworden, doch ohne euch – meine Lasttiere – hätte ich nichts gesehen. Ich besinge euch, auch wenn viele euch als ordinäres, staubiges Randgebiet des Körpers verachten. Ich besinge euch, denn ich hasse glatte Füße und glänzende Schuhe. Ich besinge euch im Bewusstsein, dass die Päpste sich nicht deshalb hinknien und die Füße der Ärmsten waschen, weil sie sich demütigen wollen, sondern um den besten Teil des Menschen zu heiligen. Jesus sagte, „Gehet hin und lehret alle Völker" und die Apostel Peter und Paul gehorchten, auf unserer Straße gingen sie bis Rom. Die Kirche ist kein unbeweglicher Leuchtturm, sondern eine Karawane in Bewegung.

Ich schulde euch Pflege, Dank und Respekt, obwohl ihr unruhig seid wie Zigeuner und stur wie Missionare, obwohl ihr mich mit euren Predigten fertiggemacht habt, obwohl ihr mich zu eurem Nomadentum bekehren wolltet, obwohl ihr mir ständig subversive Nachrichten geschickt habt. Düstere Prophezeiungen wie: *Hüte dich vor Asphaltstraßen.* Biblische Ratschläge: *Mach dem Auto den Platz streitig, denk daran, das ist die finale Auseinandersetzung zwischen uns und den Sesshaften.* Kategorische Imperative: *Lass dich ja nicht in Reservate einsperren, sonst lässt du dich von der Macht instrumentalisieren …* Ihr habt mich nie alleingelassen. *Nimm ruhig auch den Asphalt in Besitz,* habt ihr eines Tages zu mir gesagt, *fordere dein Recht, dich frei zu bewegen, sonst werden die anderen dich auf immer und ewig verarschen.*

Auf der Via Appia, vor allem hier, habt ihr keine Ruhe gegeben. *Was hast du dir denn vorgestellt,* habt ihr gefeixt, wenn ich mich über eine besonders schwierige Etappe beschwerte, *hast du gedacht, wir würden dich in Herbergen und über gut beschilderte Wege mit Pilger-Logo schicken, dir vielleicht auch noch fertige Karten in die Hand drücken, oder dich in Gesellschaft von netten Menschen marschieren lassen, mit denen du dich über den Sinn des Lebens unterhalten kannst? Nein, mein Lieber, das wäre allzu einfach gewesen.* Und wenn ich erschöpft vor einer Hürde, vor dornigem Gestrüpp oder einer Mauer stand, habt ihr mir ins Ohr geflüstert: *Pfeif drauf, zieh deine Linie, steig drüber, geh weiter und kümmere dich nicht darum, wenn die Leute dich scheel anblicken. Gehen ist ein rebellischer Akt, und in dieser Rebellion liegen dein Stolz und deine Kraft.*

Nach der Reise muss ich mich bei euch für diese Sturheit bedanken, sie hat uns ermöglicht, ans Ziel zu gelangen, wenn auch von Dornen zerkratzt und halb verdurstet, doch immer mit dem glücklichen Gefühl, den richtigen Durchschlupf gefunden zu haben und durchgekommen zu sein. Das war keine banale Rebellion. Ihr habt mich bloß davon überzeugt, dass wir auch hin und wieder etwas Unerlaubtes tun mussten, um Italien zurückzuerobern. Wir mussten Löcher in Zäune schneiden, durch wilde Furten waten, Gebüsch mit der Hippe ausschneiden. Ganz zu schweigen von dem Clinch mit den Lastwagen. Als ich euch vor vielen Jahren gebeten habe, mich nach Santiago zu tragen, habt ihr geantwortet: *Mein Freund, das ist viel zu banal. Den Jakobsweg wirst du vielleicht als Alter gehen, und in Gegenrichtung, weil es dir Spaß macht, die Pilger zu verwirren, die dir entgegenkommen.* Was hätte ich darauf sagen sollen?

Ich sage voll Stolz, ich schreibe mit euch und dank euch. Man kann und muss mit den Füßen schreiben. Ihr habt mir die Geschichte diktiert, ihr habt für Begegnungen gesorgt und habt mir sogar den Stil der Erzählung nahegelegt. Ihr habt mir gesagt, dass der Weg nicht nur aus Wald, Böschung und Weg besteht, sondern auch aus Stadt, Peripherie, Fabriken, Vororten. Aus aufgelassenen Baustellen, Schildern mit der Aufschrift: ACHTUNG BISSIGER

HUND. Sogar aus traurigem, scharfem Stacheldrahtzaun, wie er heute in Europa wieder modern wird. Man geht durch die Welt, nicht außerhalb der Welt. Der Weg geht mit Blasen, Kratzern, Wespenstichen, Auspuffwolken, Beschimpfungen, Misstrauen einher. Er ist ein Eintauchen, nicht ein Abheben zu sublimen Höhen.

Ihr habt mich gelehrt, dass der Mensch Füße, nicht Wurzeln hat und dass die Geschichte dank derer, die sie benutzen, *facit saltus*, einen Sprung macht. Dank derer, die sie benutzen, egal ob es nun Fußgänger, Migranten oder „Wanderer" sind, wie Mussolini, der Mann mit der harten Kinnlade, die Emigranten nannte, um ihr Elend zu verschleiern. Mein Großvater emigrierte aus Not, mit nur acht Jahren wanderte er allein nach Argentinien aus. Auch mein Vater spielt bei dieser Reise eine Rolle. Auch wegen ihm spüre ich Sympathie für die Auswanderer. Wie sie bin ich mir bewusst, ein tausendjähriges, primitives Recht in Anspruch genommen zu haben. Selbst wenn ich dafür Grenzen überschreiten und Löcher in Zäune schneiden musste.

Unsere Wanderung war keine Forschungsreise, sondern eine schwierige Rückeroberung, das Abenteuer eines Sioux-Trupps, der sich die verlorenen Weiden wieder angeeignet hat und jetzt andere Rothäute zur Rebellion auffordert. Dafür danke ich euch, meine Füße. Ihr habt mich gelehrt, mich nicht mit schönen Wegen zufriedenzugeben, auf denen man Hindernisse, Verwüstungen und Schandflecke umgehen kann, sondern diese Hindernisse, Verwüstungen und Schandflecke frontal anzugehen, um Akte der Aneignung und Unterschlagung anzuzeigen. Die Kraft des Wanderns liegt darin, dass man allein unterwegs ist, ohne Bewilligung von oben. Sobald ein Weg einmal gezogen ist, wachen die Orte auf, durch die er führt. Er verändert sie zum Besseren. Er kann sogar die beschädigte Beziehung zwischen den Italienern und ihrer Landschaft wiederherstellen.

Inhalt

Fotonachweis:

Riccardo Carnovalini, Seiten IV o. + u., V u., VI u., VII u., IX u., X u., XII o. + u., XVII u., XX, XXI o., XXIII u., XXIV o.;

Fotolia, Seiten 4, I, II o., X + XI o., XVI o., XXIV u.;

Antonio Politano, Seiten III o. + u., VI o., XVIII u.;

Alessandro Scillitani, Seiten II u., V o., VII o., VIII o. + u., XI u., XIII o., XIV o. + u., XV, XVI u., XVII o., XVIII o., XIX o. + u., XXI u., XXII o. + u.;

Paolo Rumiz, Seiten XIII u., XXIII o.;

Irene Zambon, Seite IX o.

Die Karte im Vorsatz vorne hat Cartomedia, Karlsruhe gefertigt.
Die von Hand gezeichneten Karten im Vor- und Nachsatz stammen vom Autor.

Das Gedichtzitat auf Seite 7 ist entnommen dem Band *Omeros* von Derek Walcott, Carl Hanser Verlag, München 1995.

Die Arbeit der Übersetzerin wurde gefördert aus Mitteln des Deutschen Übersetzerfonds.

Die Drucklegung erfolgte mit freundlicher Unterstützung durch
die Abteilung für deutsche Kultur in der Südtiroler Landesregierung.

TransferBibliothek CXLIV

Die Originalausgabe ist 2016 bei Giangiacomo Feltrinelli Editore, Mailand, unter dem Titel *Appia* erschienen.

Lektorat: Susanne Eversmann

Zweite Auflage 2023

Grafische Gestaltung und Umschlag: Dall'O & Freunde
Druckvorbereitung: Typoplus, Frangart
Printed in Europe

ISBN 978-3-85256-774-7

www.folioverlag.com

E-Book ISBN 978-3-99037-096-4

Paolo Rumiz, geboren 1947 in Triest, ist mit seinen eigenwilligen Büchern der erfolgreichste Reiseschriftsteller Italiens. Er berichtete für die Tageszeitung „La Repubblica" über den Afghanistan- und den Jugoslawien-Krieg.
Zahlreiche Preise für sein journalistisches Engagement.
Unzählige Essays, Romane und Erzählungen über seine Reisen innerhalb Italiens und an die entlegensten Orte Europas.
Seine Bücher stehen kontuinierlich auf den italienischen Bestsellerlisten.

Bei Folio sind erschienen:
Der Leuchtturm (2017) und *Die Seele des Flusses* (2018).

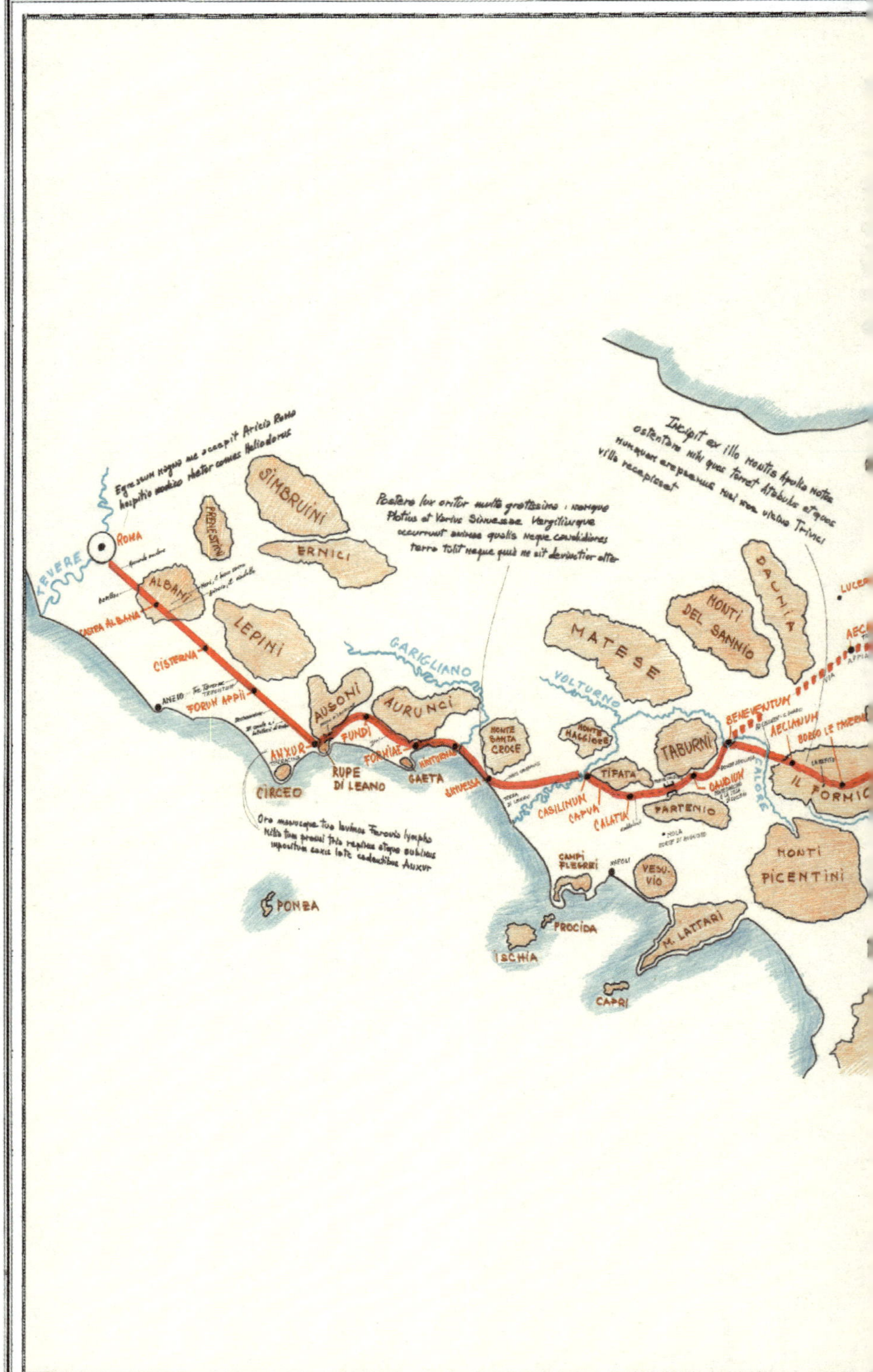
Egressum magno me accepit Aricia Roma
hospitio modico rhetor comes Heliodorus
Postera lux oritur multo gratissima : namque
Plotius et Varius Sinuessae Vergiliusque
occurrunt animae quales neque candidiores
terra tulit neque quis me sit devinctior alter
Incipit ex illo montis Apulia notos
ostentare mihi quos torret Atabulus et quos
numquam erepsemus nisi nos vicina Trivici
villa recepisset
Ora manusque tua lavimus Feronia lympha
Milia tum pransi tria repimus atque subimus
impositum saxis late candentibus Anxur
TEVERE
ROMA
SIMBRUINI
PRENESTINI
ERNICI
ALBANI
CASTRA ALBANA
LEPINI
CISTERNA
ANZIO
FORUM APPII
AUSONI
AURUNCI
GARIGLIANO
FUNDI
ANXUR
CIRCEO
RUPE DI LEANO
FORMIAE
GAETA
MINTURNAE
SINUESSA
MONTE SANTA CROCE
MATESE
VOLTURNO
MONTE MAGGIORE
TIFATA
CASILINUM
CAPUA
CALATIA
TABURNI
PARTENIO
CAUDIUM
BENEVENTUM
CALORE
AECLANUM
MONTI DEL SANNIO
DAUNIA
IL FORMIC
MONTI PICENTINI
CAMPI FLEGREI
NAPOLI
VESUVIO
PROCIDA
ISCHIA
M. LATTARI
CAPRI
PONZA